科学出版社“十三五”普通高等教育本科规划教材

高等医学院校系列教材

供基础、临床、预防、口腔、护理等医学类专业使用

中医药文献检索与利用

（修订版）

常傲冰　主编

科学出版社

北　京

内 容 简 介

本书简要介绍文献检索的基本理论和基础知识，以加深查检者对文献检索原理的理解，有利于提高查检者的检索能力和效率；重点介绍常用的中医药检索工具的功能特点、使用方法和检索技巧，结合大量图片、图表、检索示例及思考题，便于查检者掌握检索要领；最后介绍运用检索结果的相关知识，包括文献信息管理与分析的方法和工具、学术规范与学术论文写作、撰写综述等内容，有利于帮助查检者实现查与用的衔接。

本书的特点是不乏检索理论的铺垫，简明扼要，易于理解；重在检索工具和检索技巧的介绍，突出实用性和资料性；注重查与用的结合，体现检索效率。最终的目的是培养和提高查检者的信息素养，增强查检者获取、处理和利用信息的能力，提高综合素质。

本书可作为高等医药院校本科生文献检索课教材，也可作为医学科研人员、教师从事文献检索时的参考书籍。

图书在版编目（CIP）数据

中医药文献检索与利用/常傲冰主编. —北京：科学出版社，2015.6

科学出版社“十三五”普通高等教育本科规划教材 高等医学院校系列教材

ISBN 978-7-03-044340-3

Ⅰ. ①中… Ⅱ. ①常… Ⅲ. ①中国医药学–情报检索–高等学校–教材 Ⅳ. ①G252.7

中国版本图书馆 CIP 数据核字（2015）第 105732 号

责任编辑：刘 畅 / 责任校对：李 影
责任印制：张 伟 / 封面设计：迷底书装

科学出版社 出版
北京东黄城根北街 16 号
邮政编码：100717
http://www.sciencep.com
北京凌奇印刷有限责任公司 印刷
科学出版社发行 各地新华书店经销
*
2015年 6 月第 二 版 开本：787 × 1092 1/16
2024年 1 月第十二次印刷 印张：12 3/4
字数：302 000

定价：39.00 元

（如有印装质量问题，我社负责调换）

高等医学院校
系列教材

专家指导委员会

主任委员

侯一平

副主任委员

孙　俊　王应雄　胡华强

委　员

（以姓氏笔画为序）

王应雄（重庆医科大学）
王建伟（重庆医科大学）
左　丽（贵阳医学院）
龙汉安（泸州医学院）
阮永华（昆明医科大学）
孙　俊（昆明医科大学）
李　华（四川大学华西基础医学与法医学院）
吴玉章（第三军医大学）
张　波（川北医学院）
张　晓（成都医学院）
欧刚卫（遵义医学院）
胡华强（中国科技出版传媒股份有限公司）
侯一平（四川大学华西基础医学与法医学院）
高永翔（成都中医药大学）

《中医药文献检索与利用》编委会名单

主　编
常傲冰

副主编
李启勇　李建梅　苗婷秀

其 他 编 委
（以姓氏笔画为序）
李清林　张雪冰　陈柏君　保丽娟
蒋小华　戴　翥

前　言

在当今这个海量信息和大数据时代，如何不迷失其中，并有效传承和发展中医药事业，是中医药高等教育行业培养人才必须认真面对的课题。高素质的医学人才，应该具备自学能力和终身学习能力，具备较高的信息素养，能够高效地获取、识别、传递、处理和利用各类信息，并自觉应用于中医药知识的学习、运用、研究和创新之中。

中医药文献检索与利用作为一门科学方法课，其教学目的在于增强学生的信息素养，培养学生获取和处理信息的能力，提高学生的综合素质。作为一名医学生，只有通过学习文献检索课程，提高自己的信息素养，增强自学能力、科研能力及利用文献信息的能力，才能不断顺应时代发展需求，成长为高素质的专门人才，服务于祖国中医药事业的发展。

本教材前四章为文献检索的基本理论和基础知识，涉及较多图书馆学、情报学、文献学的专业知识。掌握一定的文献检索基本理论和基础知识，能够加深学生对文献检索原理的理解，有利于提高学生的检索能力和效率。对于非图书情报专业的学生，在这部分内容上本教材力求不过于专深，表述准确简练，易于理解。这部分内容包括：第一章主要介绍文献检索的意义和作用、定义和类型；第二章主要介绍信息、知识、情报和文献的概念，中医药文献演变历史及现代中医药文献的类型；第三章主要介绍检索工具的定义和类型，检索语言和检索工具的排检方法，计算机检索的基础知识；第四章主要介绍文献检索的程序和效果评价。

本教材第五章至十一章涉及各类具体检索工具的功能特点和使用方法的介绍。这部分内容是本教材的主体，旨在通过学习，使学生了解各类常用中医药检索工具的功能特点，掌握使用方法，具备有效获取各类信息的能力。这部分内容主要包括图书馆资源利用、全文数据库检索、文摘数据库检索、网络信息资源检索、引文检索、特种文献检索、中医药古籍检索和中医药事实检索，分别介绍不同的检索工具与检索系统的使用方法和检索技能。

本教材第十二章侧重获取文献检索结果后如何利用文献的相关知识，包括文献信息管理与分析、学术规范与学术论文写作、综述撰写等内容，有利于帮助学生实现查与用的衔接。

本教材由从事文献检索教学的专任教师编写，编写时充分结合中医药文献检索教学特点和需求，保证教材的理论性和实用性。具体分工如下：编写大纲、编写说明、第一章由常傲冰完成；第二章由苗婷秀完成；第三章第一节、第二节由常傲冰完成，第三节由保丽娟完成；第四章由蒋小华完成；第五章由李清林完成；第六章由张雪冰完成；第七章由陈柏君完成；第八章由保丽娟完成；第九章由李清林完成；第十章由李建梅完成；第十一章由戴翥、常傲冰完成；第十二章由李启勇完成。全书由常傲冰统稿并审核。

本教材在编撰过程中参阅了大量的相关文献，包括专著、论文、网页资料等，这些参考文献是本教材得以完成的坚实基础，在此谨向所有参考文献作者表示衷心的感谢！感谢云南中医学院图书馆刘虹老师对教材编写提供的有力支持和宝贵建议。感谢科学出版社领导和编辑的指导和帮助，因为他们的辛勤工作，本教材才得以付梓面世。

由于信息技术的飞速发展，各类检索工具和检索手段不断更新，加之编者水平有限，书中难免有疏漏之处，敬请各位读者、专家及同仁批评指正。

编　者

2015 年 4 月

目录

第一章　文献检索概论

认识文献检索的意义和作用，掌握文献检索的方法和技能，是在信息时代成为高素质中医药人才不可或缺的必要条件。

第一节　文献检索的意义和作用

1984年2月，原国家教委印发了《关于在高等学校开设“文献检索与利用”课的意见》，明文要求高校开设文献检索课程。文献检索作为一门科学方法课，其教学目的在于增强学生的信息素养，培养学生获取和处理信息的能力，提高学生的综合素质。在当今这个信息时代，社会分工越来越细，知识更新越来越快，信息处理与传递的手段越来越多样化。作为当代大学生，只有通过学习文献检索课程，提高自己的信息素养、增强自身的学习能力、科研能力以及利用文献信息的能力，才能不断顺应时代发展需求，成长为高素质的专门人才。

一、学习文献检索有利于培养和提高信息素养

（一）信息在人类社会中的地位和作用

自古以来，人们随时都在自觉不自觉地接收、传递、存储和利用信息。随着社会的发展，信息在人类社会中的作用和地位也日益重要，已成为人类社会生活的第一需要、第二资源、第三支柱和第四产业。信息是社会的空气，是社会正常运转的必需品。社会是一个巨大的有机体，这个有机体的正常运转，需要大量的信息进行协调。如果没有信息，没有对信息的有效交流和富有创造性的利用，社会的腾飞和发展就是不可能的。人类维持生活，需要有生活资料和生产资料，这些资料的来源叫做资源。资源大致分为两类：第一资源，是自然资源，包括生物、矿物、阳光、空气、水等；第二资源，是精神资源，包括情报、信息、知识等。第二资源是一种消耗不掉的资源，不仅在使用中不会产生消耗，而且能在使用中得到增益和加强。第一资源的开发，有赖于第二资源的丰富；第一资源的不足，可由第二资源得到补充。英国著名哲学家卡尔·波普指出：如果人类所有的机器工具都被破坏了，而图书馆还存在着，那么人类仍能重新发展；如果图书馆连同所有的机器工具一起都被破坏了，那么人类文明的重新出现，就是几千年以后的事了。这两个著名的假设充分说明信息资源的宝贵，它是人类生活的第二资源。材料、能源、信息是现代社会的三大支柱。材料成为人类社会的支柱，是同农业社会的到来一起

开始的。农业社会开始于公元前8000年，至今已有一万年的历史。农业社会的到来，是文明社会的开始。自此，定居的村落代替了流动的部落，农耕代替渔牧成为社会生活的主要方式，房屋建筑和农具制造增加了对材料的依赖。能源成为人类社会的第二支柱，是同工业社会的到来一起开始的，至今已有200多年的历史。如果说材料是工业的躯体，那么能源就可以说是工业的血液。因此，随着工业的发展，随着农业的工业化，能源作为人类社会的第二支柱的作用更加显得重要。信息作为社会的第三支柱，是同后工业社会的到来一起开始的。后工业社会的标志，是知识信息业劳动者和服务业劳动者在总数上超过了农业劳动者和工业劳动者的总和。信息是启发思路的基础、解决问题的钥匙，复杂问题的处理需要大量的数据信息和高度的知识，也更多地依赖于信息技术来提高自己的"思想生产率"，而不是更多地依靠直接生产物质产品，这就是信息作为现代社会第三支柱的实质所在。构成现代社会的产业部门有四个：第一产业是农业，第二产业是工业，第三产业是服务业，第四产业是知识信息业。所谓知识经济、信息时代也是从这个意义上来说的，即在生产的发展、社会的进步中起压倒性、决定性作用的是知识、情报和信息。

人们对信息的处理经历了从人工处理到半机械化处理再到计算机处理的阶段。计算机处理信息的能力越来越强，从输入原始数据、分析处理信息、储存信息、输出信息到传播信息，其准确性、及时性已提高到手工处理无法达到的程度。随着互联网特别是移动网络的迅猛发展，信息的海量增长，信息处理和传递的便捷与多样化，对人类的生活产生日益深远的影响。诺贝尔奖获得者赫伯特·希曼指出：在过去，拥有知识意味着一个人必须把知识牢记，而现在，面临着纷至沓来的海量信息，拥有知识则意味着必须知道如何去获取有用信息，占有知识已经被获取知识所取代。在越来越信息化的社会，对当今大学生提出了必须培养和提高信息素养的要求。

（二）信息素养的概念

信息素养（information literacy）概念的酝酿始于美国图书检索技能的演变。1974年，美国信息产业协会主席保罗·泽考斯基率先提出了信息素养这一全新概念，将其解释为：利用多种信息工具及主要信息资源使问题得到解答的技能。信息素养概念一经提出，便得到广泛传播和使用。世界各国的研究机构纷纷围绕如何提高信息素养展开了广泛的探索和深入的研究，对信息素养概念的界定、内涵和评价标准等提出了一系列新的见解。1989年，美国图书馆协会（ALA）下设的信息素养主任委员会在其年度报告中对信息素养的含义进行了重新概括："要成为一个有信息素养的人，就必须能够确定何时需要信息并且能够有效地查寻、评价和使用所需要的信息"。据此，信息素养可以定义为：能够从各种信息资源中有效获取、评价和使用信息的能力，是信息社会必备的一种生存能力。

信息素养包括信息意识、信息能力和信息道德三部分。

信息意识是指对信息的敏感程度，包括对信息价值的判断力与洞察力。信息意识的强弱决定了获取、判断和利用信息的自觉程度。信息意识又可划分为领域意识、前沿意识和线索意识。领域意识是指对所从事的学科、专业领域及相关学科、专业领域信息的关注程度；前沿意识是对本学科、专业领域及相关学科、专业领域发展前沿信息的关注程度；线索意识是对本学科、专业领域及相关学科、专业领域的再现事件保持记忆、及时关联和发现线索的敏感度。

信息能力指人们获取和处理信息的能力，是信息素养的核心。信息能力包括信息获取能力、信息评价能力和信息利用能力。信息获取能力包括能利用各类检索工具查找和获取各类文献信息的能力，是一种目的性很强的检索获取信息的能力；还包括在各类社会活动中获取信息的能力，如在会议中与专家学者交流、在诊疗过程中与病人交谈等。信息评价能力即能从不同角度对信息的可靠性、可信性及可能性进行鉴别的能力，能够判断信息“有没有”“真不真”以及“对不对”。信息利用能力表现在能按照特定的需求对获得的信息进行组织和管理，建立个人信息资料库；能将获得的信息融入自身的知识体系，进而重构个人的知识体系；能有效地交流自己对信息的理解；能有效地利用信息解决实际问题、完成具体工作等。

信息道德是指人们在信息活动中应遵守的行为规范。在获取和利用信息的活动中，要考虑网络信息安全、知识产权保护、学术规范等因素，尊重他人知识产权，不得危害社会或侵犯他人的合法权益，不得传递不良信息，避免侵犯他人隐私，避免学术失范、学术不端和学术腐败。例如，引用他人文献要明确标注，不能抄袭、剽窃、学术造假等。

（三）信息素养的能力标准

加强信息素养教育已成为各国的共识。很多国家和机构先后制定了各自的信息素养能力标准。其中，2000年由美国大学与研究图书馆协会发布的《高等教育信息素养能力标准》是具有国际影响力的信息素养能力标准之一。该标准包含5项标准和22项具体的执行指标。具体如下：

标准一，能确定所需信息的性质和范围。包括：

（1）能准确表达自己的信息需求。

（2）能辨别不同类型和形式的潜在信息源。

（3）能权衡获取信息的成本和收益。

（4）能重新评估所需信息的性质和范围。

标准二，能有效地获取所需信息。包括：

（1）能选择最适合的方法或信息检索系统来获取所需信息。

（2）能构建和实施有效的检索策略。

（3）能联网检索信息或亲自运用各种方法获取信息。

（4）能在必要时调整检索策略。

（5）能摘要、记录和管理信息及其来源。

标准三，能评判性评价信息及其来源，并能把遴选出的信息融合到自己的知识体系中。包括：

（1）能从收集到的信息中总结要点。

（2）能清晰表达并运用初步的标准来评估信息及其来源。

（3）能综合信息的主要观点来构建新的观念和想法。

（4）能通过对比新旧知识来判断信息是否增值，是否前后矛盾，或是否独具特色。

（5）能确定新知识对个人的知识体系是否有影响，并采取措施消除分歧。

（6）能通过与其他人、某领域专家或从业人员的讨论来验证对信息的诠释和理解。

（7）能确定是否应该修改现有的查询。

标准四，不管作为个人还是作为一个团体的成员，能够有效地利用信息来实现特定的目的。包括：

（1）能把新旧信息应用于策划和创造某种成果或业绩。

（2）能修改创造成果或业绩的工作步骤。

（3）能够有效地与别人就相关成果或业绩进行沟通。

标准五，熟悉与信息使用相关的经济、法律和社会问题，并能合理合法地获取和使用信息。包括：

（1）了解与信息和信息技术有关的伦理、法律和社会经济问题。

（2）遵守与获取和使用信息资源相关的法律、规定、制度及行为规范。

（3）能在交流成果或业绩时表明引用信息的来源。

信息素养能力标准是一套评价指标，也是文献检索教学要努力实现的目标。通过文献检索课程的教学，提高学生的信息意识，培养学生获取和利用信息的能力，具备较高的信息素养，是文献检索课的主要教学目标。

二、学习文献检索有利于提高综合素质

（一）提高自学能力、终身学习能力和创新能力

一个合格的人才，不仅要有丰富的知识储备，更重要的是要有利用知识为社会创造财富的能力。大学不仅传授知识，更重要的是要让学生懂得怎样学习和怎样思考，即学会学习。在科技高速发展的今天，有人已经指出："未来的文盲，不是不识字的人，而是不会学习的人。"学习的能力终其一生会对一个人产生重大影响的，就是自学能力。自学能力，即主动获取新知识的能力。要主动获取新知识，首先必须知道新知识在哪，如何获得，这需要依赖文献检索能力。文献检索是获得知识、更新知识的工具，要想在教学、科研、医疗等领域进入前沿阵地，没有这门知识是不可想象的。自学能力是终身学习能力的基础。在终身教育概念刚被提出的时候，强调的是"使任何年龄阶段的所有的人都能得到学习的机会"。1972 年，联合国教科文组织国际教育发展委员会出版《学会生存——教育世界的今天和明天》，提出"为了生存，要善于学习"的基本观点，开始出现终身学习这一术语替代终身教育的倾向。1989 年 11 月，联合国教科文组织在北京召开了面向 21 世纪国际教育研讨会，会议主题之一是要"发展一种 21 世纪的新学习观"，指出"学校现在应当培养学习的兴趣，给学生提供成为终身学习者的工具"。致力于为大学生提供终身学习的机会和培养他们终身学习的能力，是大学的重要职能，文献检索正好可以有效地服务于这一职能。培养创新型人才是高等教育的目标之一，创新能力是指在学习前人知识、技能的基础上，提出创见和作出发明的能力。而掌握了文献检索技能，就拥有了利用前人成果的最有效途径，因而文献检索能力也是创新能力不可或缺的必要支撑。

（二）提高科研能力

科学发展的历史证明，科学研究具有连续性和继承性的特点。马克思说过"科学劳动是社会的一般劳动，这种劳动部分地以今人的协作为条件，部分地又以对前人劳动的

利用为条件”。如何实现“对前人劳动的利用”，最主要的就是查阅科技文献。文献检索就是帮助查阅科技文献的一把钥匙。掌握了文献检索，就能够最有效地利用前人成果，指引研究思路，提高研究起点，节约研究时间，极大地促进科研的发展。有效的文献检索一方面能够为科研人员提供有力的信息支持，另一方面又能够避免重复研究，从而节省大量的人力、物力和财力。早在1988年，国家科学技术委员会（国家科委）就明文规定，所有科研项目在立题审查和成果鉴定时，必须有情报部门出具该项目的检索查新报告，即针对该项目进行情报文献检索，以查检到的文献资料为依据，客观公正地反映该项目的新颖性、创造性和可行性的报告。这表明文献检索是科研工作不可缺少的一环。

（三）培养和提高利用文献的能力，促进知识创新

在科技高速发展的信息时代，人类智慧的结晶——文献具有如下特点。

（1）数量庞大，增长迅速。据统计，20世纪50年代全世界每年出版图书20多万种，目前已增加到80多万种；20世纪50年代全世界每年出版期刊2万种，现在已增加到40万种。目前，我国每年出版图书世界第一（年出版超过40万种）、日报发行量世界第一、电子出版物总量世界第二，可以算是一个出版大国。德国学者哈根·拜因豪尔指出，一个科学家即使夜以继日地工作，也只能阅读有关他自己专业世界上全部出版物的 5%。面对日益迅速增长而数量庞大的文献，人类阅读能力的局限性对精确高效的选择性阅读提出了要求。

（2）形式语种多样。现代文献除了图书、期刊、报纸等传统的纸质印刷型文献，还有缩微平片、缩微胶卷、录音带、录像带、磁盘、光盘等缩微型、视听型及电子文献。随着数字化技术和网络技术的飞速发展，电子出版物数量迅速增长，大有与传统文献抗衡的趋势。此外，文献所使用的语种也在不断增多。据报道，世界上仅用于出版期刊的文字就有六七十种之多。文献载体和文种的多样化，为学习和利用文献提供了丰富的选择，与此同时，也增加了选择难度。

（3）内容交叉重复、分布分散。当前文献数量剧增的同时，伴随着内容的交叉重复。例如，同一文献内容经常以不同的文献形式多次出版，各国、各单位科研重复立项，多语种的文献互译等情况都导致文献内容交叉重复。在文献内容的发布方面，由于当今学科的日益分化和交叉渗透，导致文献的内容既集中又分散。一方面，一种期刊往往登载多个学科的文献资料；另一方面，有关一个学科的文献又往往分散发表在许多不直接相关的期刊上。文献内容的交叉重复和分布分散对有效利用文献提出了挑战。

（4）新陈代谢频繁。随着科学技术的发展，知识的更新越来越快，文献的新旧交替也越来越频繁，文献产生了“失效”的问题，这种现象称为文献的“老化”现象。1958年，英国的科学家贝尔纳在“科技情报的传递：用户分析”一文中，将放射性元素衰变过程中“半衰期”的概念引入情报科学研究中，用来描述文献的老化速度。1960年，美国的图书馆学家巴尔顿和物理学家凯普勒合作，通过对科技文献使用的引文进行统计分析，从而对文献的半衰期进行了深入的研究。所谓半衰期，是指某学科或某专业现在仍被利用的所有文献中较新的一半是在多长一段时间内发表的。例如，生物医学文献的半衰期为3年，即表明现在仍在利用的生物医学文献中较新的一半是在3年内发表的。文献内容新陈代谢频繁，对文献利用提出了时效性的问题。

对文献的充分利用，是创新知识必不可少的基础。鉴于现代文献所具有的数量庞大、增长迅速、类型文种多样、发表分散、重复交叉严重、新陈代谢频繁等特点，要想有效地利用文献，必须学会文献检索的方法。当今的人们可能是用一生的时间在寻找信息而不是找到信息。就今天的情况来看，许多人对于身边的信息尚不能充分利用。一方面是我们淹没在信息的海洋里，另一方面我们又得不到最急需的信息。对现代人来说，掌握最适合自己、最经济有效的信息获取手段是至关重要的。这就有必要掌握文献检索的理论和方法来有效获取信息。

第二节　文献检索的定义和类型

一、文献检索的定义

国家标准《信息与文献术语》（GB/T 4894—2009）给文献检索的定义是："从存储的文献中获得特定的文献的过程"。具体地说，就是从众多的文献中迅速而准确地查找出符合特定需要的文献或某一问题的答案。文献检索包括文献的存储和检出两个方面。存储就是通过索引、目录、文摘或相关数据库等检索工具，将杂乱无序的文献加以科学的组织，使之有序化，并建立起检索系统；检出就是利用检索工具在这一检索系统中查找出有关的文献。由于存储工作多由专业情报工作者完成，习惯上，人们往往只把文献的检出过程称为文献检索，即狭义的文献检索。文献检索的目的是获得情报信息，因此，也有人将文献检索称为情报检索、信息检索。

文献检索的基本原理是把查检者的信息需求与文献检索系统的信息集合进行比较和选择，最终获取匹配结果的过程。检索系统的构建，是由专业情报人员根据文献的内容特征和外表特征，用特定的检索语言进行著录和标引，是对一批文献的存储和有序化的过程。查检者根据自己的需求，按照检索系统的方法和要求，提出自己检索表达，这种检索表达可以只包含检索词，也可以由检索词、逻辑运算符、检索指令（检索语法）等构成检索表达式。检索表达若与检索系统中的信息匹配，则反馈出检索结果。这种匹配的过程，在手工检索中由大脑完成，在计算机检索中则由计算机完成。要确保获得良好的检索效果，就需要存储与检索所依据的规则必须一致。也就是说，标引者与查检者必须遵守相同的标引规则，使用相同的检索语言。这样，无论什么样的标引者，只要对同一篇文献的标引结果一致，不论由谁来检索，都能查到这篇文献。

二、文献检索的类型

文献检索可以按不同的标准划分其类型。

（一）按检索对象分类

文献检索按其检索对象可分为数据检索、事实检索、书目检索和全文检索。

（1）数据检索：是将经过选择、整理、鉴定的数值数据存入检索系统中，根据需要查出可回答某一问题的数据的检索。其检索对象既包括物质的各种参数、电话号码、银行账号、观测数据、统计数据等数字数据，也包括图表、图谱、市场行情、化学分子式、物质的各种特性等非数字数据。例如，输入“2014年全国高校毕业生有多少？”检出的是具体的数据。

（2）事实检索：是将存储于检索系统中的有关某一事件发生的时间、地点、经过等情况查找出来的检索。其检索对象包括事实、概念、思想、知识。例如，输入“哪所中医院校成立得最早？”检出的是具体的知识和事实。

（3）书目检索：是将存储于检索系统中的关于某一主题的文献的线索查找出来的检索。例如，输入“云南中医学院的教师出版的专著有哪些？”检出的是有关某一主题的文献条目及出处。数据检索与事实检索是要检索出包含在文献中的情报本身，书目检索则是检出包含所需情报的文献线索。书目检索是文献检索的主要检索方式，故又称为狭义的文献检索。

（4）全文检索：是一种将文献中所有文本与检索项匹配的检索方法，可以实现用词语或句子作为检索入口，将其与文献全文内容进行匹配并显示相应结果。例如，输入“故学者必须博极医源，精勤不倦”，查找出该句话出自哪本著作。

（二）按信息的组织方式分类

文献检索按信息的组织方式可分为文本检索、超文本检索、多媒体检索和超媒体检索。

（1）文本检索：是指根据文本内容，如关键字、语义等对文本集合进行检索、分类、过滤等的一种检索方式。最早最典型的文本检索是图书馆的图书目录，根据书名、作者、出版社、出版时间、书号等信息对馆藏图书进行标引，查检者只需根据书名、作者等相应信息即可很快查到所需要的图书存放在图书馆的什么地方。早期的文字型数据库都是基于传统文本的检索工具。

（2）超文本检索：是对每个节点中所存的信息以及信息链构成的网络信息的检索。随着互联网的出现和发展，文本文献在互联网上的数量发展更加迅猛，文本的数量和结构都发生了变化，超文本检索应运而生。超文本是用超链接的方法，将各种不同空间的文献组织在一起的网状文本。超文本普遍以电子文档方式存在，其中的文字包含可以链接到其他位置或者文档的连接，允许从当前阅读位置直接切换到超文本链接所指向的位置。因而，超文本是一种非结构性文档，按信息之间关系非线性地存储、组织、管理和浏览信息的计算机技术。

（3）多媒体检索：是以文字、图像、声音、视频等多媒体文献作为检索对象，基于多媒体文献的内容特征进行检索的一种方法。所谓基于内容的检索是对多媒体文献的内容及上下文语义环境进行检索，例如，图像中的颜色、纹理、形状，视频中的镜头、场景、镜头的运动，声音中的音调、响度、音色等。基于内容的检索突破了传统的基于文本检索技术的局限，直接对图像、视频、音频内容进行分析，抽取特征和语义，利用这些内容特征建立索引并进行检索。

（4）超媒体检索：是把超文本和多媒体技术结合的一种检索方式。简单地说，超媒体＝超文本＋多媒体。超媒体在本质上和超文本是一样的，只不过超文本技术在诞生的初期管理的对象是纯文本，所以叫做超文本。随着多媒体技术的兴起和发展，超文本技术的管理对象从纯文本扩展到多媒体，为强调管理对象的变化，就产生了超媒体这个词。超媒体和超文本都以非线性方式组织信息，本质上具有同一性。由于二者都与多媒体密切相关，所以容易混淆。在超文本中，信息的主要形态是文本和图形，以节点形式存储信息，实现相关节点间的非线性、联想式检索。而超媒体是一种在一条条信息间创建明确关系的方法，它把超文本的含义扩展为包含多媒体对象，而且能够实现音频与视频信号的同步。

（三）按检索手段分类

文献检索按其检索手段可分为手工检索和计算机检索。

（1）手工检索：指查检者利用印刷型检索工具手工查找文献信息的一种检索方式，所匹配的检索结果，要依靠查检者的手、眼、大脑的配合和判断。采用传统的手工方法进行文献检索，在计算机检索技术广泛应用之前，曾经是文献检索的主流，目前只用于一些特定文献的检索。如一些中医古籍书目，相关检索工具没有数字化以前，只能手工检索。目前一些主要的期刊论文数据库，只能检索该库收录范围内的论文，如果要检索的论文发表时间早于数据库的收录范围，只能借助早期印刷型的期刊论文索引来手工检索。

（2）计算机检索：是通过计算机对已经数字化的信息，按照设计好的程序进行查找和输出的过程。随着计算机技术和网络技术的飞速发展，计算机检索已成为文献检索的主流。

思考练习题

1. 什么是文献检索？
2. 文献检索有哪几种类型？

第二章 中医药文献概论

在信息化时代，人们越来越深刻地体会到信息与生活的密切联系，体会到有效获取与利用信息对人类各项事业的重要意义，中医药领域专业知识的学习和研究等工作也不例外。在以获取与利用信息为基础，以创新知识为成果的学术活动中，信息的获取与利用显得尤为重要；只有对信息检索与利用的基础理论与方法进行了解和学习，才能更好地指导实践活动。因此本章对信息、知识、情报、文献的概念以及这些相关概念的区别与联系进行介绍，从甲骨文献、金石文献、竹帛文献、纸质文献几个方面论述中医药文献演变历史，通过按照文献的载体、出版形式、加工深度等不同分类方法，阐述现代中医药文献的类型。这些基础知识，在中医药文献检索与利用这门课程的学习实践中会有广泛的应用。

第一节 信息、知识、情报和文献

准确把握基本概念是驾驭一门学科或者科学的基础，信息、知识、情报、文献密不可分，本节将在对四个概念分别进行阐述的基础上总结出四者之间的相互关系。

一、信息

信息是一个十分广泛的概念，它在自然界、人类社会以及人类思维活动中普遍存在，是物质的本质属性之一。信息论奠基人香农认为“信息是用来消除随机不确定性的东西”。控制论创始人维纳认为“信息是人们在适应外部世界，并使这种适应反作用于外部世界的过程中，同外部世界进行互相交换的内容和名称”。从广义的角度看，信息是指各种事物与外界交换的一切内容，是对各种事物的存在方式、运动状态和相互联系特征的一种表达和陈述，是自然界、人类社会和人类思维活动普遍存在的一切物质和事物属性的表征。

由于不同的事物具有不同的运动状态和运动方式，所以会产生不同的信息反应。从不同的研究和利用角度可以对信息进行多种方式的分类。例如，按照产生信息的领域可分为风、雨、雷、电等自然界中事物的形态和特征的自然信息，语言、音乐、喜、怒、哀、乐等反映人类社会各种事物和现象的状态及性质的社会信息；按信息的属性又可分为文字信息、图像信息、数值数据信息、语音信息等。信息具有可量度、可识别、可存储、可处理、可传递、可再生、可利用和共享等基本特征。

二、知识

《辞海》中将知识解释为：知识是人类认识的成果或结晶，包括经验知识和理论知识，知识借助于一定的语言形式，或物化为某种劳动产品的形式，可以交流和传递给下一代，成为人类共同的精神财富。

国家标准《信息与文献术语》（GB/T 4894—2009）将知识定义为："基于推理并经过证实的认识"。从这个定义不难看出，知识是人们在认识和改造客观世界的实践中获得的认识和经验的总和，是人类通过对信息的感知、获取、选择、处理和加工等思维过程，形成的对客观事物的本质和规律的认识。

从信息论的角度出发，可以认为人类大脑中的产物是以信息为原料，以信息的获取为前提，知识是人类大脑中重新组合形成的系列化信息的集合。知识作为人类特有的高智力活动的产物，作为信息加工利用后形成的序列化信息，为了交流与传递，借助文字、语言、符号、电磁波等手段或方式等加以表达，而表达出来的知识，又成为知识接受者的"信息"。当然，知识接受者能否将这些"用于交流的知识"转化为自己的知识，则取决于其自身的认知能力。

三、情报

一般认为情报起源于战争，认为战争中交战双方为取得战争的胜利而搜集的有关对方的情况就是情报。具体来说，是为一定目的搜集具有使用价值及具有一定的时效性，经过传递，能被接受者接收的一切知识。情报是一种普遍存在的社会现象，人们在物质生产和知识生产的实践活动中，源源不断地创造、交流与利用各种各样的情报。情报可细分为政治情报、经济情报、科技情报、军事情报、社会情报等。

情报可被定义为：作为交流对象的有用知识。因为情报来源于知识，它在特定的时间里经过传递，为用户所接受、利用，并经过使用产生效益，所以情报包含了三个基本属性。

（1）知识性：情报以知识为实体。情报的本质是知识，没有知识内容，就不能形成情报。因此知识性是情报的最主要属性。

（2）传递性：情报是以传递和运动表明其活力的。知识成为情报，必须经过传递。只有传递才使知识由静态进入动态，因此情报总是处于动态之中。

（3）效用性：情报是以实用为终极目的的。人们创造情报的目的是通过传递、交流得以利用。情报的效用在于启迪思想、开阔眼界、增进知识，改变人们的知识结构，提高人们的认识能力，促进问题的解决。

在汉语中，信息和情报这两个术语反映的概念一直是有区别的，但在国外，一般对信息和情报并不加以区分，在英文中这两个概念都用"information"表示。将情报和信息区别为两个概念是我国情报学界特有的现象。为了适应国际间交流的需要，1992 年国家科委决定采用"科技信息"的称呼取代原来的"科技情报"，因此原先的一些科技情报研究机构已改为科技信息机构。原来所称的情报检索，也改称信息检索。这里的信息一词的含义与情报相同。这一演变过程可以从国家标准术语的变化体现出来。我国 1985 年发布的国家标准《情报与文献工作词汇基本术语》（GB/T 4894—1985）对信息的定义为：“信息是物质存在的一种方式、形态或运动状态，是事物的一种普遍属性，一般指数据、信息中包含的意义，可以使消息中所描述事件的不确定性减少。”这里是指广义的信息。2009 年发布的国家标准《信息与文献术语》（GB/T 4894—2009）中定义为：“信息是被交流的知识”。这里就是一种狭义的信息，已经把信息的含义缩小为情报。可以说狭义的信息等同于情报，但并不是在任何意义上、任何场合中“信息”一词都能取代“情报”，尤其是在作为一门学科的情报学中，“情报”一词仍将继续沿用。情报的概念有更加专业化、专门化的趋势，目前情报更多地被用于企业竞争情报等专门领域，且侧重于经济、社会发展相结合的情报分析和研究。

四、文献

“文献”一词，其含义从古至今有一个发展变化的过程。据现有文献考察，“文献”一词最早出现在《论语》一书中。《论语·八佾》中记载：“子曰：夏礼吾能言之，杞不足征也；殷礼吾能言之，宋不足征也。文献不足征也，足则吾能征之矣。”孔子所言“文献”包括典籍和贤才两个方面，在孔子生活的时代，知识文化的传播是以典籍和博学之士为并列媒介的，经验知识口耳相传，所谓十口相传则为古，随着历史的发展，原来通过口耳相传的知识逐渐被记载在典籍中，从口耳相传转为典籍与口耳相传并重。《论语·八佾》中“文献”一词的训释即是这种转变的印证。

当今，“文献”一词被广泛使用，是文献学、图书馆学、情报学、档案学等多个学科的学术术语。不同学科领域对“文献”的时代属性、价值属性、记录符号等认识存在一定的差异，或认为文献是指一切历史性的材料，或认为文献是具有历史和文化价值的文字资料，或认为文献包括文字之外的古物、遗迹、绘画、模型等。

为了促进文献工作的标准化和规范化，1979 年全国文献工作标准化技术委员会开始制定我国文献工作的术语标准。1983 年公布的国家标准《文献著录总则》（GB/T 3792.1—1983）中，文献被定义为：“记录有知识的一切载体”。文献的记录符号可以是文字、图像、声频、视频、符号等，以这些记录手段记录的知识，皆属文献范畴，包括图书、期刊、报纸，以及胶片、录音带、录像带、唱片、磁带、幻灯片等各种视听资料。2009 年最新公布的国家标准《文献著录总则》（GB/T 3792.1—2009）代替 GB/T 3792.1—1983，文献一词仍然保持原有定义。《中国大百科全书·图书馆学 情报学 档案学》将文献定义为：“记录有知识和信息的一切载体”。国家标准和《中国大百科全书》中的文献定义，均是广义的文献定义。在现代技术条件下，由于文献记录和传播的多途径、多样化，广义的文献定义有利于文献工作的开展。

广义的文献具备三个要素。

（1）知识性：文献的实质内容是其所记录的知识和信息。

（2）记录性：文献要通过记录来存储，一方面包括记录知识和信息的符号，文献中的知识和信息是借助于文字、图表、声音、图像等记录下来并为人们所感知的；另一方面包括记录的方式或手段，如铸刻、书写、印刷、录像、录音、数字记录等，它们是使知识、信息与载体相联系的方式。

（3）物质载体性：即文献需依附于物质载体。所谓载体，指载录知识的一切介质，是文献的外在形式。在世界不同区域和时代，人类使用过不同的文献载体，如古埃及的纸草、古代欧洲的羊皮、古代两河流域的泥板，我国古代的甲骨、竹帛、金石、纸张，现代的胶片、光盘等都是文献的载体。

五、信息、知识、情报与文献的相互关系

人类正是通过对相关信息的获取来认识不同事物，这些信息经过人脑接受、选择、处理之后才能组合转化为新的知识。知识是信息的一部分，是经过人脑思维加工而成的有序化的信息组合。信息是构成知识的素材，在一定条件下可转化为知识，人类的认识活动是转化的必要条件。

从定义上来看，情报是知识，也是信息。信息与情报的显著区别在于应用环境和思维方式的不同，情报更有序、更专业、更实用，具体可从军事情报、企业竞争情报等特定领域来理解情报与信息的区别。情报是人们为解决特定问题而被活化了的更为高级、实用的知识，交流中的效用性、针对性是区别情报与知识的关键。

文献是存储和传递知识、情报、信息的介质，是被物化的知识记录。文献是人们获取信息、知识和情报的重要来源。对于中医药这样一门源远流长的传统学科，如何采取各种措施与方法，将名老中医的理、法、方、药知识及时记载和传承，并充分挖掘利用记载历代医家防治疾病经验、技术与记录现代中医药成果的现代文献，从而继承和发展中医药学，是我们必须重视的课题。信息、知识、情报、文献的关系见图 2-1-1。

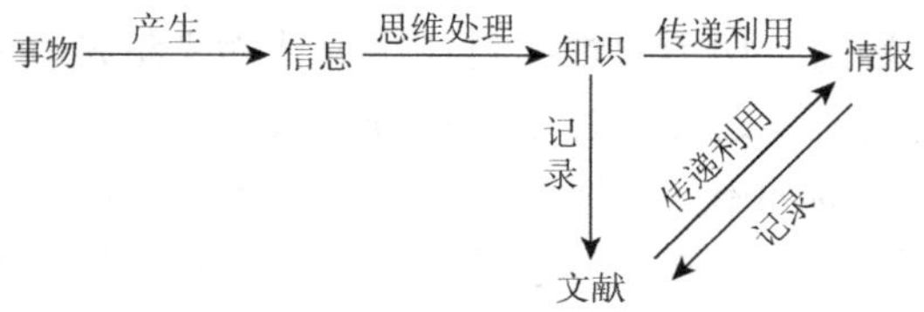

图 2-1-1　信息、知识、情报、文献的关系

第二节　中医药文献演变历史概述

伴随人类历史的演进过程，文献的种类、数量也得到日新月异的发展，主要经历了甲骨、金石、竹帛、纸质和现代文献五个发展阶段，本节将分别从这几个阶段对中医药文献演变历史进行概述。

一、甲骨文献

甲骨，即龟甲或兽骨；甲骨文献主要指中国商朝晚期王室用于占卜记事而以龟甲或兽骨为载体采用契刻等方法记录下来的文献。甲骨文又称“契文”“甲骨卜辞”或“龟甲兽骨文”，殷商灭亡周朝兴起之后，甲骨文还延绵使用了一段时期。据统计，殷墟甲骨中有关疾病记载的共 415 辞，其中关于“龋齿”的记载是世界上相关的最早记录，比古埃

及、古印度、古希腊医学的记录早700～1000年。

二、金石文献

金石，是青铜器与刻石的总称，以金石为载体的文献称为金石文献，也就是铸刻在金石上的铭文。金指青铜器，石指石刻，包括石片、玉片、石鼓、石碑、摩崖等。青铜器上的铭文又称金文或钟鼎文，石刻上的铭文又称石文，石文有毛笔写的，而更多的则是镌刻而成，因此又统称石刻。

殷商西周是中国“青铜文化”的灿烂时期。青铜器主要用于殷周贵族日常享用的容器和礼器，金文即是将图形或文字铸造于青铜器上，以纪念重大的事件，是一种具有重要史料价值的古文献形式。但金文中有关中医药的文献极少。宋代王惟一铸造的针灸铜人，形态如人，外刻穴位，堪称珍贵的实物文献。

石刻文献中已知最早的为战国初期刻在一个12面的小玉柱上的《行气玉佩铭》。现存最早的石刻医书为洛阳龙门石窟的《龙门药方》，据考证是北齐时代的医书，记载了药方129首，使用药物122种，治疗疾病41种。最著名的石刻医书是南北朝时期医家褚澄的《褚氏遗书》，该书刻在18块石碑上，载录了南北朝医家褚澄的医著。全书主要论述人体生成和气血生成，分为受形、本气、平脉、津润、分体、精血、除疾、审微、辨书、问子10篇，不仅具有较高的学术价值，而且具有珍贵的文物价值，但因战乱原石刻未能保存下来。宋代郭思也曾将孙思邈的《千金方》择要编成《千金宝要》一书，并刻于石碑上，供人传抄利用。由于石刻文献易风化损毁，后人采用拓印术，将石刻文献原样拓印在绢或纸上，便是“拓本”，利于携带和保存，受拓印术的启发，后来出现了雕版印刷术，成为活字印刷之先河。

三、竹帛文献

竹帛文献，即以竹片、木板为载体的简牍文献和以缟、缣、绢等丝织品为载体的帛书文献的统称。在造纸术发明之前，竹帛是图书流传的主要形式。

从周朝开始，我国出现了以竹片和木板为载体的简牍文献。将文字刻写在一定规格的竹片上，再用绳子编连成册，称为竹简或简册，是我国书籍的最早形式。近年来有很多用出土的竹简整理出版的古代中医药著作，如罗振玉、王国维整理的《流沙坠简》中含有医方11篇，是两汉到西晋时期的著作；居延出土的汉代竹简整理而成的《居延汉简考释》和《居延汉简甲编》含有关于“伤寒”诊治的医著，并保存了上百例患者的医案；甘肃武威出土的完整的92枚汉简，全部为医学内容，涉及内科、外科、妇科、五官科、针灸、医方，共载方30余个，药物100多种，其中20种药物现存本草文献中没有记载，1975年经文物出版社整理为《武威汉代医简》；长沙马王堆三号汉墓出土的医简多达200余枚，内容与文体类似《内经》，已整理出版的有《十问》、《合阴阳方》、《天下至谈》、《杂禁方》四书等。与竹简文献共存于同一时代的还有版牍文献，即将文字刻写在一定规格的木板上，两者在用途上有所不同，版牍多用于撰写和传送官府公文和信件，竹简多用于著书作文。

春秋战国时期，开始出现帛书文献，它比简牍轻巧，便于携带收藏，但价格昂贵、保存期较短。在图书编撰过程中，以简成书者成为篇，以帛成书者成为卷，在我国历史上简牍与帛书共存时期长达1000多年，现存以帛书为载体的中医药文献有不少流散于国外。我国长沙马王堆三号汉墓出土的古代帛书含有较为完整的中医药文献，包括医学方技类著作10余种。其中《五十二病方》为现存最早的方剂专著，《导引图》被誉为最早的导引保健图；敦煌医学卷子中有《杂疗病药方》在内的20余种医方卷子，所涉内容包括内、外、妇、儿、五官、皮肤、养生以及传染、急救、兽医和美容等方面。

四、纸质文献

东汉时蔡伦总结前人的经验，扩大了造纸的原料，改良了造纸技术，纸因其既不像简牍那样笨重，又不像帛那样昂贵，收藏和传递交流也比较方便，逐渐广为使用并取代竹帛而成为主要的文献载体。我国的纸质文献包括抄本和印本两种形态。

抄本也称写本，即用笔抄写在纸上的文献，产生于东汉，兴盛于隋唐，一直沿用到北宋，这种文献一般称为卷轴或卷子本，古代很多医著是以手抄本传世的。隋唐时期现存卷子类医书以敦煌出土的数量最多，1900年在敦煌莫高窟发现了大量六朝至五代的写本，其中医学文献据考有62种，包括《本草经集注》、《新修本草》等以及《张仲景五脏论》、《平脉略例》等未见传世的文献，但多为残卷，经初步整理有15类。此外，元朝至宋代初传入日本的汉医著作多为卷子本，现存的有《黄帝内经太素》（只存25卷）、《黄帝内经明堂类成》（今存卷1）、《黄帝虾蟆经》、康治本和康平本《伤寒论》（均为部分）、《真本千金要方》（只存卷1）、《新修本草》、《医心方》等8种。

印本文献包括雕版印本和活字印本两种，前者于唐代兴起，后者则始于宋元。印本书的出现使图书发行量剧增，促进了文化和学术的繁荣，印刷术成熟并广泛用于文献印行后，中医药文献也主要以印本的形式流传。印本又有刻本、活字本、石印本、铅印本、影印本、油印本等不同种类，活字本又有泥活字本、铜活字本、木活字本等的区别。中医药文献中用活字印刷术印行的不多，木版印刷医书，至北宋后才逐渐普及，直至清末仍在应用。现存古医典籍文献绝大多数是用木版印刷的刻本（刊本），其中以宋刻、元刻本最为珍贵。北宋以后，雕版印书成为一种重要的文化现象，分为官刻本、家刻本和坊刻本三类，除官修的医籍外，许多医著属于坊刻本，在古代"坊"或"堂"相当于现在的出版社。宋、金、元三朝是我国医学文献整理出版空前规模的时代，如官方整理校勘后刊印的医书有北宋校正医书局刊行的《难经》、《太素》、《伤寒论》、《甲乙经》、《图经本草》、《千金方》等，地方性和私家书坊出版的医著有北宋阎季忠刊行的《小儿药证直诀》、南宋刘甲刊行的《大观经史证类备急本草》、元梅溪书院刊行的《千金翼方》等。明清时期，造纸业和印刷业有了更大发展，为当时汇编各种类书和丛书提供了有利条件，将搜集到的医学文献保存下来，使这一时期刊刻的医籍成为我国现存古代中医药文献的主体；如李时珍的《本草纲目》、张景岳的《类经》、吴谦的《医宗金鉴》、叶天士的《温热论》等名著，这些文献不仅对中国医药发展作出了贡献，且经流传国外对世界医学事业的发展也产生了深远影响。

五、现代文献

1911年辛亥革命是中国文献"古""今"的界线，即1911年前（含1911年）的文献为古代文献，其后的文献为现代文献，中医药文献的古今分属原则亦是如此。

近现代以来，作为知识载体的文献得到格外的重视，在编辑手段、载体形式、印刷出版技术等方面都有充分发展。中医药文献亦如此，其最突出的特点是出版形式和载体形式的多样化。虽然纸张仍是中医药文献的主要载体，但随着计算机技术的逐渐渗透和网络检索的日益普及，电子文献逐年增多，大有与传统文献相抗衡的趋势。

第三节　现代中医药文献的类型

随着学科本身的发展和文献生产技术的提高，现代中医药文献在学术内容和文献形式上都发生了很大变化。本节将分别按照文献的载体、出版形式、加工深度、公开范围四种不同分类方法，阐述现代中医药文献的类型。

一、按文献的载体分类

（1）印刷型文献：指以纸张为载体，以印刷技术为记录手段而产生的文献，包括各种书籍、报刊、图表等。印刷型文献虽然成本低廉、利于大批量生产且符合人类传统阅读习惯，但其信息存储密度小，体积较大，易受虫蛀、水火等侵蚀，不易保存和管理。

（2）缩微型文献：指以感光材料为载体，利用光学记录技术产生的文献，包括缩微胶卷、缩微胶片等。缩微型文献具有信息储存密度大、体积较小、分量较轻、保存时间长等特点，不易损坏和变质，采用缩微方法保存中医药古籍能为珍贵的历史文献提供相对安全的保存形式；但缩微型文献阅读时需借助一定的工具，故查检和利用不太方便。

（3）声像型文献：指以磁性材料或感光材料为载体，借助特定的设备对声音或图像信息进行真实记录而形成的文献，包括录像带、录音带、唱片等。声像型文献具有形象、直观、逼真、生动等特点，且能反复播放，调节视听速度，供人仔细观摩和研究；但在阅读时和缩微型文献一样需借助一定的技术和设备。

（4）电子型文献：指以磁盘、光盘等为载体，通过编码、程序等计算机处理技术手段和通信手段对信息进行记录和传播利用的文献。电子型文献具有信息存储容量大，检索复制快捷、灵活，更新速度快等特点，虽然在阅读时和缩微型文献、声像型文献一样需借助一定的工具，但随着计算机技术和网络技术的普及，电子型文献作为一种新型的、效率更快的信息传播渠道，已经成为信息传播的重要途径。

二、按文献的出版形式分类

（一）图书

联合国教科文组织对图书的定义是，凡由出版社（商）出版的49页以上的印刷品，具有特定的书名和著者名，编有国际标准书号，有定价并取得版权保护的出版物称为图书。国家标准《信息与文献术语》（GB/T 4894—2009）指出，图书通常是分页并形成一个物理单元的，以书写、印刷或电子形式出版的知识作品。与期刊等其他出版物相比，图书具有内容系统、全面、成熟的优点，但其出版周期长，信息传递速度较慢。每种正式出版的图书都有一个国际标准书号（international standard book number，ISBN），这是一种国际通用的出版物代码，代表某种特定图书的某一版本，具有唯一性和专指性，读者可借助 ISBN 通过某些文献信息系统查询某种正式出版的特定图书。2007 年 1 月 1 日起，ISBN 由之前的 10 位数字增加为 13 位数字，分为 4 段，依次是地区语种号、出版商代号、书名号、校验号。

图书目前仍是出版物中品种较多、数量较大的一种，也是各类图书馆主要馆藏之一。虽然图书的种类繁杂、形式多样、功能各异，但就学习和研究而言，常用的图书有教科书、专著、参考工具书等。

中医药图书与其他科技图书一样，其内容比较系统、全面、成熟、可靠，许多图书还包含著者本人的新资料、新发现、新观点。因此要对某些问题获得较全面、系统的知识，或对陌生领域及问题获得初步基本的了解，参阅图书是一个有效的方法。根据内容和用途的不同，现代中医药图书主要包括专著、教科书以及年鉴、百科全书、字词词典等工具书。

（二）期刊

期刊也称杂志，是指有固定名称、每期版式基本相同、定期或不定期的连续出版物。它的内容一般是围绕某一主题、某一学科或某一研究对象，由多位作者的多篇文章编辑而成，用卷、期或年月顺序编号出版。期刊具有信息量大、出版周期短、发行与影响范围广等特点，其中科技期刊更是具有内容有深度、专业性强等特点，因而成为科研人员展示成果的园地和实现知识更新的知识源泉。和图书的 ISBN 一样，每种正式出版的期刊都有一个国际标准连续出版物号（international standard serial number，ISSN），并同样具有唯一性和专指性，因而成为读者查询某种刊物的一个检索途径，ISBN 和 ISSN 常被作为区分非正式或正式出版物的判断标准，ISSN 由 8 位数字分两段组成，前 7 位是期刊代号，末位是校验号；国内期刊在具有国际标准连续出版物号的同时还具有国内统一刊号（CN）。

核心期刊是指该学科所涉及的期刊中，刊载论文较多的、信息量较大的、论文学术水平较高的并能反映本学科最新研究成果及本学科前沿研究状况和发展趋势的、较受该学科读者重视的期刊。核心期刊是学术期刊，不包括通俗、消费类期刊。核心期刊根据所载论文的引文率、利用率等指标来进行评定。目前我国国内主要有以下几种核心期刊（或核心来源期刊）遴选体系。

（1）北大中文核心期刊：是由北京大学图书馆及北京十几所高校图书馆众多期刊工作者及相关单位专家参加的研究项目，项目研究成果——《中文核心期刊要目总览》以印刷型图书形式出版，俗称“北大核心”。目前已于 1992 年、1996 年、2000 年、2004 年、2008 年、2011 年出版过 6 版，2008 年以前为 4 年评选一次，2008 年至今为 3 年评选一次。2011 年推出的《中文核心期刊要目总览》（第 6 版）选作评价指标统计源的数据库及文摘刊物达 60 余种，统计文献量达 221 177 余万篇次（2006～2008 年），涉及期刊 14 400 余种。经过定量评价和定性评审，从我国正在出版的中文期刊中评选出 1980 余种核心期刊，分属七大编 73 个学科类目。

（2）中文社会科学引文索引（CSSCI）来源期刊：CSSCI 由南京大学中国社会科学研究评价中心研制，从全国 2700 余种中文人文社会科学学术性期刊中精选出学术性强、编辑规范的期刊作为来源期刊，数量占我国正式刊行的社科期刊总数的 8%～15%，俗称“南大核心”。CSSCI 来源期刊每两年遴选一次。CSSCI（2014—2015）来源期刊收录包括法学、管理学、经济学、历史学、政治学等在内的 25 大类的 533 种学术期刊，扩展版来源期刊 189 种。

（3）中国科学引文数据库（CSCD）来源期刊：CSCD 由中国科学院文献情报中心主办。中国科学引文数据库来源期刊每两年遴选一次。2013—2014 年度中国科学引文数据库收录来源期刊 1141 种，其中中国出版的英文期刊 125 种，中文期刊 1016 种。中国科学引文数据库来源期刊分为核心库（表中备注栏中以 C 为标记）和扩展库（表中备注栏中以 E 为标记）两部分，其中核心库 780 种。

（4）中国人文社会科学核心期刊：中国人文社会科学核心期刊的研制与评选是中国社会科学院文献计量与科学评价研究中心的一项长期研究工作，每一版的最终成果以《中国人文社会科学核心期刊要览》的形式发布。《中国人文社会科学核心期刊要览（2013 年版）》中涉及学科分为 24 个大类目和综合类，确定了核心期刊 484 种。

（5）中国科技核心期刊（中国科技论文统计源期刊）：中国科学技术信息研究所研制的中国科技论文与引文数据库选择的来源期刊称为中国科技核心期刊，又称中国科技论文统计源期刊。中国科技核心期刊每年评估和调整一次，2013 年中国科技核心期刊入选科技类期刊 2043 种。中国科技信息研究所基于中国科技核心期刊及其引文数据库，定期发布期刊引用分析研究工具《中国科技期刊引证报告（核心版）》。

国内的几个核心刊物数据库，互相之间都有渗透，例如，一个刊物既是北大核心，又是统计源核心，还有可能被其他核心数据库收录，也就是平时所说的“双核心”这样的刊物。国内公认的比较权威的三个核心期刊遴选体系为中文核心、CSSCI、CSCD。

随着中医药走向世界及世界范围内传统医学热潮的兴起，国内外出版的中医药类期刊及传统医药学期刊也越来越多。这里需特别指出，有一定数量的中医药类论文并非发表在中医药类期刊上，而是发表在西医期刊及其他自然科学刊物上。因此在检索中医药类论文时，首先考虑参考价值较大的中医药类核心刊物，同时不要忽视对西医类期刊和自然科学刊物的利用。

（三）报纸

报纸是指以频繁的周期发行、提供关于当前事件最新信息并通常附有评论的连续出版物（国家标准《信息与文献术语》（GB/T 4894—2009））。报纸具有出版周期短、报道速度快、内容新颖、涉及面广等特点，因此报纸是十分重要的文献资料。

鉴于报纸的特点，很多技术成果、科技决策、科学研究的动态和消息，往往首先见诸报端，因此经常浏览医药卫生方面公开出版的报纸，对于了解医药学研究动态，获取最新的有关中医药的科研信息，是十分有益的。

（四）特种文献

特种文献指图书、期刊、报纸以外的，有特定内容、用途、读者范围的，特定出版发行方式的文献。主要包括以下几种。

（1）学位论文：指作者提交的用于其获得学位的文献（GB/T 7713.1—2006）。

学位论文有学士论文、硕士论文和博士论文之分。我国从 1979 年恢复实行学位制度以来，每年都有相当数量的学位论文问世。

学位论文的质量参差不齐，一般来说硕士论文和博士论文的质量较高，大都带有一定的独创性和独到见解，对问题的来龙去脉阐述得比较系统和详细，所探讨的问题比较专深。但是有的学位论文涉及发明专利或其他需要保密的内容，不易检索和获得。

（2）专利文献：指围绕专利制度而产生的一系列文献资料。在本质上，专利文献是一种对发明创造者在一定期限内对其技术成果的生产、使用和销售享有独占权利的法律依据，同时因其包含与专利技术相关的全部技术信息而具有技术和经济情报价值。

专利文献储存了人类多个方面的技术知识，内容涉及多个科学领域。与中医药相关的专利逐渐大量涌现，如疾病的诊断、治疗方法或装置、各种中医药制剂或制备、新型保健用品和理疗器具等。

（3）标准文献：是对技术标准、管理标准及其他具有标准性质的类似文件所组成的文献体系的总称。

标准文献具有相当的法律约束力，其中某些与人类生命安全的技术标准，如药品、医疗器械、医用材料、医疗方法和生物制品等，甚至带有强制性。标准文献是进行新产品开发和提高技术水平的重要参考资料。标准文献文字简练、语义准确，一项标准仅针对一个技术问题，与其他文献相比，提供的数据和技术内容严密具体，有很强的针对性和指导性。

（4）会议文献：指在各种学术会议上宣读的论文、产生的记录及发言、论述、总结等形式的文献。

目前每年由我国中医药管理局或全国性中医药学会、研究会、专业组及其分会，国际中医学术组织召开的学术会议很多，故学术会议也成为学术交流的一种重要渠道。一般来说，会议上宣读或交流的论文，大都没有在公开刊物上发表过，是最新的研究成果或进展，新颖性和原始性突出，并且这部分论文大多不再在其他刊物发表，即使发表也需要经过一段较长的时间融合作者在会议上的交流心得并进一步完善，因此会议文献是我们了解中医药领域内研究水平、动态和发展趋势的重要文献，应密切关注与自己专业有关的学术会议信息，争取机会亲自参加或通过其他渠道尽快获得会议文献。

（5）政府出版物：指各国政府部门及其专设机构出版的文件，包括行政性文件和科技文件。由于是官方文件，具有很强的权威性和可靠性，对了解一个国家的政策、经济、科技有重要的参考价值和指导意义。

（6）档案：指机构、组织或个人在社会活动中直接形成的有价值的各种形式的历史记录。作为医疗单位诊疗活动原始记录的档案成为病案，对于总结临床经验、提高诊疗水平有重要价值。

（7）科技报告：是描述一项科技研究结果或进展情况的记录，或是论述一项科技问题的现状和发展的文件。科技报告提供系统、详实的研究信息，不以发表为目的，具有反映科技成果比一般期刊快、内容高度专门化的特点。

三、按文献的加工深度分类

（1）零次文献：指原始的、未经任何加工处理或者未正式出版的文献，如书信、设计草图、实验记录、手稿等。

零次文献具有针对性强、难以积累和管理等特点，一般通过演讲、讨论、参观等途径获取，在内容上有一定的价值，且能弥补一般公开文献从信息的客观形成到公开传播之间费时甚多的弊病。由于中医药知识具有较强的个性经验和言传意会的特点，对中医药零次文献的收集与利用十分重要。

（2）一次文献：指作者以本人的工作经验和研究成果为基本素材写成的原始文献，包括专著、期刊论文、科技报告、学位论文等。

一次文献在内容上具有新颖性、创造性和系统性的特点，情报价值高，是文献检索的直接对象。但其数量庞大、发表分散、排放无序，因此需借助二次文献和三次文献进行查找和利用。

（3）二次文献：指将大量分散无序的一次文献进行收集、分析、归纳和整理，并按一定规则编排而成的文献，包括目录、索引、文摘及相应数据库。

二次文献是在对一次文献的信息处理的基础上产生的，其主要用途是报道、检索、管理控制一次文献，为快速和准确查找一次文献服务。因此，二次文献不以反映一次文献的学术内容为重点，而是通过对一次文献的外部和内容特征进行标识并系统化，从而形成高效率的检索系统，引导和帮助读者得到所需文献线索；具有浓缩性、创造性和系统性的特点。

（4）三次文献：指在二次文献的指引下对检索到的一次文献进行分析、归纳和概括而成的文献，包括综述研究类文献、参考工具等。

三次文献源于一次文献又高于一次文献，具有很强的资料性和应用指导作用，它是以一次文献为研究对象，二次文献为研究工具，并通过各种情报研究方法而产生更高层次的情报研究性文献。一般来说，三次文献系统性好，综合性强，内容比较成熟，常常有大量可供参考的信息，有时可作为查阅文献或信息的起点。

综上所述，从零次文献、一次文献到二次文献再到三次文献是一个由博到约、由无序到有序、由分散到集中的发展过程。零次文献是一次文献的素材，一次文献是二次、三次文献的来源和基础，二次、三次文献是对一次文献进行组织、加工、综合而成的，是检索原始文献信息的主要工具；它们都是开展科研活动不可缺少的基础条件。

四、按文献的公开范围分类

（1）黑色文献：一是指处于保密状态或不愿公布其内容的文献，如政府文献、内部档案等；二是指人们未破译或未辨识其中信息的文献，如考古发现的古老文字及未经分析厘定的文献。

（2）灰色文献：指非公开发行的内部文献或限制流通的文献，出版量小，发行渠道复杂。

医学灰色文献是指非秘密的、又非公开发行的，但通过一般途径难以获得的文献，如医学院校内部讲义、教材和辅导材料，未公开出版的医学相关的学位论文、会议资料等。一般情况下医学灰色文献具有下列特点：文献涉及内容复杂，含有大量已知、未知和有待探讨的信息；将理论及临床实践融为一体，集中反映某一专题某一学科领域的最新研究状况，学术性、专业性、针对性较强；具有一定的保密性、隐藏性，甚至部分文献在出版时间上存在一定的随意性，因此不宜收集。

（3）白色文献：指一切正式出版并在社会成员中公开流通的文献。

思考练习题

1. 简述信息、知识、情报、文献的内涵及相互联系。
2. 简述中医药文献演变历史。
3. 什么是核心期刊？自己所学专业的核心期刊有哪些？
4. 按照加工深度文献可分为哪些类别？分别有什么特点？
5. 简述医学灰色文献的概念及特点。

第三章　检索工具概述

检索工具是人们用来报道、存储和查找各类文献信息的工具。传统的检索工具指目录、索引、文摘、字典、词（辞）典、百科全书等印刷型检索工具，现在的检索工具主要以计算机检索工具为主，包括基于网络的数据库检索系统、电子工具书、搜索引擎等。其中网络数据库和搜索引擎是目前最主要的检索工具。

第一节　检索工具的定义和类型

一、检索工具的定义

检索工具是一种按某种体例编排或组织信息，专供查找特定资料或线索而不是供系统阅读的文献。检索工具经过了从手工检索工具到计算机检索工具的发展历程，无论检索的手段和技术如何变化，其共同的特征是注重以容易查检的特定方式编排和组织文献信息，以便查检者能快速而准确地找到所需资料。

二、检索工具的类型

按照检索工具的操作方法，可以把检索工具分为手工检索工具和计算机检索工具。根据检索工具的不同功用，手工检索工具和计算机检索工具有着不同的表现形式。

（一）手工检索工具

1. 线索型检索工具

这一类检索工具的功用是向用户提供经过加工、整理，并按照一定的方式排列的文献资料线索、出处等。换言之，就是此类检索工具并不直接提供用户所需资料，但查检者可凭借此类检索工具提供的线索在浩如烟海的资料中，较方便地找到自己所需的情报信息。线索型检索工具的代表有目录或书目、索引和文摘。

（1）目录或书目：指著录一批相关的文献，并按照一定的次序编排而成的一种提示与报道文献的检索工具。如早期的图书馆藏书卡片目录、《四库全书总目提要》、《全国中医图书联合目录》等。

（2）索引：索引是将文献中所载的文章篇名、著者、主题以及文章中的人名、地名、名词术语、符号、引用的文献等分别摘录出来，标明出处，按一定的顺序组织排列，以供检索的工具。索引和目录是比较容易混淆的，其主要区别在于目录的著录单位是一个完整的出版物，而索引所著录的是一个完整出版物的某一部分、某一观点、某一主题等。相对来说，索引比目录提示的文献更深入细致。索引大体可分为篇目索引与内容索引两种。篇目索引主要是揭示期刊、报纸、会议录等出版物中所包含的论文，把这些论文一一分析著录出来，按分类或按主题、作者、篇名排列起来，以供查找各篇论文的工具。它是最简单的文献报道形式，著录项目只包括论文题目、作者、出处（发表期刊名称、卷期、页码），因此，篇目索引又称为题录。内容索引是将图书、论文等文献中所包含的事物、人物、地名、学术名词等内容摘录出来编成的索引。

有的检索工具名字冠以“目录”，实际上是索引，如《中文科技资料目录·医药卫生》，实际上是科技期刊论文索引，该刊在中国生物医学文献数据库（CBM）研制成功后即逐步被取代，完成了由手工检索工具向计算机检索工具的过渡。对于发表时间较早的论文，可利用累积性索引检索，如《中国科技期刊中医药文献索引》（1949～1986 年）。

（3）文摘：文摘是索引的扩展，是附有文献内容摘要的检索工具。文摘与索引的区别在于文摘不仅指明资料的出处，而且提供简单明了的内容摘要，即文摘报道文献内容比索引更深。目前仍可利用的印刷型文摘也以累积性文摘为主，如《中药研究文献摘要》（1963 年、1979 年、1986 年、1992 年、1993 年出版共 5 册）、《现代针灸文献精萃（针灸文摘）》（1980～1986 年）、《现代针灸文献精萃（针灸文摘）》（1987～1990 年）等。

2. 资料型检索工具

此类检索工具是相对于线索型工具而言的，因为这类工具本身便可提供读者所需的资料。资料型检索工具习惯上又称为参考工具书（reference book），简称工具书。资料型检索工具主要包括字典、词（辞）典、百科全书、年鉴、手册、名录、类书、表谱、图录等。

（二）计算机检索工具

与手工检索工具相对应，计算机检索工具指运用计算机阅读和查找文献信息的检索工具，主要包括基于网络的数据库检索系统、电子工具书、搜索引擎等。由于计算机检索技术和网络技术的飞速发展，计算机检索工具既能实现手工检索工具的功能，又发展出很多手工检索工具无法具备的功能。书目型数据库、索引和文摘型数据库提供文献信息的线索，属于参考数据库，与线索型手工检索工具相对应。数据型和事实型数据库直接提供信息资料本身，属于资源数据库，与资料型手工检索工具相对应。全文型数据库和搜索引擎把查找信息线索和提供信息原文合二为一，可称为文献线索和资源一体化的检索工具，这是手工检索工具所不具备的。二者的对应关系见表 3-1-1。

表 3-1-1 检索工具的类型

计算机检索工具			手工检索工具	
参考数据库	名称	举例	线索型	名称
	书目型数据库	各图书馆的馆藏书目数据库等		目录
	索引和文摘型数据库	中国生物医学文献数据库（CBM）、PubMed 等		索引、文摘
资源数据库	数据型、事实型数据库	中国工具书出版总库、方正中华数字书苑——工具书库、维基百科等	资料型	字典、词（辞）典、百科全书、年鉴、手册、名录、类书、表谱、图录
一体化检索工具	全文型数据库	中国知网（CNKI）、维普、万方等	无	无
	搜索引擎	百度、Google 等	无	无

第二节　检索语言和检索工具的排检方法

检索工具之所以成为检索工具，是因为它所存储的文献信息是按照一定的方法组织和排检的，能够提供一定的检索手段。检索工具这种对文献信息的有序化处理及其提供的可检性，是借助检索语言来完成的。

一、检索语言

检索语言是在文献检索中用来描述文献特征和表达检索提问的一种专用语言，是信息存储（标引）和检索共同使用的语言。检索语言是信息存储与检索共同遵循的规则，是沟通标引与检索的桥梁，只有检索提问标识和文献特征标识一致，相关的文献才能被检索出来。

就其表述文献的有关特征而言，检索语言可分为表述文献外表特征的检索语言和表述文献内容特征的检索语言。检索语言的分类见图 3-2-1。

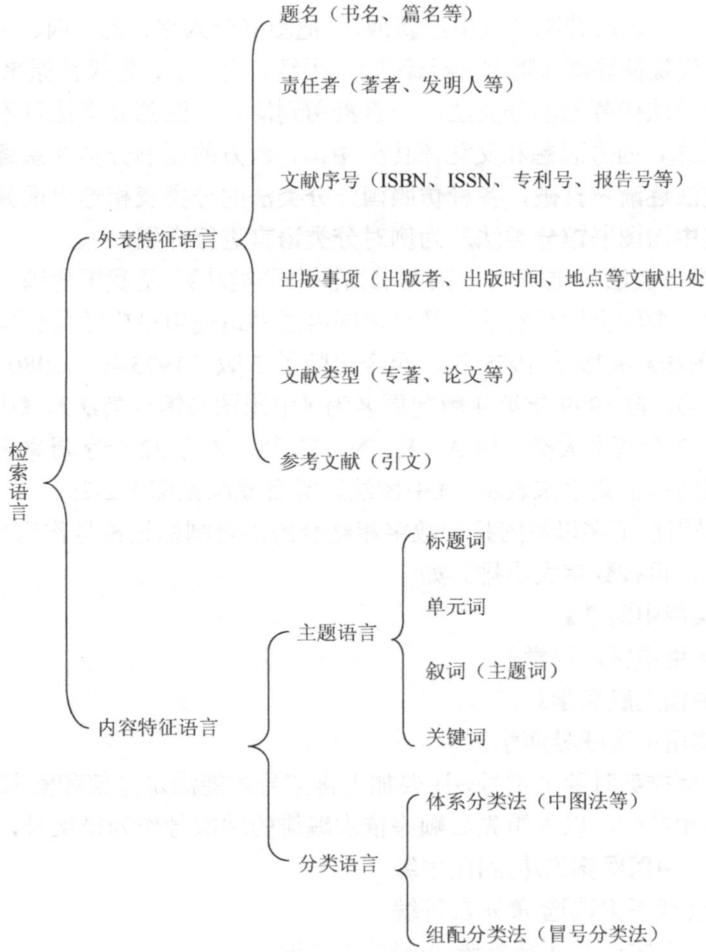

图 3-2-1　检索语言分类

文献外表特征语言是以文献上注明的、显而易见的特征，如题名、责任者、文献序号等作为标识和检索的依据，供人们从这些入口进行标引和检索文献。

文献内容特征语言主要有分类语言和主题语言。与外表特征语言相比较，它在揭示文献的特征与表达检索提问方面更有深度。内容特征语言在用来标引与检索时远比外表特征语言要复杂得多。因而对内容特征语言的研究成为检索语言研究的主体与核心，以至于有人认为它就是检索语言的全部。相对于内容特征语言的复杂性，外表特征语言简单直观，容易理解、掌握，应承认其是检索语言的一个组成部分。这里重点介绍表述内容特征的分类语言和主题语言。

（一）分类语言

分类语言是用分类号表述文献的概念，并将各种概念按照学科属性系统组织起来的一种检索语言。体系分类法是分类语言的代表，这种分类法比较能体现学科的系统性，反映事物的派生、隶属与平行的关系，便于从学科专业的角度来查找文献。目前较权威的分类法有《中国图书馆分类法》（简称《中图法》或 CLC）、《美国国会图书馆图书分类法》（简称《国会法》或 LCC）、《国际十进分类法》（UDC）等。

我国对图书分类的研究开展较早。汉代刘歆著《七略》，把图书分为七类，从而形成七部分类法流派；三国时荀勖著《中经新簿》，把图书分为甲、乙、丙、丁四部，开创了四部分类法；唐代魏征等撰《隋书・经籍志》，用经、史、子、集代替原来的甲、乙、丙、丁，此后四部分类法代替七部分类法，一直沿用到清代。四部分类法算不上严格的学科分类法。19 世纪末，西方思想和文化流传到中国，西方的图书分类体系逐渐被学术界所接受，四部分类法逐渐被打破，各种仿照国外分类法的分类表相继出现并取代了四部分类法。下面以《中国图书馆分类法》为例对分类语言进行介绍。

《中国图书馆分类法》（原名《中国图书馆图书分类法》）是我国建国后编制出版的一部具有代表性的大型综合性分类法，是目前国内图书馆使用最广泛的分类法体系，简称《中图法》。《中图法》初版于 1975 年，至今出版了 5 版（1975 年、1980 年、1990 年、1999 年、2010 年）。自 1999 年第 4 版起更名为《中国图书馆分类法》。《中图法》把图书分为五大部类、22 个基本大类，用 A～K、N～V、X、Z 等 22 个字母来表示，各大类下又分为小类，用阿拉伯数字来表示。《中图法》类目概况见图 3-2-2。

《中图法》采用拉丁字母与阿拉伯数字相结合的混合制标记符号作为分类号，排列时先按拉丁字母排，再按数字大小排。如

R2　　《实用中医学》

R25　　《实用中医内科学》

R256　　《中国五脏病学》

R256.1　《实用中医呼吸病学》

在图书馆实际排架时除分类号，还要加上排架号才能满足排架和索书的需要。例如，同类图书分类号相同时，以入馆先后顺序依次编排的种次号作为排架号，如

R249.1/1　老中医医案选/柯利民主编

R249.1/2　现代医案选选/萧龙友等编

R249.1/3　中医古今医案精粹选评/彭建中主编

A马克思主义、列宁主义、毛泽东思想、邓小平理论
B哲学、宗教
C社会科学总论
D政治、法律
E军事
F经济
G文化、科学、教育、体育
H语言、文字
I文学
J艺术
K历史、地理
N自然科学总论
O数理科学和化学
P天文学、地球科学
Q生物科学
R医药、卫生 →
S农业科学
T工业技术
U交通运输
V航空、航天
X环境科学、安全科学
Z综合性图书

R-0一般理论
R-1现状与发展
R-3医学研究方法
R1预防医学、卫生学
R2中国医学 →
R3基础医学
R4临床医学
R5内科学
R6外科学
R71妇产科学
R72儿科学
R73肿瘤学
R74神经病学与精神病学
R75皮肤病学与性病学
R76耳鼻咽喉科学
R77眼科学
R78口腔科学
R79外国民族医学
R8特种医学
R9药学

R2-0中国医学理论
R2-5中医学丛书、文集、连续出版物
R21中医预防、卫生学
R22中医基础理论
R24中医临床学
R25中医内科
R26中医外科
R271中医妇产科
R272中医儿科
R273中医肿瘤科
R274中医骨伤科
R275中医皮科
R276中医五官科
R277中医其他学科
R278中医急症学
R28中药学
R289方剂学
R29中国少数民族医学

图 3-2-2 《中图法》类目示意图

（二）主题语言

主题语言是指用反映文献主题的语词作为概念标识，将概念标识进行字顺排列的一种检索语言。主题语言是一种描述语言，即用自然语言中的描述事物概念的词语，经过规范化处理或未经规范化处理，作为文献内容标识和检索标识，对文献进行标引和检索的一种人工检索语言。主题语言主要有标题词语言（标题词法）、单元词语言（单元词法）、叙词语言（叙词法）和关键词语言（关键词法），目前最常用的是叙词法和关键词法。

1. 叙词法（主题词法）

叙词法是在标题词法和单元词法基础上发展起来的一种主题检索语言。反映文献主题的语词经规范化处理后即称为叙词，又称主题词。使用经规范化处理、反映文献主题的语词作为概念标识排列文献的方法即叙词法（主题词法）。所谓规范化，就是对自然语言中的同义词、近义词、多义词、简称词、俗称词等词语进行优化选择，确定其中的主题词与非主题词，如肿瘤（主题词）、癌症（非主题词），马铃薯（主题词）、土豆（非主题词），中学（主题词）、中等学校（非主题词）等。主题词的优化选择通常由主题词表来完成，主题词表的主题词和非主题词按字顺进行排列，并把非主题词指引向主题词，帮助查检者选择主题词。标引人员对文献进行主题标引时，从主题词表中选择主题词对文献进行排列；查检者检索时从词表中选择主题词进行检索，从而保证了标引与检索的一致性，提高检索效率。目前，最常用的医学主题词表是美国国立医学图书馆编辑出版的《医学主题词表》（Medical Subject Headings，MeSH），我国通用的综合性主题词表是

《汉语主题词表》，专科性主题词表有《中医药学主题词表》。各主题词表一般会提供一些副主题词，与相应的主题词组配检索，以提高检索的专指性。

主题词法具有如下特点：①概念性和描述性，主题词法允许用多个主题词来表达一个复杂的主题概念，因此也具有较好的描述性；②组配性，主题词法能够用多个主题词的概念组配来表达一个新概念或概念的某一方面；③规范化，主题词法对主题词采用全面的、严格的规范化措施，如对主题词可用的自然语言词类的限制，对主题词形式的规定，对同义词和准同义词的优选，对多义词和词义含糊的词的注释等，以达到一个主题词与一个概念严格对应的要求，保证主题词作为一种概念标识的高度质量；④语义关联性，主题词法一方面采用比较严密的参照系统显示主题词之间以及主题词与非主题词之间的等同关系、等级关系及相关关系，把主题词置于与其他主题词和非主题词上下左右联系的语言环境中，以明确它的含义和它们之间的相关关系，另一方面还采用树状结构表等分类索引从更多方面来反映主题词的语义关联性。

2. 关键词法

关键词法就是将文献原来所用的，能描述其主题概念的那些具有关键性的词抽出，不加规范或只进行极少量的规范化处理，按字顺排列，以提供检索途径的方法。关键词法不需对词进行规范化处理，易于使用，但同一主题的文献，由于词的同义性和多义性等原因就会分散在不同的关键词之下，容易造成漏检。关键词法是自然语言应用于文献检索最成熟也是最普通的一种方法，一般认为是直接使用自然语言不加规范，其实它也要进行某种程度的规范化处理。

所谓关键词，是指那些出现在文献的标题（篇名、章节名）以至摘要、正文中，对表征文献主题内容具有实质意义的语词，即对揭示和描述文献主题内容来说是重要的、带关键性的（可以作为检索“入口”的）那些语词。例如，有一篇文献的篇名是《用计算机编制上下文关键词索引》，其中“计算机”“上下文”“关键词”“索引”四个词是能描述这篇文献主题的，并且能作为检索入口的重要词，因而作为关键词；而“用”和“编制”两个词虽然也能帮助描述文献主题，但不起重要作用，也不能作为检索的入口，因而是次要词，不作为关键词。

此外，值得一提的是，由于计算机检索技术的飞速发展，使用文献全文中的自然语言作为检索语言，即使用文献作者原来所用的语言进行检索也成为现实，并且功能日益完善。随着全文型数据库和搜索引擎检索技术的发展，以文献全文中的字、词、语句作为检索标识进行检索的纯自然语言的应用，大大降低了检索的难度，使查检者更易于使用检索工具。把自然语言作为检索语言，同时又能实现良好的检索效果，一直是检索语言和检索技术研究所追求的目标。但自然语言的多义性、模糊性等特性，必然影响检索效果的实现。为了获得较高的查全率和查准率，即使是在全文检索系统中，使用语词作为检索的概念标识，仍然是获得最佳检索效率和效果的方法。不过，文献全文中的自然语言代表着检索语言自然语言化的发展趋势。

二、检索工具的排检方法

检索工具采用某种或几种检索语言进行编排并提供相应的检索方法，即检索工具的排检方法。检索工具的排检方法和检索语言密不可分，都是沟通检索工具的创建者和查检者之间的纽带，是信息输入与输出要共同遵循的准则。检索工具的主要排检方法见表 3-2-1。

表 3-2-1 检索工具的主要排检方法

排检方法	规则	检索标识	代表索引
字顺法	按照检索标识的汉字字顺、字母顺序、数字大小等编排的方法，字顺法是一种最基本的排序方法	题名（书名、篇名等） 著者姓名 文献序号（专利号等） 参考文献（引用文献）	题名索引 著者索引 序号索引 引文索引
分类法	按分类号的字母、数字顺序或二者结合的顺序编排	分类号	分类索引
主题法	按检索标识（词语）的字顺序编排	叙词（主题词） 关键词	叙词（主题词）索引 关键词索引

第三节 计算机检索基础知识

信息检索从传统的手工检索阶段发展为以计算机检索为主导的检索阶段。在手工检索阶段，检索方式主要以手工操作为主，这种检索既费时又费力，并且检索效率很低。随着计算机、网络通信技术、存储技术的飞速发展，计算机检索由于其检索速度快、效率高、检索方便、信息量大、检索内容更新快、检索途径多样、能快速准确地获得检索结果等特点，目前已经成为人们获取文献信息的重要手段。

一、计算机检索系统的组成

计算机检索系统主要由计算机硬件、计算机软件、网络通信和数据库构成。

（一）计算机硬件

计算机硬件是计算机检索系统使用的各种硬件设备的总称，由主计算机、检索终端设备、数据输出设备组成。计算机硬件决定了计算机检索系统的运行效率。

（二）计算机软件

计算机软件包含系统软件和应用软件两部分。系统软件负责控制和协调终端计算机和外部设备，支持应用软件在终端计算机设备上的开发和运行，是终端计算机能正常运行的基本保障。应用软件除了要保证计算机检索系统能高效运转，还要为查检者与计算机检索系统提供接口，使查检者能直观地通过计算机检索系统检索信息。计算机软件决定了计算机检索系统的检索功能。

（三）网络通信

网络通信是连接检索终端和计算机系统的桥梁，查检者通过检索终端向计算机系统发送检索指令，计算机系统按照从检索终端所收到的指令进行检索，并把检索结果通过网络通信传输到检索终端，查检者通过检索终端获取检索结果。

（四）数据库

数据库也称为文献信息数据库，是指至少由一个文档（file）构成，并能满足某一特定目的或某一特定数据处理系统需要的一种数据集合。数据库中存储了大量的文献信息，是计算机检索系统主要的信息情报源，也是查检者主要的检索对象。

1. 数据库的结构

一个数据库可以划分为若干个文档，每一个文档存储了一定数量的记录（record），每一个记录由若干个描述性字段（field）所组成。

（1）文档：文档是数据库中一部分记录的集合。数据库按照主题范围或者年代时间范围的不同可划分成若干个文档。按照数据库内的组织形式的不同，文档分为顺排文档和倒排文档两种类型。

顺排文档是将数据库的全部记录按照记录号的大小排列而成的文献集合，它构成了数据库的主体内容，所以顺排文档也称为主文档。顺排文档存储了数据库中全部记录的完整信息，所有的记录按照存入顺序编号和排列，一个存取号对应一条记录，存取号是这条记录的唯一物理标识，存取号越大，记录就越新。在顺排文档中，计算机检索是对每一条记录进行逐条扫描，所以存储的记录越多，检索所花费的时间也就越长。

倒排文档是将主文档中具有检索意义的特征字段（如著者、主题、篇名等）抽出，按照一定顺序重新编排形成的文档。倒排文档是以文献外表特征或内容特征标识而建立的有序文档，相当于检索工具的辅助索引，因此又称为索引文档。一个数据库只有一个主文档，但是根据不同的特征字段可以编制成若干个倒排文档，如著者文档、主题词文档、篇名文档等。在倒排文档中，记录的特征标识是倒排文档的排列依据。在检索时，计算机检索系统先按照检索提问标识在数据库的倒排文档中搜索，查找到相匹配的检索标识后，根据存取号从主文档中调出相应的文献记录。这种主文档和倒排文档相配合的检索，可以大大提高检索的效率。

（2）记录：记录是构成数据库的最基本数据单元，若干个记录组成一个文档，每一条记录都代表着一条原始信息或者一篇文献，每条记录都描述了文献的内容特征和外表特征。数据库的记录越多，表示数据库的容量就越大。

（3）字段：字段是组成记录的数据项，每个记录一般由若干个描述性字段所组成。每个字段用来描述文献的某一内容特征或外表特征，如标题（title）、著者（author）、刊名（journal name）、出版者（publisher）、主题词（subject heading）、关键词（key word）等。每个字段对应唯一的字段标识符供计算机识别，字段的数量越多，说明记录包含的信息越丰富，数据库也就越完备。

文档、记录、字段之间的关系可以这样描述：一个文档是一个表，表中的每一行就是一个记录，行数代表记录的数量，而表中的每一列就是一个字段，每个字段就是一个文献的特征标识，指向文献特征所在的位置（图 3-3-1）。

2. 数据库的类型

（1）书目数据库：书目数据库是二次文献数据库的统称，指存储文摘、题录、目录等文献数据的一类数据库。书目数据库是文献检索中最常见的一种数据库，它提供文献的各种特征，如文章的标题、作者、文献出处（刊名、年、卷期、页码）、文章摘要、馆藏单位等。检索书目数据库得到的最终结果是所要的文献刊登或收藏在什么地方。书目数据库主要包括目录数据库、文摘数据库、索引数据库。目录数据库主要是针对图书进

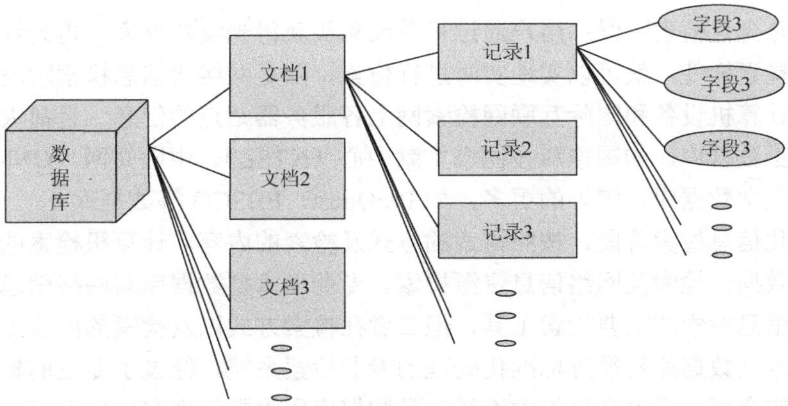

图 3-3-1 数据库的结构

行报道与揭示，如各图书馆的馆藏机读目录数据库；文摘和索引数据库则针对期刊论文、会议论文、学位论文等进行内容和属性的加工。常用的生物医学书目数据库有 MEDLINE、EMbase（荷兰医学文摘）、CBM（中国生物医学文献数据库）、BIOSIS Preview（生物学文摘）等。

（2）事实型数据库：存储描述人物、机构、事物等非文献信息源的数据库。这类数据库能直接提供问题的答案，如人物、机构、事件、疾病的诊断和治疗、药物的用法和不良反应等信息。例如，反映癌症研究信息的医生数据咨询库（physician data query，PDQ)、反映药物处方信息的医师案头参考（physicians'desk reference，PDR）等。电子化的参考工具书，如词典、百科全书、指南等也属于事实型数据库的范畴。

（3）数据型数据库：能够为查检者提供直接使用的数值类信息的数据库，查检者无需再追查原文，包括各种统计数据、科学实验数据、各种测量数据等。这一类的数据库有美国国立生物技术信息中心（NCBI）的 Genbank（基因库)，美国疾病控制与预防中心（CDC）网页上的 Data and Statistics、世界卫生组织统计信息系统（WHO Statistical Information System，WHOSIS）等。

（4）全文型数据库：存储文献全文或节选其中主要部分的数据库。全文型数据库可以直接获取到原始全文，集文献检索和全文提供于一体，有些全文型数据库还提供全文字段检索。如中国知网、维普中文科技期刊数据库等都是典型的全文型数据库。

（5）多媒体数据库：是数据库技术与多媒体技术相结合的产物，是文本、图像、声频、视频等多媒体信息的集合。有的多媒体数据库以存储图像信息为主，有的以存储视频信息为主，如新东方多媒体学习资源库、医学多媒体参考资源库等。

二、计算机检索的类型

计算机检索的发展经历了四个阶段。一是脱机检索阶段：信息检索逐步实现了计算机检索中的单机批处理检索，包括计算机可读文献磁带和磁盘检索以及光盘数据库检索。二是计算机联机检索阶段：进入 20 世纪 70 年代，随着计算机软、硬件技术以及通信技术的不断进步，出现了一台主机带多个终端的系统，用户可以利用计算机检索终端设备，通过网络通信，从联机服务中心的数据库中检索出自己所需要的信息，实现了计算机联机检索。三是光盘检索阶段：用户通过租赁或购买获得光盘数据库，再为计算机配上光盘驱动器和检索软件，就可以实地实时进行检索。四是网络化信息检索阶段：网络信息检索是利用计算机设备和国际互联网检索网上各服务器站点的信息。目前大部分的数据库都属于网上数据库，如国家科技图书文献中心（NTSL）、中国知网（CNKI）、超星数字图书馆等全文数据库，国外的更多，如 ProQuest、EBSCO 等数据库。

在网络化信息检索阶段，按照检索的方式及检索的内容，计算机检索的类型可分为专业学术型数据库检索及网络信息资源检索。专业学术型数据库与网络信息资源检索系统都是网络信息检索的主要检索工具，但二者在检索方式以及检索的内容上各有特点。

专业学术型数据库是经过标准化处理的专业检索系统，经过了专业的标引和分类，检索功能比较全面，提供多种检索途径，且数据库所收录的内容比较严谨，具有规范性和权威性，检索结果查准率高，可对检索结果导出管理，是学术性检索中最常用的检索方式。但专业学术型数据库大多数需要购买后才可以正常检索或获取全文。

网络信息资源检索系统主要以搜索引擎为主，检索功能比较简单，易于掌握，检索时只需要输入检索词就可以检索，并且大部分搜索引擎是免费的。所检索出来的结果内容繁杂，相关性和权威性较差，查准率较低，不能直接把检索结果导出管理，检索到的学术型信息大部分是需要付费的，开放获取资源除外，如 Google、百度等。

三、计算机信息检索技术

计算机信息检索技术是指从信息资源中提取相关信息的技术方法。计算机信息检索的过程是将检索提问词与数据库文献信息记录中的标引词进行查找匹配的过程，使用正确的信息检索技术，可以有效地提高检索的效率，获得理想的检索结果。

（一）布尔逻辑检索

布尔逻辑检索技术是计算机检索中最基本、最重要、也最常用的检索技术，使用布尔逻辑运算符表达检索词之间的逻辑关系。在计算机检索系统中，查检者的信息需求是通过检索提问式表达的，布尔逻辑运算符在检索提问式中起到逻辑组配的作用。通过布尔逻辑运算符，可以把一些简单概念的检索单元组配成具有复杂概念的检索式，用以表达查检者的信息需求。布尔逻辑运算符包括“逻辑与”（AND）、“逻辑或”（OR）、“逻辑非”（NOT）三种，这三种运算符分别表示不同的含义，见表 3-3-1。

表 3-3-1　布尔逻辑运算符及表示含义

名称	运算符	检索表达式	图形表示	表示含义	作用
逻辑与	AND	A AND B	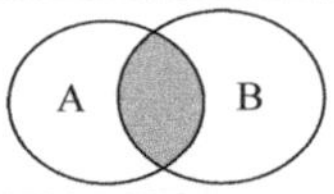	表示检出同时含有 A、B 两个检索词的记录	缩小检索范围
逻辑或	OR	A OR B	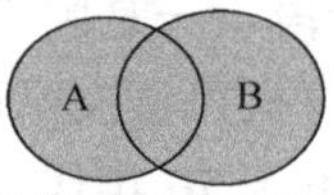	表示检出所有含有检索词 A 或者检索词 B 的记录	扩大检索范围
逻辑非	NOT	A NOT B	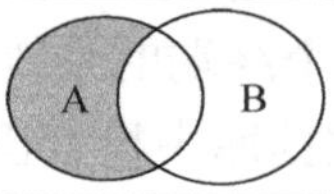	表示检出含有检索词 A，但同时不含检索词 B 的记录	缩小检索范围

当一个检索表达式中含有多个不同的布尔逻辑算符时，执行的运算顺序是 NOT＞AND＞OR，同时还可以使用括号“()”改变运算顺序，在有“()”的时候，运算顺序是括号内的先执行，然后执行 NOT 运算，其次是 AND，最后是 OR。

（二）截词检索

截词检索是预防漏检、提高查全率的一种常用检索技术，在西文检索中应用较多。截词检索是指在检索词的适当位置截断，用截断的词的一个局部进行检索的技术。由于检索词与数据库所存储信息字符是部分一致性匹配，所以又称部分一致检索。截词检索主要用于同根词、单复数词、词性变异和拼法变异词的检索，计算机检索系统会自动用 OR 连接截词的检索结果，避免了文献的漏检和逐词输入的麻烦，有效地提高查全率。

不同的检索系统所使用的截词符有所不同，大多数检索系统中常用的截词符有“*”和“？”。

1. 按截断的位置分类

按照截断的位置不同，有以下截词方式。

（1）左截词：截词符在检索词的最左端，用于检索词尾相同的一组词。如输入检索词“*霉素”，可以检索出阿霉素、红霉素、抗霉素等词。

（2）右截词：截词符在检索词的最末端，用于检索词首相同的一组词。如输入检索词“细胞*”，可以检索出细胞膜、细胞壁等词。

（3）中间截词：截词符出现在检索词的中间，代表若干个字母。如输入检索词“肾*衰竭”，可以检索出肾衰竭、肾功能衰竭等词。

2. 按截断的字符数分类

按照截断的字符数不同，可以分为有限截词检索和无限截词检索。

（1）有限截词检索：限制被截断的字符，用以替代一个或不替代任何字符的检索，常用来检索英文名词的单复数变化。“？”常被用于有限截词符，一个“？”代表 0 或 1 个字符。如输入“wom？n”，可同时检出 woman、women 等词。

（2）无限截词检索：不限制被截断的字符数量的检索。“*”常用于无限截词检索。“*”代表 0～n 个字符。如输入“液相色谱*”，可同时检索出液相色谱、液相色谱仪、液相色谱装置、液相色谱/质谱等词。

（三）限定字段检索

同一检索词可以出现在不同的检索字段中，限定字段检索是将检索结果限制到某一范围内，包括年份、文献类型、语种、全文等限制，目的是缩小检索范围，减少误检，提高检索结果的查准率。常用的限制符有“in”“=”等，“=”一般用于精确限制，“in”一般用于模糊限制（表 3-3-2）。例如，English in LA，表示限制检索结果的语种为英语。

表 3-3-2　字段限制符表示含义

名称	运算符	表示含义	举例
精确限制	=	唯一限定	“AU= 洪涛”表示检索作者为洪涛的所有文献
模糊限制	in	包含限定	“洪涛 in AU”表示检索作者里面含有洪涛两个字的所有文献

大部分的检索字段都可以限定检索，限定检索表达式中所限定的检索字段通常采用简写形式（表 3-3-3）。目前大部分检索系统一般都提供菜单式界面供用户设定检索限制条件，并且可以对每一个检索字段进行精确限定或者模糊限定的选择，如中国知网的高级检索。

表 3-3-3　常用的检索字段

字段全名	中文名称	简称	字段全名	中文名称	简称
Tile	标题	ti	Journal Name	期刊名称	jn
Abstract	文摘	ab	Source	来源	so
Keywords	关键词	ke	Langue	语种	la
Author	作者	au	Publication Year	出版年	py
Corporate Source	单位或机构名称	co	Country	出版国	co

（四）位置检索

位置检索即位置算符检索，这种方法能够提高检索的准确性，当检索的检索词（关键词、主题词）要用词组表达，或者要求两个词在检索记录中位置相邻时，可使用位置算符来实现。位置算符是在检索式中表示算符两边的检索词（关键词、主题词）之间位置关系的符号，常用的位置算符有“near”“with”等，表达式为（nN）、（nW）。

（nN）算符表示两个检索词中间可以插入“n”个词，且词序可以颠倒，如 cell（2N）wall，表示 cell 和 wall 之间可以插入 2 个词，其先后顺序可以颠倒。（nW）算符表示两个检索词中间可以插入“n”个词，但他们之间的顺序不能颠倒，但允许有空格或标点符号，如 liver（W）cancer，表示 cancer 必须紧跟在 liver 之后，中间不允许插入其他词，且位置不能颠倒。在不同的数据库中，位置算符检索功能及算符是不同的，在检索前应参看数据库的使用说明再进行检索。

（五）精确检索和模糊检索

精确检索是指严格按输入的词组或短语形式匹配，中间不能插词，词序不能互换。大多数检索系统中使用引号来表示精确匹配符，有些检索系统也有“精确匹配”选项选择使用。在西文检索中，检索短语中如果含有 AND、OR、NOT 等词，必须用精确匹配符“”(英文输入状态下的引号）括起，否则系统将把这些词作为逻辑运算符处理。模糊检索允许所检索的结果与检索词之间存在一定的差异。如检索 renal failure，使用精确检索的结果是与 renal failure 完全相同的词组的文献才能检索出来，而模糊检索是只要包含 renal 和 failure 两个单词的文献均能检索出来。

（六）扩展检索

扩展检索是同时对多个相关检索词执行“逻辑或”检索的技术，当用户输入一个检索词后，检索系统不仅能检索出该检索词的文献，还能检索出与该检索词同一概念但不同表达的同义词或下位词的文献。如检索词“感冒”，和它相同概念的表达还有“伤风”“流感”等同义词。“微量元素”这一检索词中包含钙、铁、锌等多个下位词，使用扩展检索，可以避免逐词输入检索的麻烦，提高检索效率。不同的检索系统对扩展检索规定的范围不完全一致，具体要参看各检索系统的说明。

（七）加权检索

加权检索是一种定量检索技术，具体表现在检索运算时，不仅要查找检索词，同时要考虑检索词对命中文献的影响程度，通过权值来判定，当权值总和达到或超过预先给定的阈值时，这样的记录才会被检索出来。运用加权检索能准确地检索出核心概念文献，缩小检索范围，提高查准率。在某些数据库中，加权检索表现为仅检索主要概念主题词，如 MEDLINE，在中国知网中，加权检索表现为词频检索。

思考练习题

1. 什么是检索工具？检索工具有哪几种类型？
2. 什么是检索语言？检索语言有哪几种？
3. 什么是分类语言？中国最常用的分类法是哪种？
4. 主题语言常用的有哪两种？它们的区别是什么？
5. 简述数据库的基本结构。
6. 简述布尔逻辑运算符的意义。
7. 截词检索有哪几种？

第四章　文献检索的程序和效果评价

文献检索的方法和程序与检索的具体要求密切相关，对于不同的检索系统、不同的课题内容、不同的查检者，其检索方法和程序有所不同。但总体来说，文献检索的基本程序是共同的。课题的检索结果是否满足查检者的需求，则是通过文献检索的效果评价来衡量。

第一节　文献检索的程序

一个检索课题从分析课题到最终获得检索结果和文献信息，需要制定一定的检索策略，按照一定的程序完成。检索课题的完成是一个检索策略从制定到执行结束的过程。检索策略是为实现检索目标而制定的全盘计划和方案，泛指分析检索课题、选择检索工具、设计检索表达式、调整检索表达式等多个方面，即广义的检索策略；特指检索过程中的设计检索表达式的环节，即狭义的检索策略。实施检索策略的过程，即文献检索程序，指进行文献检索工作的基本要求和步骤，主要包含以下 5 个步骤。

（一）分析检索课题，明确检索要求

分析检索课题，明确检索要求是文献检索的第一个步骤，在检索之前，必须对课题内容进行分析研究，明确研究的目的和意义，主要从以下几方面进行。

1. 分析课题的研究特点

任何一个课题的研究都是为了解决一个具体的学术或技术问题，因此在分析课题时，要准确把握课题的研究特点，把握课题要解决什么样的问题及如何解决这一问题。

2. 掌握课题的学科类别

学科类别就是学科分类，在对课题进行文献检索前，要掌握课题所属学科和专业领域是什么，特别是涉及交叉学科、边缘学科和新兴学科的课题，更要掌握其学科分类是什么。

3. 了解课题的学术背景

任何一个课题都有其学术研究范围，在检索文献之前，了解课题的前期研究情况及研究水平。通过分析课题的学术背景，有利于揭示课题的研究意义和价值。同时也可通过横向比较，全面认识课题的研究内容和研究特点。

4. 明确表达课题的检索要求

课题的检索要求包括检索时限、检索语种、所需文献类型、检索系统的要求（如手工检索、计算机检索）、检索结果的输出形式（如题录、文摘、原文）及检索课题的专业问题。

（二）选择检索工具，确定检索途径

选择正确的检索工具是提高检索质量和检索效率的重要前提。查检者要根据课题内容确定检索工具是手工检索还是计算机检索系统。由于手工检索费时、费力，检索结果易导致漏检、误检。目前，很多手工检索工具逐渐发展为计算机检索系统。计算机检索系统具有方便快捷、检索功能强大、获得信息类型多、检索范围广泛的特点，因此，计算机检索系统使用广泛，在文献检索工具中占主要地位。一个优质的检索工具通常满足收录范围广、信息含量大、著录格式标准、报道时差短及检索途径多等条件。常用的检索途径有以下几种。

1. 题名途径

题名途径指通过书名、刊名、文献题目等作为标识建立的题名索引所提供的检索途径。题名索引通常按字序法或音序法编制。因此，使用方法与查字典相同。

题名通常是特定的、专有的，检索时只要能确认题名，可直接进行查检。图书目录体系中，题名途径是查找图书和期刊的主要检索途径，但由于中医药图书，特别是古代中医药图书存在一些特殊问题，在使用题名途径时，需要注意以下几点。

（1）书名要准确。因为很多古籍书名非常相似，如《脉经》与《脉纬》、《脉因证治》与《症因脉治》等。

（2）同名异书现象。完全相同的书名，代表两种以上的不同图书。如现代科教书，同书名者更是几种或几十种，如《中医内科学》、《中医外科学》等。因此需通过阅读每本图书的著录条目，在了解其著者、版本等情况后，才能确定是否为所查之书。

（3）同书异名现象。有的图书有几个书名，如《诸病源候论》又名《巢氏病源》，《秘传痧子心法》又名《痧疹心法》和《麻疹心法》，查检时应采用其常用的多种名称，以免漏检。

2. 著者途径

著者途径指通过文献著者的姓名、学术团体名、机构名等作为检索标识建立的著者索引所提供的检索途径。著者途径与题名途径一样大多是按字序法和音序法编制的，操作简单，查找文献准确、方便，但必须先已知著者姓名。该检索途径亦非常重要，可用于系统研究某一著者的著作内容、学术思想、研究范围等方面的文献检索。例如，研究张仲景的学术思想，可以通过著者途径查找其全部的著作，才能充分探析其学术思想。因世界各国文化差异，不同国家著者姓名形式、音译不同，在使用著者途径时，要统一以下几点。

（1）著者姓名均采用姓前名后的统一格式。例如，东南亚国家的著者姓名是姓前名后，西方国家的著者姓名是名前姓后。如 Herbert George Wells 应标识为 Wells Herbert George 或 Wells H.G.，即允许缩写名字。

（2）有若干姓名或称谓的著者，需统一在正式姓名之下，其他姓名或称谓则通过参照引见到正式姓名。例如，中国古代著者有字、号、官职称号，如张仲景，名机，字仲景，在查找张仲景的学术著作时，要将其字、号、官职称号统一在正式姓名张仲景之下。

（3）团体（机构）著者名称，按字顺与个人著者编排在一起。

（4）对于一些加荣誉称号、宗教称呼和特殊前缀的著者姓名，要根据检索工具书刊的要求进行处理。

（5）国外已婚女性著者，其文献条目编入婚后姓名之下。

3. 分类途径

分类途径指根据学科分类体系作为检索标识所提供的检索途径。使用分类途径进行检索时，首先要了解所使用检索工具的分类体系，以确定拟检索课题的所属学科类别。

分类检索途径有以下优点。

（1）能满足族性检索的要求：分类检索利用分类法中的分类号作为检索标志，以学科概念的上下左右关系反映事物的派生、隶属、平行的关系，较好地体现学科的系统性，方便查全某一学科或某一专业的文献。

（2）易扩大或缩小检索范围：因为分类体系是按照学科概念内部关系的逻辑分类，可通过选择上位类目或同位类，扩大检索范围；选择下位类目，缩小检索范围。

分类检索途径有以下不足。

（1）无法及时检索新兴学科的文献：随着科技发展，学科间的相互渗透，新兴学科不断产生，但分类法是一种先组式语言，分类表不能随时进行修改，对于一些新学科、新概念、新技术难以及时做出反映，而且新兴学科的文献往往分散在已有的各类目中，不利于集中检索文献。

（2）不利于交叉学科、边缘学科的文献检索：因为分类法在标引复杂主题文献时难以达到精确，交叉学科和边缘学科没有在分类体系中体现，难以进行检索并易漏检。

（3）不利于多学科的综合性文献的检索：在分类索引中，一篇文献只能列于一个学科类目之下，在查检某一学科文献时，不可避免地漏检与此有关的多学科综合性文献。

4. 序号途径

序号途径指根据文献的特有编号进行信息检索的一种途径。如专利文献的专利号、标准文献的标准号、药品的审批号。这些序号具有明确而唯一的检索性，对印刷型工具书使用序号途径检索时，根据检索工具的排序性质，按其排序规律查找即可。对计算机检索系统使用序号途径检索时，只要在“序号检索”界面输入正确序号，便可快速查找。使用序号途径检索的关键是序号的正确性。例如，查找专利号为“CN101138400A”的相关文献，该专利号不能有错。

5. 主题途径

主题途径指根据文献信息的主题内容进行信息检索的一种途径，它是检索文献信息的主要途径，也是人们常用的一种信息检索途径。

使用主题途径检索文献信息时，关键是确定关键词或者主题词。关键词是用来表述文章主题内容的非规范化词，具有灵活性强、易于掌握、查检方便等特点，广泛应用于计算机检索系统，但关键词是没经过规范化处理的自然语言，因此存在多义性、同义性、模糊性，检索词不能一一对应，易造成文献信息的漏检和误检。主题词是用来表述文章主题内容的规范化词，中医药文献检索最常用的主题词表是中国中医研究院编制的《中医药学主题词表》和中国医学科学院编制的《医学主题词注释字顺表》。例如，《医学主题词注释字顺表》关于“肺气肿”的著录：

呼吸道疾病

　肺疾病

　　肺疾病，阻塞性

　　　肺疾病，慢性阻塞性

　　　　肺气肿

　　　　　肺，透明

该著录表明，肺气肿这个主题词，其上位词是呼吸道疾病；肺疾病；肺疾病，阻塞性；肺疾病，慢性阻塞性；下位词是肺，透明。

主题检索途径有以下优点。

（1）主题词专指性强，能满足特性检索要求：主题词是规范化词，对一个主题概念的同义词、近义词等适当归并，以保证语词概念的唯一对应，能避免多次分散检索，不易误检、漏检。检索文献快速、准确、检索效果好，特别适合单篇文献信息的特性检索。

（2）能适应新兴学科和多学科文献的检索：通过改换主题词，查找新兴学科和多学科的文献。

（3）主题词具有很强的组配性：主题词可与副主题词、自由词等进行组配，灵活性强，广泛适用于计算机检索系统。

主题检索途径有以下不足。

（1）主题检索途径的检索效果主要依赖主题词的选择正确与否，而主题词数量众多，选择主题词存在一定难度，因此，使用主题检索途径时，必须准确选择主题词，否则易出错。

（2）不适应检索范围大、内容广的课题。

关键词也是主题途径的一种常用途径。关键词和主题词一样具有专指性强，能适应新兴学科和多学科文献检索的优点以及不适应检索范围大、内容广的课题的缺点。相对于主题词，关键词选词简单，易于掌握。但需要多选几个同义词、近义词进行检索，避免漏检。

以上介绍的检索途径各有优缺点，在检索时应当根据具体情况灵活选用。可以遵循以下原则：一是从已知文献特征入手，选择检索途径，如果已知文献题名、著者姓名或分子式等，则应首先选用与这些相应的检索途径；二是从课题的具体要求选择检索途径，如果要求达到族性检索，则首先选择分类途径，如果要求达到特性检索，则首先选择主题途径；三是从检索工具编制的具体情况选择检索途径，有的检索工具体例完善、质量高、途径多，有利于选择检索途径，检索工具没有提供的检索途径，当然无从选择。

（三）确定检索标志，形成检索表达式

在选定检索工具，确定检索途径和检索方法之后，进一步需要确定检索标志，形成检索表达式，这是文献检索过程中的重要环节。检索标志指的是分类号、关键词、主题词、著者姓名、期刊名、篇名等。其中主题词选定比较困难，特别是中医药文献检索，涉及一些中医药概念和术语的主题表达，要注意三点：一是主题词要准确，也就是所选主题词要能够真实表达文献的主题；二是所选主题词与相关主题词的关系清楚；三是主

题词与其他检索词组配合理。例如，选用关键词作为检索标志，则要检索相关的同义词、多义词、近义词等，以免漏检。又如查找艾滋病相关文献，同时要查 AIDS、获得性免疫缺陷综合症相关文献。因此，检索标志的正确与否，将直接影响到检索效果。一定要保证检索标志的准确性。

检索表达式是用于表达检索需求的检索词或检索词和逻辑符的集合，即狭义的检索策略。主要包括三种情况：①单个检索词的构成；②单个检索词和逻辑符的构成；③多个检索词和逻辑符的构成。

检索表达式的编制是指将各检索词之间的逻辑关系、位置关系等，用检索系统规定的各种逻辑符连接起来，成为计算机检索系统可识别、执行的命令形式的过程。检索表达式设计是否合理关系到检索结果和质量的优劣。对于任何一个课题检索表达式不是唯一的，而有多种选择、组配和限定。特别是课题过于复杂，检索要求难以用一个检索式来表达时，应该采用分步检索或二次检索以提高查准率。

例如，查找“肝肾联合移植或胰肾联合移植手术中的麻醉及护理”方面的文献，其检索表达式为（肝肾联合移植 OR 胰肾联合移植）AND 手术 AND（麻醉 OR 护理）。

编制检索表达式时还要注意检索词和检索途径的正确匹配、逻辑符的正确使用。如果选择检索途径是题名途径，则输入的检索词必须是文献题名。如果检索结果不理想，可对检索表达式进行调整。

（四）调整检索策略

为了克服检索失误及满足查检者的进一步检索要求，使检索结果达到最理想的状态，需要采用各种方法对检索策略进行调节，使检索策略逐步完善。检索策略调整包括扩检调整法和缩减调整法两种。

1. 扩检调整法

（1）降低检索词的专指度：可以通过查找词表或从已检出文献中选一些上位词或相关词补充到检索式中，以扩大检索范围，提高查全率。例如，查找“白细胞介素 6”文献太少，由于它的上位词是白细胞介素类、细胞因子类等，所以可查找上位词白细胞介素类、细胞因子类等，以扩大检索范畴。

（2）调节主题概念：即对主要概念词进行分析，扩大检索式的主题概念表达，适当增加具有较近关系且较为重要的概念组合，以扩大概念检索范围，提高查全率。例如，查找“心脏缺损”这个主题概念，还可以补充查找“二尖瓣缺损、三尖瓣闭锁”等主题概念。

（3）进行截词检索：可以采用前截断、后截断、中截断、前后截断等截词方法，为英文检索所常用。在进行截词检索时，选择恰当的截词位置十分重要。

（4）增加检索途径：依次选择题名、关键词、文摘、主题、任意字段等增加检索途径，或者将主题途径与非主题途径联合使用，以扩大检索范围，提高查全率。

（5）采用族性检索：可用分类号或采用一组近义词、同义词或相关词用 OR 连接。

（6）使用跨库检索：可以使用文献型信息跨库检索工具，如 CNKI 的多个数据库或者 Google 学术搜索实现对不同类型文献的一次性检索。

（7）取消或者放宽限定条件：如避免使用或者放宽信息类型、语种、地理范围、年代范围等检索途径。

（8）调整逻辑算符：减少 AND 组配，如删除某个不甚重要概念的检索词；多用 OR 组配，如选同义词、近义词等，并以 OR 方式加入检索式中进行检索。

2. 缩减调整法

（1）提高检索词的专指度：可以通过增加或换用下位词或专指性较强的自由词检索文献信息。例如，查找“心脏病”文献太多，就可以根据课题的需求，将其范围缩小到心律失常、先天性心肌缺损、心肌缺血等下位概念。

（2）选择逐步缩小检索范围的检索途径：如选择题名、关键词比摘要、任意字段、全文查准率高。

（3）限定主题概念：增加进一步限定主题概念的相关检索项达到缩小检索范围，以提高查准率。

（4）限制输出：利用文献的外部特征限制输出的检索效果，包括限制输出的文献类型、作者、文献语种与文献出版年代等。

（5）限定可检字段：限定检索词出现的可检字段，如限定在篇名字段和叙词字段中进行检索。

（6）加权检索：进行加权检索，从定量角度加以控制，以提高查准率，如对主要概念主题词进行检索。此外还可用逻辑非 NOT 来排除一些无关的检索项，也可以进行二次检索或条件检索，排除误检现象。

（五）查找文献线索，索取原始文献

查找文献线索就是使用选定的检索工具和检索方法，以适当的检索标志，从相应的检索途径进行具体查找的过程，是一个将准确检索表达式与检索工具中的文献标志进行比较而决定文献取舍的过程。通过具体查找，便可从中得到所需文献线索。文献线索提供的信息量过少，通常不能满足查检者的信息要求。只有通过文献线索查找到原始文献，才能满足查检者对文献信息的要求。索取原始文献可通过以下几种方式进行。

1. 查找文献储存机构的纸质原文

查找文献储存机构的纸质原文之前，先了解文献储存机构及其文献收藏和排架情况，再根据获得的文献线索进行查找。如果是内部资料、会议论文等文献，一些检索工具专门标注索取号，查检者可通过这些号码获得原始文献。而且这些文献储存机构通常能够提供复印和邮寄服务，方便获得原始文献。

2. 通过数据库下载原文

目前，市面上使用的数据库种类繁多，按数据库收录内容大致分为书目数据库、文摘数据库和全文数据库等，如果通过书目或文摘数据库查找文献，就不能直接获取原文，可用其他方式获取，如通过全文数据库查找文献，可以直接下载原文。

3. 通过文献传递系统获取原始文献

文献传递是指利用各种通信手段（如邮递、快递、传真、电子邮件等）从各种文献服务中心获取文献的手段。文献传递服务注册用户才能使用，如“读秀知识库”就具有文献传递功能。

4. 通过网络搜索引擎获取原始文献

如果通过查找馆藏印刷型文献、计算机检索系统都不能获得原始文献，则可以利用网络搜索引擎进行查找，如Google搜索引擎，很多外文文献可以搜索到原始文献并可直接下载；百度、搜狗、有道等搜索引擎，也可能获取到原始文献。

5. 馆际互借获取原始文献

馆际互借（interlibrary loan）是基于馆际之间资源共享而提供的一种服务方式，就是对于本馆没有的文献，在本馆读者需要时，根据馆际互借制度、协议、办法和收费标准，向外馆借入；反之，在外馆向本馆提出馆际互借请求时，借出本馆所拥有的文献，满足外馆的文献需求。适用于返还式文献和复制—非返还式文献，是馆与馆之间的图书信息资料共享的手段。

6. 其他方式获取原始文献

随着计算机系统和网络的快速发展，还可以通过电话、E-mail咨询、论坛求助等方式获取原始文献。

第二节　文献检索的效果评价

文献检索的效果评价是以检索系统对查检者情报需要满足的程度为标准的，通常通过查全率与查准率这两个指标来衡量，查全率和查准率总称为检索效率，这些衡量指标可对检索效果进行定性和定量的评价。

一、查全率和查准率

查全率是指检出的相关文献量与检索系统中实际存储的全部相关文献量之比。它反映该检索系统的实有相关文献量在多大程度上被检索出来，也是衡量信息检索系统检出相关文献能力的尺度。与查全率相对的是漏检率，是指未被检出的相关文献条数与该文献检索系统实有的相关文献条数之比。查全率和漏检率之和为1，两者呈反比关系。即查全率越高，漏检率就越低；反之，查全率越低，漏检率就越高。

查准率是指被检索出的相关文献量与被检索出的全部文献量之比。它反映一次检索过程所检索出的文献条数实际有多少是相关的，也是衡量信息检索系统精确度的尺度。与查准率相对的是误检率，是指检索出的不相关文献与检索出的总文献数之比，查准率和误检率之和亦为1，两者亦呈反比关系。即查准率越高，误检率就越低；查准率越低，误检率就越高。

查全率和查准率的计算方式如下：假设A代表检索出的相关文献条数；B代表检索出的非相关文献条数；C代表储存于文献检索系统中的，但未被检索出的相关文献条数，则

$$\text{查全率} = \frac{A}{A+C} \times 100\%$$

$$\text{查准率} = \frac{A}{A+B} \times 100\%$$

例如，利用某个检索系统检索某课题，假设在该系统数据库中共有相关文献40篇，而只检索出来30篇，那么查全率就等于75%，漏检率就等于25%。如果检出的文献总

篇数为 50 篇，经审查确定其中与课题相关的文献只有 40 篇，另外 10 篇与该课题无关。那么，这次检索的查准率就等于 80%，误检率就等于 20%。

因为很难确切知道一个文献检索系统中存储的相关文献量数量，所以，对查全率和查准率仅是一种估计值，仅限于理论意义，但是作为衡量检索质量的客观指标，查全率和查准率有科学的统计意义。

在文献检索实际工作中，不能要求查全率和查准率都高，因为查全率和查准率是呈互逆相关性的。通常情况下，查全率高，则查准率就会低；查准率高，则查全率就会低。当然，查检者可根据课题需要，适当调节查全率和查准率的主次地位。但在一般情况下，认为查全率比查准率重要，因为只有查全了，才能进一步查准，通常查全率控制在 60%～70%，查准率控制在 40%～50%，被认为是较为理想的检索结果。通过调整检索策略可控制查全率和查准率。

二、检索结果的筛选

随着电子科技的发展，计算机检索系统发展迅速，当检索一个课题时，其检索结果文献量往往较大，在不需要确保查全率的情况下，可以对检索结果进行鉴别和筛选，优先选择质量比较高的文献。在专业数据库中，常提供一些检索限定方式或排序方式，帮助查检者筛选检索结果。

引证情况：指该文献被其他文献引用的情况。被引用的次数与文献的学术价值存在一定的正相关性，查检者可通过被引用的频次排序选择被学术同行认可的学术价值高的文献。

核心期刊论文：核心期刊上发表的论文往往学术质量相对较高，所以可以把检索结果限定在核心期刊上发表的文献来筛选质量较高的文献。

权威文献：是指在某一学科领域中具有较高学术水平的文献，如该学科领域中权威人士（院士、首席科学家、教授等）所发表的文献、高影响因子的权威期刊文献、专利文献及核心著者和机构的重要文献等。查检者可通过选择权威文献来筛选出具有学术价值较高的文献。有的检索系统有经典论文优先的排序选择，也是根据论文质量来排序。

下载次数：是指数据库的文献被用户下载的次数。一方面，文献的下载次数与文献被阅读的次数呈高度正相关，从而下载次数可以反映文献的受利用程度；另一方面，文献的下载次数也可视为对文献学术价值的先期反应，从而评价可以有所提前。根据文献被下载次数进行排序，下载频次最多的文献往往是传播最广、最受欢迎、文献价值较高的文献。查检者根据下载次数排序帮助查检者找到那些高质量但未被注意到的文献类型，如学位论文等。

思考练习题

1. 什么是广义的检索策略？什么是狭义的检索策略？
2. 对分类途径和主题途径进行比较，简述其优缺点。
3. 如何控制查全率和查准率？
4. 对检索效果进行评价的主要指标是什么？

第五章　图书馆资源利用

图书馆是对文献信息资源进行系统的、专业化的收集、整理、加工、储存或导航，并提供各类文献信息服务的机构。它以文献信息资源的丰富性、多样性、连续性成为人们终身学习的最佳场所，是一个值得信赖的学术宝库，所以了解图书馆的各项功能，熟悉并充分利用图书馆的各种信息资源很有必要。

第一节　馆藏资源的组织与利用

图书馆把杂乱无章的各种馆藏资源按照一定的科学方法，有系统地、分门别类地组织起来，使每一种文献资源都有一个明确的位置，以方便查检者查询及利用。丰富的馆藏资源是图书馆为查检者服务和信息开发的基础，所以每一位查检者必须要学会通过图书馆馆藏目录充分利用图书馆的各种馆藏资源。

一、馆藏书刊的组织与排架

图书馆书架上的书刊，都是按一定的规则排列的。对图书而言，大多数图书馆采用的排架方法是学科分类排架法，即将馆藏图书按学科进行分类，按照索书号进行排架。索书号是图书馆赋予每一种馆藏图书的唯一标志，也是图书馆藏书排架和查找图书的依据。索书号由分类号和书次号构成。分类号是根据图书的学科主题赋予图书的标识符号，国内大多数图书馆采用《中国图书馆分类法》(简称《中图法》)(详见第三章第二节)，将相同学科范畴的图书在书架上集中在一起。书次号区分相同分类号的不同种图书，书次号的使用尚无统一标准。有的图书馆采用种次号，即图书入藏的顺序作为书次号；有的图书馆则采用著者号，如图书著者的汉语拼音首字母或四角号码作为书次号等。图书排架的规则是在书架上从上到下、从左到右的顺序，先按分类号的字母排列，分类号相同时再按书次号进行排列。

而期刊的组织与排架相对简单，图书馆一般将期刊分为现刊和过刊，并分开存放。现刊是当年出版的期刊，提供的信息最新，利用价值较大，陈列在图书馆阅览架上。图书馆界对现刊的分类排架不尽相同，有的馆按学科分类排列，有的馆按刊名字顺排列，但以分类排架为主，因为这种分类能够方便查检者按照学科专业阅览，并且与图书的分类方法统一。排架号由分类号和邮发代号地区码构成。过刊是期刊出版一年后装订成册的合订本，存放在过刊架或过刊库中，其排架方法与现刊的排架法相同。

二、馆藏目录查询

馆藏目录简称目录，是反映一个图书馆、文献中心或若干个图书馆、文献中心的馆藏文献的目录。反映若干个图书馆、文献中心的馆藏文献的目录称为联合目录。馆藏目录是揭示、识别和检索馆藏文献的工具。图书馆按照著录规则对馆藏文献的内部特征和外部特征进行描述，如题名、作者、出版社、出版时间、版本、丛编项、文献标准号、提要、主题词、分类号等，形成图书馆馆藏目录。通过图书馆馆藏目录，可以有效地组织管理馆藏文献，并向查检者揭示馆藏文献的详细信息，如馆藏文献内容简介、馆藏地点、馆藏复本量及馆藏状态等，便于查检者检索利用馆藏文献。

随着互联网应用的普及，联机公共目录查询系统（online public access catalog，OPAC）逐步取代了传统的卡片式目录，它是一个基于网络的书目计算机检索系统，供查检者查询馆藏信息并使馆藏资源得到共建共享。目前我国大部分图书馆都建立了 OPAC 检索系统，它是读者从图书馆获取信息的最直接、最基本的检索手段，具有检索方式灵活、用户界面友好、服务方式多样的特点。

（一）OPAC 主要功能

（1）查询馆藏信息：查询馆藏信息是 OPAC 最基本的功能，通过 OPAC 系统读者可查询图书馆图书和期刊等文献信息资源的馆藏信息，包括文献的书目信息、馆藏的流通情况（在馆、借出或被预约等）、已借出图书的应还日期、馆藏复本数、馆藏处理状态（如订购中、在编处理中、最新到馆图书等）、馆藏文献位置等。

（2）个人图书馆：注册读者可以查看自己借阅、续借或预约图书的相关信息，并可进行续借、预约和取消预约的操作，还可以向图书馆推荐采购图书信息等。

（3）推送个性化信息服务：通过邮件或手机短信的形式定期向读者推送具体信息，如超期图书提醒、预约提醒、委托提醒以及到馆新书目录等信息。

（4）其他服务：OPAC 系统还可提供图书借阅排行、书评、评价情况的统计查询，方便读者了解阅读热点，读者也可以参与书评工作。

（二）OPAC 检索方法

不同的 OPAC 系统提供的检索途径和检索方法不完全相同，一般包括简单检索、高级检索和分类检索三种方式。

简单检索即选择单一字段进行检索。检索字段基本包括题名、作者、主题词、关键词、分类号、索书号、出版年、出版社、标准书号（ISBN）等。高级检索支持布尔逻辑组配检索功能，对不同字段或多个相同字段进行逻辑与（AND）、或（OR）、非（NOT）的组配，使检索更精确、更灵活。有的 OPAC 系统还提供了分类浏览的检索功能，按照中图法分类号逐级浏览，查找所属类目的馆藏资源，便于读者查找某一学科或者专著的文献。例如，单击“R 医药、卫生”的子类目“R2 中国医学”，就可以查看图书馆收藏的所有与中医药学相关的图书。

三、大学图书馆信息资源服务项目

大学图书馆作为文献信息资源中心，承担着为全校师生提供各种信息服务的任务。

随着信息技术、网络技术的不断发展以及服务理念的拓展，大学图书馆的服务内容和服务方式也逐渐向深度和多样化发展。

（一）文献借阅

文献借阅是图书馆最基本的服务功能之一，它包括文献资源查询、外借、归还、续借以及在馆阅览等功能，读者根据自己的借阅权限（借阅数量、期限等）到图书馆借阅相关资源。

（二）读者教育与参考咨询服务

读者教育是以培养读者信息素养、提高读者学习能力、引导读者了解和利用图书馆为目的的系列教育培训活动，一般包括文献检索课程、资源利用讲座和新生入馆教育等。

参考咨询是读者在使用图书馆馆藏资源过程中遇到各种疑难问题而向图书馆咨询，由图书馆馆员为读者解决问题的一种服务方式。常用的咨询方式有馆长信箱咨询、电话咨询、实时在线咨询等。近年来，随着网络技术的发展，参考咨询服务得到了广泛的应用，并取得了很好的服务效果及读者的好评。

（三）科技查新

科技查新简称查新，是指查新机构根据查新委托人提供的有关科研资料，通过系统全面的文献检索，查证其课题、研究内容或科研成果是否具有新颖性，并作出查新结论、出据查新报告的文献调研服务工作。科技查新工作是科技部为了避免科研课题重复立项和客观正确地判别科技成果的新颖性、先进性而设立的一项工作，由具有科技查新资质的查新机构承担完成。国内一些大学图书馆获得了有关机构的认定，成为有资质的查新机构，为读者提供科技查新检索服务。

（四）馆际互借

馆际互借是图书馆之间相互利用其馆藏资源满足本馆查检者需求的一种资源共享服务方式。馆际互借一般针对图书，是图书馆根据查检者借阅需求，将本馆没有馆藏，从其他收藏馆借来并提供给查检者的一种服务，查检者使用完成后需及时返还。现在大部分图书馆通过图书馆之间的联盟实现此功能，如云南省图书馆联盟。

（五）文献传递

文献传递是在馆际互借的基础上发展起来的，与馆际互借不同的是，它主要通过电子邮件、传真、网络工具等方式传递，而且是一种非还式的文献资源共享方式。服务的情况主要有两种：一种是本馆查检者申请获取本馆未收藏的文献；另一种是外馆查检者申请获取本馆收藏的文献。申请者需要提供文献的详细信息，如文献题名、作者、刊名、起止页码等。文献传递是图书馆界使用最多、最便捷的一种服务方式。

（六）学科服务

学科服务是图书馆为了更好地适应新的信息环境，以读者需求为中心，打破图书馆传统的服务方式，而以学科、专业、项目、课题等为基础获取、组织、检索、存储、传递与利用信息资源，从而使资源服务学科化、服务内容知识化的一种服务方式。目前，大学图书馆学科服务的主要内容有图书馆资源介绍与宣传、专题数据库培训讲座、对口院系资源推荐订购服务、参与院系课题组的信息服务、知识服务以及各种咨询解答服务等。此项工作主要由学科馆员完成，主要通过电话、邮件、走访等方式完成。学科服务方式将图书馆服务延伸到读者当中，以便能更好地了解读者个性化信息需求，使图书馆信息服务更有针对性和适应性。

第二节　信息资源共享

信息资源共享是文献信息机构在自愿、平等、互惠的基础上，通过建立信息机构之间的各种合作、协作、相互协调关系，利用各种技术、方法和途径，开展共同提示、共同建设和共同利用信息资源，以最大限度地满足用户信息资源需求的全部活动。文献信息机构之间主要通过资源协调采购、编制联合目录、集团订购数据库、馆际互借、文献传递等形式实现信息资源共享。读者通过信息资源共享可以获取和利用更广泛的信息资源。目前我国著名的文献共享服务系统有中国高等教育文献保障系统（CALIS）、国家科技图书文献中心（NSTL）、中国高等人文社会科学文献中心（CASHL）等。

一、CALIS 资源与服务

CALIS（http: //www.calis.edu.cn/）的全称是中国高等教育文献保障系统（China Academic Library Information System），1998 年开始启动建设项目，是经国务院批准的我国高等教育“211 工程”“九五”“十五”总体规划中三个公共服务体系之一。CALIS 的宗旨是，在教育部的领导下，把国家的投资、现代图书馆理念、先进的技术手段、高校丰富的文献资源和人力资源整合起来，建设以中国高等教育数字图书馆为核心的教育文献联合保障体系，实现信息资源共建、共知、共享，以发挥最大的社会效益和经济效益，为中国的高等教育服务。

CALIS 管理中心设在北京大学，下设了文理、工程、农学、医学四个全国文献信息服务中心，华东北、华东南、华中、华南、西北、西南、东北七个地区文献信息服务中心和一个东北地区国防文献信息服务中心。CALIS 西南地区中心设在四川大学图书馆内，于 1999 年初正式启动。

CALIS 中心提供公共目录检索、馆际互借与文献传递、数据库检索、虚拟参考咨询、学科导航等服务。

（一）公共目录检索

通过联机目录公共查询系统（即 CALIS OPAC，地址为 http: //opac.calis.edu.cn），可查询所有成员馆的书刊联合目录，包括中文、西文、日文、俄文书刊的书目信息和馆藏信息。CALIS 联合目录提供简单检索和高级检索两种检索方式，并提供古籍四部分类浏览、规范检索、检索历史等检索功能。下面以简单检索方法为例详细说明。

【检索示例】检索题名为“中医诊断学”的文献。

在默认的简单检索界面，选择“题名”字段，在检索框中输入“中医诊断学”，单击“检索”按钮，见图 5-2-1。

检索结果见图 5-2-2，分别显示不同文种数据库的记录数，表格中最后一列显示文献馆藏状态，如显示“Y”，说明该文献在 CALIS 联合目录中有馆藏。单击其中的题名链接，即可查看该种图书的详细信息。根据该图书的馆藏信息，可进一步提交馆际互借申请。

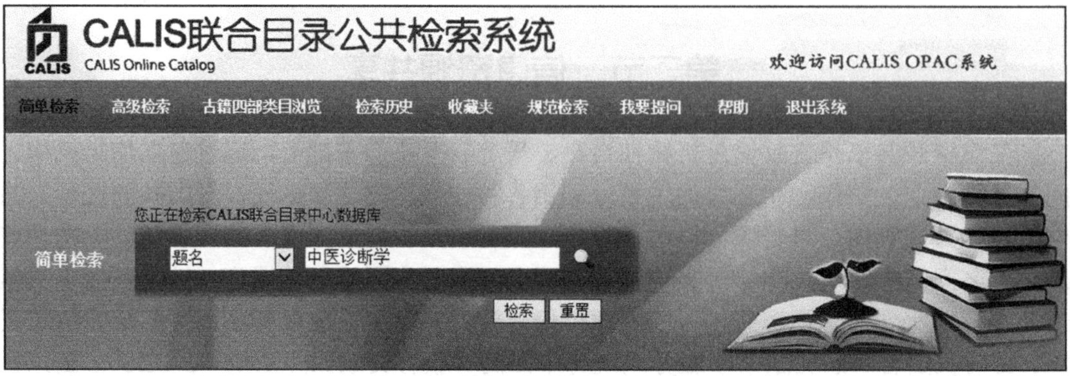

图 5-2-1　CALIS 联合目录简单检索界面

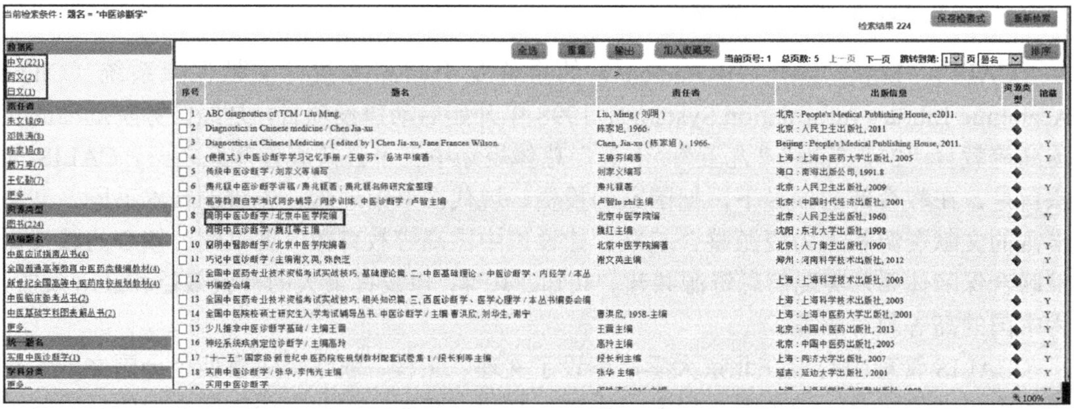

图 5-2-2　CALIS 联合目录检索结果界面

（二）馆际互借与文献传递

为了更好地开展高校之间馆际互借与文献传递工作，更好地为读者提供文献传递服务，CALIS 中心成立了“馆际互借与文献传递服务网”，该文献传递网由众多成员馆构成，读者以馆际互借或文献传递的方式从所在成员馆获取 CALIS 文献传递网所有成员馆的馆藏信息。

（三）数据库检索

通过页面导航实现中外文数据库检索，包括学位论文数据库、万方数据库、外文资源数据库、特色专题数据库（如云南中医学院建的“云南地产中草药（民族药）数据库”）等。

（四）虚拟参考咨询

通过此平台的建立，能实时解答读者在使用数字图书馆中遇到的问题。

（五）学科导航

提供重点学科资源导航和免费学术资源的导航。

二、NSTL 资源与服务

NSTL（http: //www.nstl.gov.cn/）的全称是国家科技图书文献中心（National Science and Technology Library），是一个虚拟式的科技信息资源机构，由中国科学院文献情报中心、工程技术图书馆、中国农业科学院图书馆、中国医学科学院图书馆等单位组建。NSTL根据国家科技发展需要，按照“统一采购、规范加工、联合上网、资源共享”的原则，采集、收藏和开发利用理、工、农、医各学科领域的科技文献资源，面向全国开展科技文献信息服务。

NSTL 提供文献服务、代查代借、参考咨询等服务。

（一）文献服务

文献服务是 NSTL 的一个主要服务项目。具体内容包括文献检索与全文提供、期刊浏览、目录查询等。提供的文献包括中外文学术期刊、中外文会议文献、中外文学位论文、中外专利、标准、图书等。非注册用户可以免费获得除全文提供以外的各项服务，注册用户同时可获得全文服务。

（二）代查代借

本栏目面向注册用户提供各类型文献全文的委托复制服务，每篇文献按照 NSTL 收费标准预扣复制费（无法计算页数的按 10 页计算）和 2 元服务费，发送原文后按照实际页数和 NSTL 实际发生费用收取复制费，如果未找到所需文献，则退还预扣费用。查检者填写“代查代借申请表”后，NSTL 的工作人员将根据申请表提供的文献线索及查检者所限定的地域、时间与费用，依次在 NSTL 成员单位、国内其他文献信息机构和国外文献信息机构查找用户所需文献。根据查得文献的来源不同，文献的复制费用有所不同，文献来自 NSTL 成员单位，一般文献复制费为每页 0.3 元；文献来自其他单位，其复制费以各相应单位的实际收费标准核算。

（三）参考咨询

参考咨询是 NSTL 为解决查检者在查询利用科技文献过程中遇到的问题或疑问而设立的一项服务，查检者可通过实时咨询的方式在线与咨询员交流，或通过非实时咨询途径提出问题。咨询前请先浏览“已回答问题”栏目，该栏目汇集了有代表性的问题和答复，查检者可以在咨询前查看寻找已有的答案。实时咨询服务时间为工作日（周一至周五）的上午 8：30～11：30，下午 1：30～4：30（节假日除外）。此时间内咨询问题，可实时得到答复。如果咨询问题较为复杂，不能即时答复，咨询员将在查阅相关参考资料后，将答复发送至查检者的 E-mail 邮箱。非实时咨询是以 E-mail 方式答复查检者咨询的问题。在任何时间，可根据咨询员的学科专长，选择不同咨询员提出问题。咨询员在 2 个工作日之内将回复发送至查检者的 E-mail 邮箱。

此外，NSTL 还提供引文检索、预印本服务、网络导航等服务。

三、中国高校人文社会科学文献中心（CASHL）

CASHL（http: //www.cashl.edu.cn）的全称是中国高校人文社会科学文献中心（China Academic Social Sciences and Humanities Library），是全国性的人文社会科学文献收藏和

服务中心。该中心于2004年启动并开始提供服务，该文献中心是教育部根据高校人文社会科学的发展和文献资源建设的需要引进专项经费建立的，其宗旨是为全国高校的人文社会科学教学和科研提供高水平的文献保障。

CASHL提供文献查询、文献馆际互借与原文传递、咨询服务等。

（一）文献查询

可检索和浏览中心及成员馆馆藏图书、期刊信息以及各种数据库，如JSTOR（过刊库）、PAO（典藏学术期刊全文数据库），还可检索该中心提供的大型特藏文献和学科特色资源。

（二）馆际互借与原文传递

以馆际互借或原文传递的方式获取与CASHL有关的书刊文献。

（三）咨询服务

本服务包含免费服务和有偿服务两个层次。免费解答与CASHL有关的各类问题，或咨询人文社会科学方面的一般问题。如果需要人文社会科学方面的某一课题的详细信息和深度咨询服务，则安排CASHL学科中心具有专业素质的咨询专家解答，并根据实际情况进行适当收费。

第三节　数字图书馆

数字图书馆是在信息技术飞速发展的环境下，随着信息量剧增、信息传输速度提升以及信息利用的网络化而出现的必然产物。随着信息技术的发展，图书馆收集的信息从单一的印刷型发展到缩微型、机读型、声像型等，从而出现了电子图书的概念。随后由于网络技术的发展，人们可以随时随地访问图书馆的信息，并由于其信息采用计算机存储，从而出现了数字图书馆的概念。

一、数字图书馆概述

数字图书馆（digital library）的概念形成于20世纪90年代。对于数字图书馆的定义，国内外众说纷纭，尚无一致的界定。我们可以定义为：数字图书馆就是以现代信息技术为依托，以分布式海量数字化信息资源库为基础，不受时间和地理位置限制，以求最大限度地满足用户个性化需求的虚拟图书馆。数字图书馆的实质是把图书馆馆藏的各种信息数字化之后，按照一定的标准和规范进行重新加工和组织，形成一个知识库，以实现跨库无缝链接与智能检索。与传统图书馆相比，数字图书馆有以下特点。

（一）信息资源数字化

数字图书馆的各类馆藏都是数字化的信息资源，所以说，信息资源数字化是数字图书馆的基础。其本质就是利用现代信息技术和网络信息技术，将各类传统介质的文献进行数字化，以文本、图形、图像信息或以音频、视频等形式表示的馆藏信息。

（二）资源服务网络化

在信息资源数字化的基础上，数字图书馆通过网络将世界各国的图书馆联为一体。

通过互联网，查检者可以随时随地查阅任何一个可以开放的数字图书馆的信息，从而提高了信息的使用效率。

（三）信息资源共享化

数字图书馆具有资源数字化及服务网络化特点，整合国际国内各大图书馆信息资源，构建完善的信息资源共建共享体系，从而能实现真正意义上的信息资源共享。查检者不受时空限制，通过网络对远程数据库进行浏览、检索，节省时间，扩大资源获取范围。

（四）特色技术化

数字图书馆是一个复杂而庞大的分布式信息系统，集成了诸多高新技术。它除了采用现代化计算机网络和通信技术，还具有自己的特色技术，从而区别于其他技术领域。这些特色技术包括分布式资源与运行管理技术、海量信息组织与存储技术、多媒体信息标引与检索技术等。

二、数字图书馆产品

目前，国内几个重要的、比较有影响的数字图书馆有超星数字图书馆、方正 Apabi 数字图书馆、书生之家数字图书馆等。

（一）超星数字图书馆

超星数字图书馆（http: //www.ssreader.com）是北京世纪超星信息技术发展有限责任公司的主要产品。2000 年 5 月，超星数字图书馆被列为国家“863 计划”中国数字图书馆示范工程。超星数字图书馆成立于 1993 年，是国内专业的数字图书馆解决方案提供商和数字图书资源供应商。2000 年 1 月，在互联网上正式开通，是目前全球最大的中文在线数字图书馆，收录图书、期刊、报纸、学位论文、会议论文、标准、专利和视频等类型文献，拥有的图书数量超过 100 万种，论文 500 万篇，全文总量 13 亿余页，学术视频 8 万多个，拥有超过 35 万个授权作者。

超星数字图书馆提供了多种图书浏览方式和检索功能。可以直接在线阅读，也可以下载和打印。阅读超星电子图书必须下载并安装超星图书浏览器（SSReader）。目前超星数字图书馆浏览器最新版为 SSReader 4.12，下载默认安装，一键到底。

1. 超星电子图书

超星电子图书（http: //pds.sslibrary.com/library.jsp?username=ssgpynzyxy）数据库是全球较大的中文数字图书馆，书库内含有图书资源数百万种，涵盖《中图法》22 大分类。

1）检索方法

进入超星电子图书数据库首页后，首先在栏目选择中选择要检索的文献类型，如图书，然后在检索框中输入相应的检索词，单击“检索”按钮即可完成检索（图 5-3-1）。超星电子图书数据库提供分类检索、快速检索和高级检索三种主要检索途径。

（1）分类检索：超星数字图书馆首页右侧显示全部图书分类目录，该分类目录是依据《中图法》进行分类的，将图书分为 22 个基本大类，单击每一个大类，系统将自动展开其下级类目，直到出现查检者需要类目下的图书书目信息，单击图书书名就可进入该书的阅读状态。

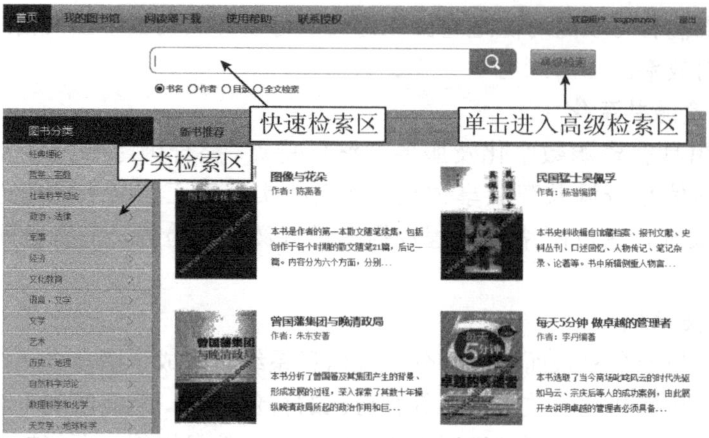

图 5-3-1　超星电子图书数据库首页

（2）快速检索：快速检索是超星数字图书馆的默认界面，在输入框内输入检索词，见图 5-3-2，选择检索类别：书名、作者、目录、全文检索，单击“检索”按钮就可进行图书的快速查找。例如，在检索框内输入“中医内科学”，选择“图书”类别，在页面中间部分显示检索结果即图书的详细信息，有该本书的书名、作者、出版日期、主题词等以及提供该书的阅读及下载方式。单击相应的按钮进行相应的图书阅读和下载功能。

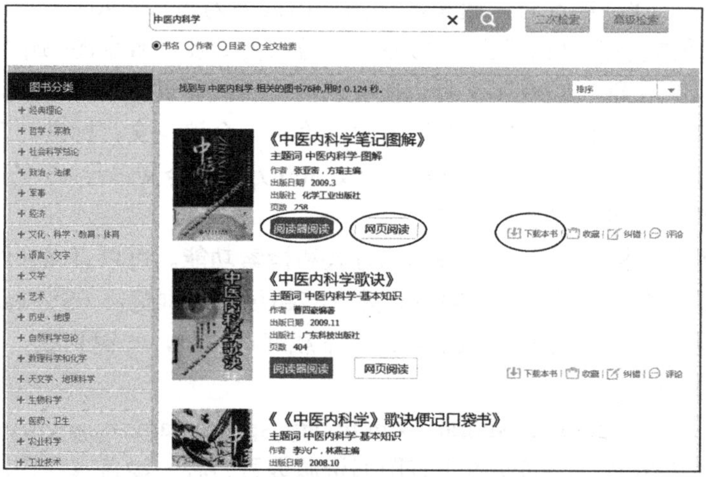

图 5-3-2　超星电子图书数据库快速检索结果界面

（3）高级检索：超星数字图书馆的高级检索可满足书名、作者和主题词条件的逻辑检索组配检索，还可选择图书的出版年。

【检索示例】检索作者为“刘红英”的“中医内科学”的图书。

检索步骤：在超星数字图书馆首页，单击“高级检索”按钮，进入高级检索界面，在书名检索框内输入“中医内科学”，在作者检索框内输入“刘红英”，单击“检索”按钮，即得详细的检索结果。

2）阅读器的使用

阅读器具有文字识别、图像复制、添加书签、标注及发表等功能。超星图书提供下载功能，匿名下载的图书只能在本机上阅读；若查检者能在其他电子设备上阅读，需在超星阅览器中进行用户注册，然后用注册的用户名登录，再下载图书，并在“注册”栏目里单击“离线登录”，通过“帮助”获取离线证书。当在其他能上网的机器阅读时，只需输入用户名、密码即可；当在其他不能上网的机器上阅读时，除输入用户名和密码，还需导入离线证书。

2. 读秀学术搜索

1）概述

读秀学术搜索（http: //www.duxiu.com）是一个文献搜索及获取服务平台，由330万种中文图书、10亿页全文资源组成的超大型数据库，是一个集文献搜索、试读、传递为一体，可以对文献资源及其全文内容进行深度检索，并且提供文献传递服务的平台。读秀学术搜索可实现知识点多角度搜索，提供图书、期刊论文、报纸、学位论文、会议论文、视频、图片、专利、标准等文献信息的检索，见图5-3-3。

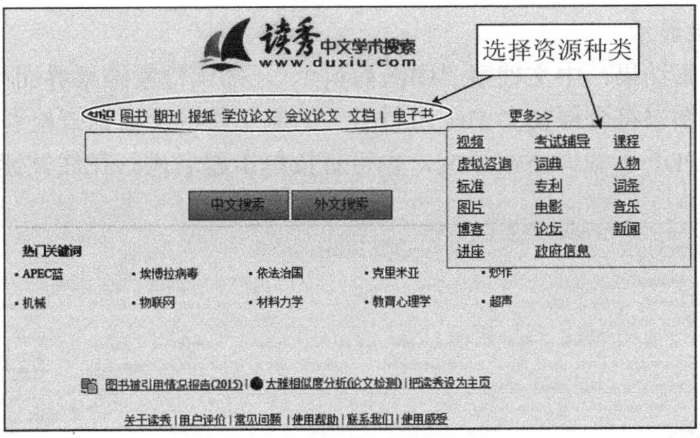

图5-3-3　读秀学术搜索首页

2）检索方法

（1）基本检索：查检者登录读秀学术搜索首页，选择需要查找的资料类型，如知识、图书、期刊、学位论文等，在检索框内输入相应的检索词进行检索，单击检索结果的题名或封面，即可通过获取全文的方式进行获取，如PDF格式下载、全文试读、图书下载及图书馆文献传递等途径。

为了提高查准率，读秀学术搜索还提供了二次搜索，即完成第一次搜索后，在输入检索框中再次输入检索词，然后单击“在结果中搜索”按钮，可以更快地找到所需章节和全文信息，提高查准率。

（2）高级检索：在读秀图书搜索界面右侧有“高级检索”按钮，单击该按钮，进入读秀高级搜索界面，包括中文图书、中文期刊、外文期刊、报纸、中外文学位论文、中外文会议论文、专利等高级检索界面，系统默认的界面为中文图书高级检索界面，该界面提供书名、作者、主题词、出版社、ISBN、分类等检索字段，可在对应的多个检索框内输入检索词进行精确搜索（图 5-3-4）。

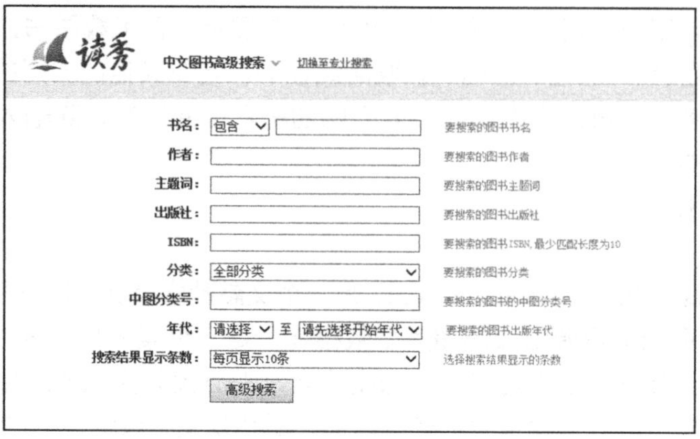

图 5-3-4　读秀中文图书高级搜索界面

3）检索结果显示

（1）知识检索结果：中文搜索“中医内科学”，知识检索结果界面见图 5-3-5，该界面显示来自中文图书符合原文“中医内科学”的原文条目，根据查检者需要，可在原文所在界面单击“PDF 下载”下载原文，也可直接单击题名进行在线试读。

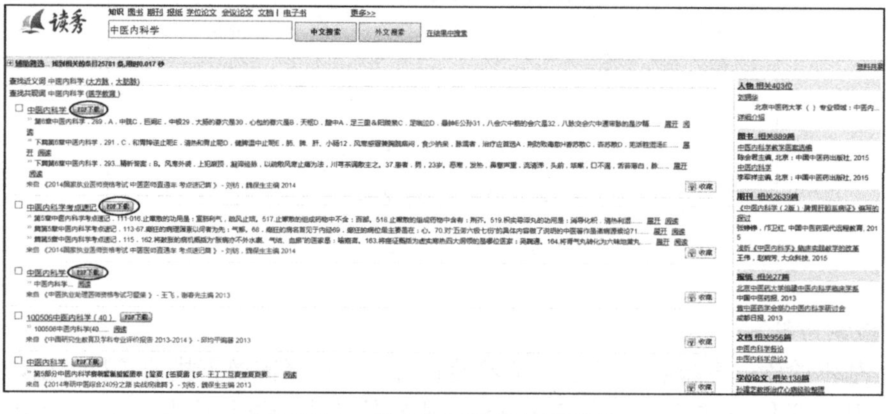

图 5-3-5　读秀知识检索结果界面

（2）显示图书的详细信息：在检索结果界面单击图书书名或封面，可进入图书详细信息界面，该界面可查看图书详细信息，如封面、书名、作者、出版社、出版时间、页数、主题词等。同一界面还提供作者链接，以便查找与检索同名作者相关的其他图书。在图书详细信息右上方显示“部分阅读”“图书下载”“图书馆文献传递”按钮，同时显示了获取此书的相关信息、其他图书馆馆藏情况以及查看本书的书评等。图书下载需先下载超星阅览器。若在检索结果文献题名后显示“纸本馆藏”，说明此书有本馆馆藏，可以直接单击该按钮或单击图书详细信息界面“获取此书”栏目中“本馆馆藏纸书”按钮，进一步查看该书的详细馆藏情况。

（3）文献传递：可单击“图书馆文献传递”，进入图书馆参考咨询服务界面，填写需求范围页数以及E-mail地址，输入验证码，单击“确认提交”后实现图书全文的远程传递，信息会返回到查检者个人邮箱中。查检者可单次申请全文传递图书50页，每星期不得超图书的20%。同样，文献传递功能适用于期刊论文传递。

（4）文献互助平台：在文献资源详细信息页面，单击“文献互助”链接即可使用该服务，“文献互助”仅对注册用户开放，需要登录或注册一个新用户，登录之后，输入E-mail；也可以对标题和帖子内容进行修改，最后单击“提交”即可。

读秀搜索界面从2008年新增加了“外文搜索”功能，检索框内输入英文关键词，单击“外文搜索”，系统将搜索相关的外文期刊信息，并将外文搜索功能集成到百链云图书馆中。

（5）知识点——百链云图书馆：百链云图书馆是超星公司推出的新一代图书馆资源解决方案及共建共享方案，其宗旨是为读者提供资源补缺服务。通过对元数据仓储数据与用户本地资源分布建立定位链接，能够完成学术资源的一站式检索，能够实现本馆与其他馆的互联互通、共建共享，最终通过原文链接和云服务模式帮助读者找到、得到所需资源。

百链云图书馆对各类学术数据库资源进行整合收录，能够同时检索到纸质馆藏、电子图书、电子期刊、会议论文、学位论文、报纸、专利、标准、视频、音频、图片、随书光盘、OA资源、特色库等，使图书馆的服务突破了时间、空间的限制，提供了一种全新的利用图书馆的服务形式，使查检者通过网络便可检索、查找和获取海量信息资源。具体检索方法参见“读秀学术搜索”，国内有些馆把百链云技术已直接嵌入读秀学术搜索平台中。

3. 超星发现系统

1）概述

超星发现系统（http：//ss.zhizhen.com/）以近十亿海量元数据为基础，利用数据仓储、资源整合、知识挖掘、数据分析、文献计量学模型等相关技术，较好地解决了复杂异构数据库群的集成整合、完成高效、精准、统一的学术资源搜索，进而通过分面聚类、引文分析、知识关联分析等实现高价值学术文献发现、纵横结合的深度知识挖掘、可视化的全方位知识关联。

2）超星发现系统主要功能

（1）多维分面聚类：超星发现依托高厚度的元数据资源，通过采用分面分析法，可将搜索结果按各类文献的时间维度、文献类型维度、主题维度、学科维度、作者维度、机构维度、权威工具收录维度以及全文来源维度等进行任意维度的聚类。查检者可根据实际需要进行任意维度的组配检索、自由扩检和缩检，从而实现文献资源发现的精炼聚类和精准化搜索，将最重要、最核心、最有价值的资源按相关度、被引频次、时间、影响因子等方式展现给查检者。

（2）智能辅助检索：超星发现提供强大的智能辅助搜索功能。借助内置规范知识库与用户的历史检索发现行为习惯，自动判别并切换到与用户近期行为最贴切的领域和关注热点，同步显示与用户检索主题相应的解释，帮助实时把握所检索主题的内涵，并优先按用户筛选文献的喜好显示检索结果，提高查准率。

（3）立体引文分析：超星发现可实现图书与图书之间、期刊与期刊之间、图书与期刊之间，以及其他各类文献之间的相互参考、相互引证关系分析。查检者一方面依据超星发现的文献引用频率分析研究，可有效测定与评价某一文献、某一学科、某一作者乃至某一机构的学术影响力；另一方面根据超星发现的文献间相互引证逻辑关系，可分析获得某一学术思想的历史渊源、传承脉络以及演变规律。

（4）考镜学术源流：考镜学术源流可以把文献资源的研究单位从单一的文献深化到文献中存在的知识关联中。通过学术源流可以按照知识概念形成知识相关链，并按照知识概念给出知识关联图谱，通过单向或双向线性知识关联构成的链状、网状结构，形成主题、学科、作者、机构、地区等关联图，从而反映出学术思想之间的相互影响和源流。

（5）展示知识关联：超星发现集知识挖掘、知识关联分析与可视化技术于一体，能够将发现数据及分析结果以表格、图形等方式直观展示出来。通过知识关联为研究者从宏观角度直观地把握海量数据之间的规律和整体面貌，直观揭示人与人、人与机构、人与知识，以及知识与知识之间的关联，从而反映出不同学者、不同机构对某一领域的研究强度与贡献，反映出某一领域关联知识的相互交叉支持强度，为进一步追踪、拓展和创新该领域的研究提供思路。

（6）揭示学术趋势：超星发现具备对搜索结果进行年代分布规律分析的功能，可揭示出任一主题学术研究的时序变化趋势图，进而帮助研究者在大时间尺度和全面数据分析的高度洞察该领域研究的起点、成长、起伏与兴衰，从整体把握事物发展的完整过程和走向。

3）检索方法

超星发现系统主要提供简单检索和高级检索两种方式，查检者可根据自己的需要进行相应检索。

（1）简单检索：系统默认的检索界面，查检者在检索框内输入相应检索词，即可得到相关检索词的所有文献类型，查检者可根据需要再进行精练和分面检索。例如，在检索框内输入检索词“中医内科学”，即可检索到相关“中医内科学”所有类型的文献题录（图 5-3-6）。在检索结果界面有该文献的相关发文量趋势图、引证文献、获取途径

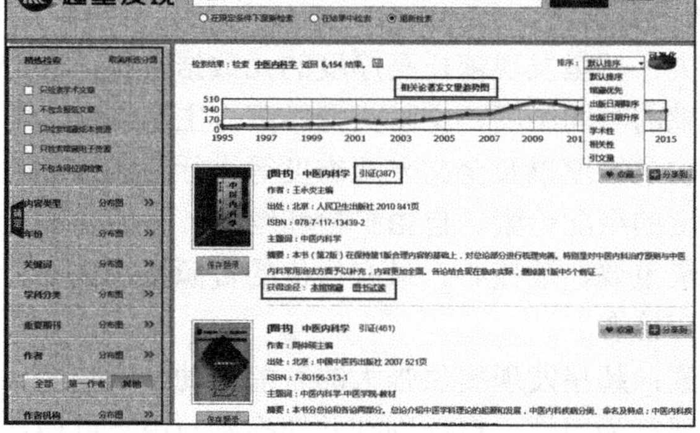

图 5-3-6　超星发现简单检索结果界面

(如图书的本馆馆藏、图书试读和图书馆文献传递、期刊论文的电子全文链接和邮箱接收全文)等。期刊论文的电子全文主要与维普期刊和中国知网两个数据库进行超链接。此外，在检索结果界面单击文献题名，可进一步查看参考文献与引证文献分析图。

(2)高级检索：在高级检索界面，查检者根据需要进行检索字段的布尔逻辑运算、选择文献类型、年代限定等，检索结果与简单检索界面相同。

4. 超星移动图书馆

在超星移动图书馆中，查检者可以使用手机上网查询馆藏书目，可以自己进行图书续借等操作，同时还可以查阅电子书和期刊、报纸等资源。移动图书馆依托集成的海量信息资源与云服务共享体系，为移动终端用户提供了资源搜索与获取、自助借阅管理和信息服务定制的一站式解决方案，具有十分突出的特点与技术优势。

(二)方正 Apabi 数字图书馆

1. 概述

方正 Apabi 数字图书馆由北京大学方正电子有限公司研发，收录了全国 500 余家出版社出版的中文图书，绝大部分为 2000 年以后出版的新书，并与纸质书同步出版。

2. 检索方法

在 IE 地址栏中输入 http: //ebook.lib.apabi.com 直接进入阿帕比(Apabi)数字资源平台，查检者可以采用 IP 地址限定和注册用户登录的方式阅读全文。购买了 Apabi 数字资源的高等学校，查检者可以在规定的 IP 地址范围内，无需注册和密码即可直接使用。方正 Apabi 数字资源平台提供分类检索、快速检索和高级检索三种检索方式。

(1)分类检索：进入 Apabi 数字资源平台检索界面，在该界面左上方显示中图法分类导航。进行分类导航检索时，首先根据所要查找的图书内容确定其所属类别，然后按分类逐级选择相应类目，屏幕右侧就会出现该类目所包含的图书，单击图书书名或图版就可进入该书的详细信息界面。

(2)快速检索：快速检索为 Apabi 默认界面，查检者在检索框内输入“检索词”，单击“检索”按钮进行快速检索。

(3)高级检索：在 Apabi 检索首页，单击“高级检索”按钮，进入高级检索界面，该界面中提供书名、作者、出版社、ISBN、目录五个检索字段，各字段之间进行逻辑与运算，界面下方还提供出版时间限定。

3. 检索结果显示

检索结果界面除了显示详细的图书信息，还显示“在线阅读”和“借阅”两种功能。

(1)在线阅读：在检索结果中确定所需图书，单击“在线阅读”，可以直接通过 Apabi Reader 在线阅读该书。

(2)借阅下载：在检索结果中确定所需图书，单击“借阅”，将所选的电子图书下载保存到本机，在有效期内可以离线阅读并可提前归还。借阅期限为 7 天，成功下载后打开“文档管理器”选择本书进行阅读。被借阅的图书其他人不能借阅，但可以在线阅览。

4. Apabi 阅读器

方正 Apabi 数字图书馆在线浏览或下载电子图书需下载安装 Apabi Reader。该浏览器集在线阅读、借阅等功能于一体，兼备 RSS 阅读器功能，可以阅读 PDF、HTLM、CEB、XEB 格式的图书和文件。阅读器所带的文档管理器可以实现管理已借阅图书的功能，在检索结果列表中单击图书封面图片或书名，单击“在线阅读”，可以在线阅读图书；单击“借阅”功能，可下载图书。

（三）书生之家数字图书馆

书生之家数字图书馆由北京书生科技有限公司研发，是以书生全息数字化技术为核心技术而建立起来的一个综合性读书网站，集成了图书、期刊、报纸、论文等各种出版物的（在版）书（篇）目信息、内容提要、精彩章节、全部全文。目前书生之家电子图书有 100 多万种，主要包括文学艺术、经济金融与工商管理、计算机技术、社会科学、历史地理、科普知识、知识信息传媒、自然科学和电子、电信与自动化等 31 大类。

书生之家数字图书馆提供图书分类检索、字段检索、全文检索等功能。阅读全文需下载、安装“书生阅读器”。安装书生阅读器之后可以利用其借阅系统进行在线阅读或下载到本地机上阅读。

思考练习题

1. 什么是索书号？索书号由几个部分组成？
2. 馆藏目录和联合目录各有什么用处？
3. 什么是 OPAC？它具有哪些功能？
4. 什么是信息资源共享？国内有哪些文献共享服务体系？
5. 什么是数字图书馆？数据图书馆具有哪些特点？

第六章　全文数据库检索

全文数据库是相对于线索型数据库而言的，用以存储原始信息全文或主要部分的一种数据库。按提供的文献类型不同，全文数据库一般包括电子图书、电子期刊、报纸及特种电子文献（学位论文、专利、会议论文等）及多媒体等。其中数量最多、使用最广的是电子期刊全文数据库。

第一节　中 国 知 网

一、概述

中国知网（http://www.cnki.net），即中国国家知识基础设施工程（China National Know- ledge Infrastructure，CNKI）。由清华大学、清华同方发起，始建于 1999 年 6 月，是以实现全社会知识资源传播共享与增值利用为目标的信息化建设项目。经过多年努力，建成了全文信息量庞大的“CNKI 数字图书馆”，这是我国第一个连续出版的大规模、集成化、多功能学术资源全文检索系统。通过与期刊界、出版界及各内容提供商达成合作，中国知网已经发展成为集学术期刊、博士论文、硕士论文、会议论文、报纸、工具书、年鉴、专著、专利、标准、科技成果、知识元、哈佛商业评论、古籍等文献类型为一体的网络出版平台。其内容涵盖了基础科学、工程科技、农业科技、医药卫生科技、哲学与人文科学、社会科学、信息科学、经济与管理科学 8 个方面，以下又分为 168 个专题。中心网站的日更新文献量达 5 万篇以上。中国知网资源总库各子库收录概况如下。

中国学术期刊网络出版总库：内容覆盖自然科学、工程技术、农业、哲学、医学、人文社会科学等各个领域。收录国内学术期刊 8000 多种，全文文献总量达 4000 多万篇。

中国优秀硕、博士论文全文数据库：全文文献量达到 210 多万篇。

中国重要报纸全文数据库：1000 多万篇。

中国重要会议论文全文数据库：160 多万篇。

中国年鉴全文数据库：1900 多万篇。

中国工具书网络出版总库：收录工具书 6746 部，词条达 20 多万条。

此外还有专利、标准等文献资源。

以上数据库都能在未登录状态下检索，并免费获取题录。中国优秀硕、博士论文全文数据库中，有些文献只提供文摘。

二、检索与利用

“中国学术期刊网络出版总库”是目前世界上最大的连续动态更新的中国学术期刊全文数据库，收录1915年以来国内正式出版的期刊，部分回溯至创刊，并提供全文下载。核心期刊收录率为96%，特色期刊（如农业、中医药等）收录率为100%。下面就以“中国学术期刊网络出版总库”为例讲述期刊资源的检索方法。

进入中国知网首页，选择左上角的“资源总库”，在列表中选择“中国学术期刊网络出版总库”。

（一）检索方法

本数据库提供了基本检索、高级检索、专业检索、作者发文检索、科研基金检索、句子检索、来源期刊检索、学科导航和期刊导航9种检索方式。这9种检索方式是分别根据文献的不同特征所设置的检索入口（图6-1-1）。

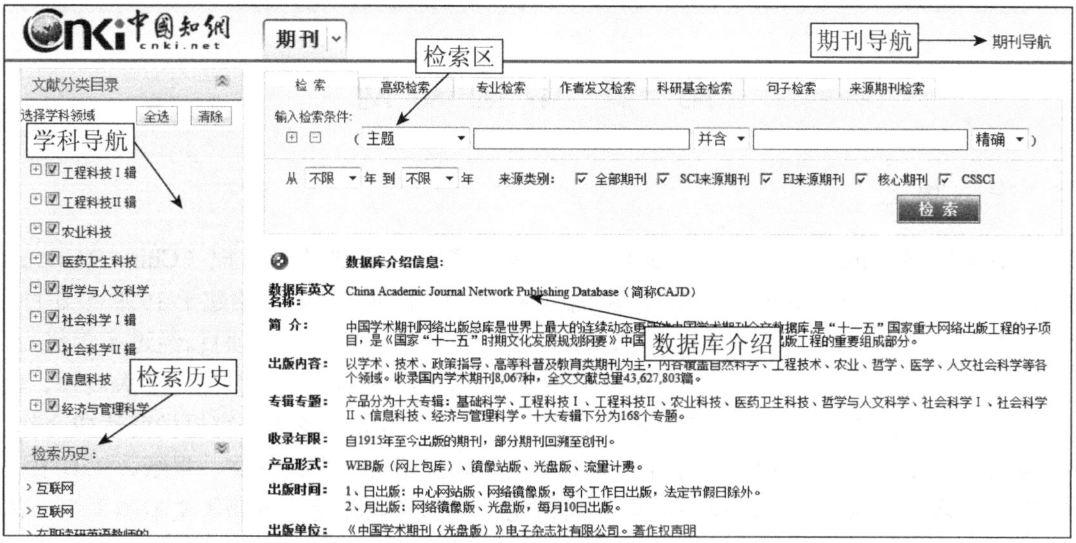

图6-1-1 “中国学术期刊网络出版总库”简介

（1）基本检索：是一种类似于搜索引擎的检索方式，操作简单，只需要在字段选择的下拉菜单中选择字段（如主题、篇名、作者等），在后面的检索框中输入检索词，选择限定关系（并含、或含、不含），在第二个检索框中填写限定词，选择精确或模糊，单击“检索”按钮就可得到检索结果。另外，下面还有时间限定选项和文献来源选项（图6-1-2）。

检索出的文献数量大或条件未限定完全的还可以在结果中检索。

（2）高级检索：提供了多个检索框，用户可以根据自己的需要，方便地构建检索式，控制多个检索项和检索词，还可以通过“文献的发表时间”“期刊的出版期”“更新时间”“来源期刊”“来源类别”“支持的基金”及作者相关项来限定检索范围。单击“+”或“−”来增加或减少检索项。

【检索示例】检索2000年至今，在“篇名”字段出现扶阳或火神，且不含温阳的全部文献。

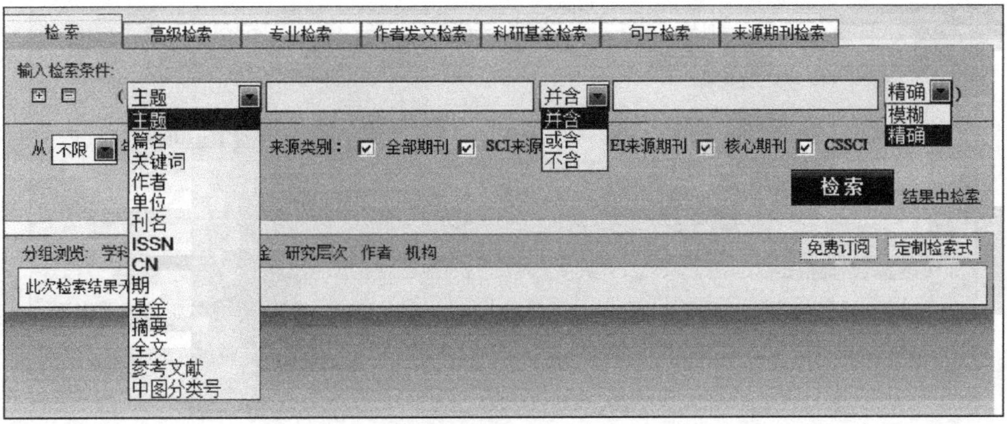

图 6-1-2 “中国学术期刊网络出版总库”的基本检索界面

分析：发表时间：2000～2014 年；字段选择：“篇名”字段；检索词：扶阳、火神；逻辑关系：或；限定关系：不含；限定词：温阳。

检索条件如下：年 between（2000，2014）并且（题名=扶阳 不包含 题名=温阳 或者 题名=火神 不包含 题名=温阳）（模糊匹配）。

检索步骤见图 6-1-3。

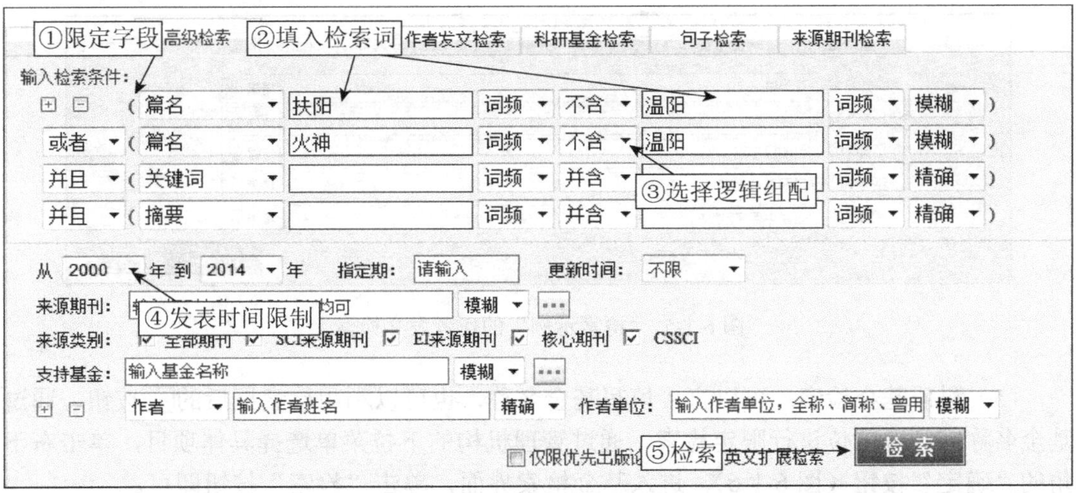

图 6-1-3 “检索示例”的检索步骤

（3）专业检索：根据系统提示的检索表达式的语法，用检索词和逻辑运算符构建检索表达式，填入检索框中进行检索。主要针对图书情报专业人员开展查新、信息分析等工作之用，表达式格式：字段=检索词；“=”前后无空格；逻辑算符：字段之间用“and”“or”“not”；检索词之间用“*”“+”“–”。还是以“检索 2000 年至今，在‘篇名’字段出现扶阳或火神，且不含温阳的全部文献”为例，专业检索见图 6-1-4。

其结果与高级检索的“精确”检索一致。初学者可以参考检索框右边的“检索表达式语法”，检索结果太多时可单击“在结果中检索”。

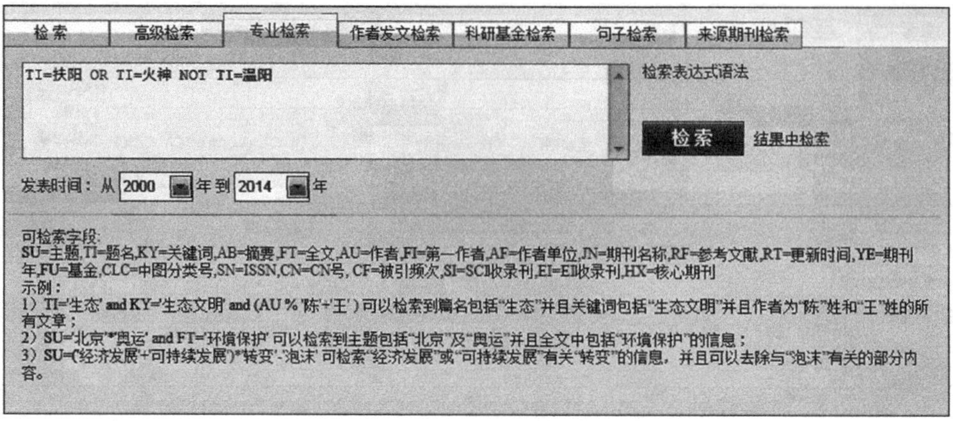

图 6-1-4 "检索示例"的专业检索界面

（4）作者发文检索：根据作者在文献中排名及作者单位检索文献的方式。

【检索示例】检索"李玛琳"发表的文献。

分析：作者排名未要求第一作者，故第一作者不用填写；作者曾工作的单位为昆明医科大学（前身为昆明医学院），现工作单位为云南中医学院，故作者单位填写时要增加检索项（图 6-1-5）。

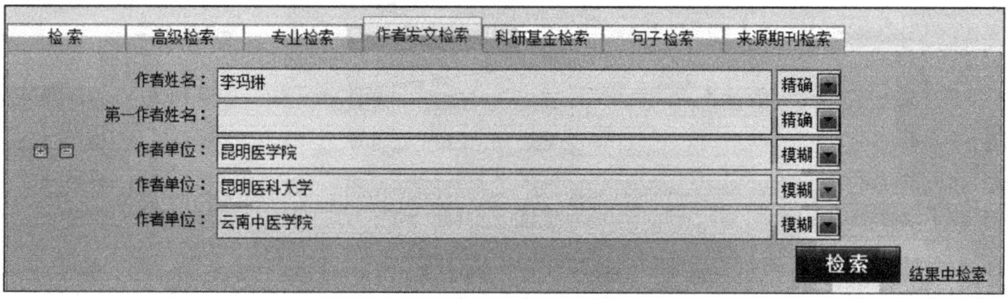

图 6-1-5 "检索示例"的作者发文检索

（5）科研基金检索：可以直接填写基金名称，也可以利用检索框后的[...]按钮，通过基金名称或管理单位进行限定检索，通过管理机构的下拉菜单选择具体项目，单击右下角的"确定"按钮（图 6-1-6），进入基金检索界面，单击"检索"按钮即可。

（6）句子检索：检索全文中的同一句或同一段落中，同时包含两个词语的检索，其检索结果是句子，也提供文献来源信息。

（7）来源期刊检索：根据文献来源的类别，如 SCI 来源期刊、EI 来源期刊、核心期刊、SSCI 来源期刊等来源检索文献的方法。

（二）检索结果

检索结果系统给出了六种分组浏览方式，分别为"学科""发表年度""基金""研究层次""作者"和"机构"，对查检者检索结果的进一步筛选有很大帮助。系统提供了两种显示方式，默认的是列表方式，如需查看摘要，可切换到摘要模式。另外，系统也提供了四种排序方式，分别为"主题排序""发表时间""被引频次"和"下载频次"（图 6-1-7）。

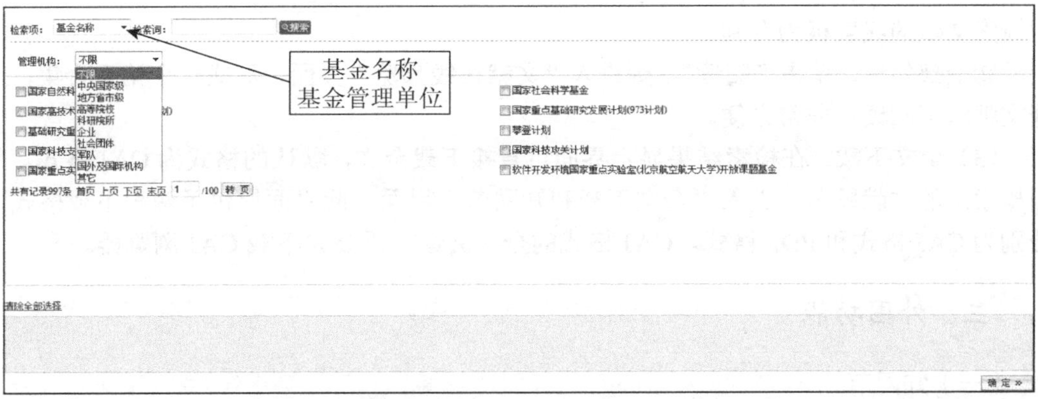

图 6-1-6　基金检索界面

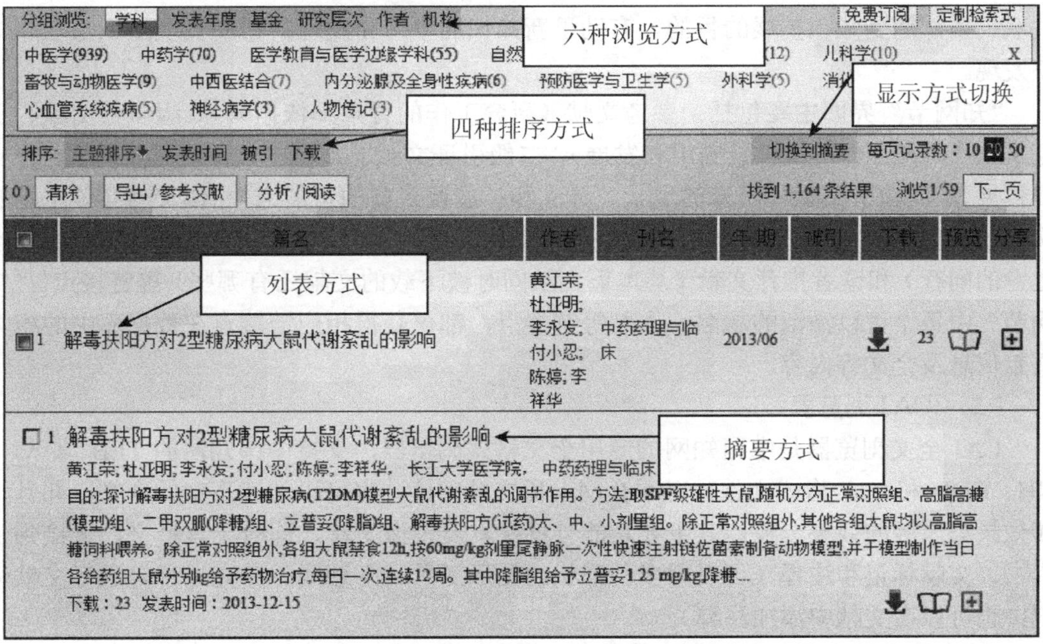

图 6-1-7　检索结果界面简介

（1）检索结果导出：先勾选所要导出的文献，单击“导出/参考文献”，进入“文献管理中心_导出”界面，全部勾选，选择“导出/参考文献”，进入“文献管理中心_文献输出”界面，右侧提供多种引文格式可选，还可直接存入文献管理软件，如 CNKI E-Learning、EndNote、NoteExpress，也可以自定义输出，而保存的格式也有“Excel”和“Word”两种，还可以生成检索报告。

（2）分析阅读：在结果显示界面，先勾选所要分析的文献，单击“分析/阅读”，进入“文献管理中心_分析”界面。

①全部勾选，单击“分析”，进入“文献分析中心”界面，其中包括“文献互引图”“参考文献”“文献共引分析”“引证文献”“文献共被引分析”“关键词文献”“读者推荐分析”“H 指数分析”和“文献分布”9 个方面的内容，形成一个广泛的多篇文献关系网，

对检索文献的线索极为有利。

②全部勾选，单击“阅读”，则进入“文献在线预览”界面，形成一个论文合集，选择文献即可阅读，非常方便。

（3）全文下载：在检索结果显示界面可直接下载全文，默认的格式为CAJ格式。单击检索出的文献题名，进入“全文下载和知网节”界面。此界面提供了两种下载格式，分别为CAJ格式和PDF格式。CAJ格式的全文阅读，需要先下载CAJ浏览器。

三、外围功能

（一）知网节

“知网节”是以单篇文献为节点，不仅包含该文献的详细信息，还是各种扩展信息的入口汇集点。这些扩展信息通过概念相关、事实相关、参考引证等方法提示知识之间的关联关系，达到知识扩展的目的，有助于新知识的学习和发现，帮助实现知识获取、知识发现。

“知网节”界面主要包括：参考文献（研究工作的背景和依据）、二级参考文献、引证文献（研究工作的继续、应用和发展）、二级引证文献、共引文献（研究的现状、分支和扩展）、同被引文献（研究的现状、分支和扩展及目前的进展）、相似文献（该主题的文献还有哪些）、相关研究机构（哪些机构在研究相同的问题）、相关文献作者（研究该主题的同行）和读者推荐文献（与本篇文献同时被下载的文献还有哪些）等链接点。“知网节”中每个可以激活的题名、人名等链接点，都可获得相应链接点在数据库中的相关文献信息及全文等内容。

（二）CAJ浏览器

CAJ全文浏览器是中国知网的专用全文格式浏览器，支持中国知网的TEB、CAJ、NH、KDH和PDF格式文件。可配合网上原文的阅读，也可以阅读下载的全文，并且打印效果与原版的效果一致。其主要功能有：文本及图像工具、即时工具释义、链接到工具书、文献标记和注释（可以用多种形状的图形工具、下划线、高亮显示等进行文献标记，也可以在文献中添加注释）。

（三）个人数字化图书馆

个人数字化图书馆是由中国知网（CNKI）提供的数字资源平台。利用这个平台，查检者可以全面、系统地选择构建适合自己研究和学习需要的文献资源体系。内容包括：①文献、期刊、论文、图书、会议等学术信息的自动定制服务，此项功能可以使查检者在第一时间了解自己定制的学科领域或研究方向的最新研究成果；②查检者可以跟踪感兴趣的学者、机构或研究项目；③可以加入机构图书馆，分享其中的资源；④可以与同领域学者或好友探讨学术问题。

个人数字图书馆创建之后，可以在校园网以外免费使用本馆定购的中国学术期刊全文数据库，不受IP地址限制。创建方法：在中国知网首页，单击“个人/机构数字图书馆”，进入创建个人数字图书馆界面，单击“研究型”，进入会员注册界面，要求填写信息，单击“立即注册”，进入智能建馆界面。根据自己的专业或兴趣需求，逐步建立自己的个人数字图书馆。

第二节　维普期刊资源整合服务平台

一、概述

维普期刊资源整合服务平台（http://qikan.cqvip.com/）是由重庆维普资讯有限公司（以下简称维普）开发的，是中文科技期刊资源一站式检索及深度服务的平台，是一个由单纯提供原始文献信息服务过渡延伸到提供深层次知识服务的整合服务系统。该系统包括5个功能模块：期刊文献检索（满足用户检索及文献保障的需求）、文献引证追踪（追踪和揭示相互引用关系，快速获取主题线索）、科学指标分析（强大的学科发展趋势及研究绩效分析工具）、搜索引擎服务（提供机构用户在谷歌、百度上的个性化服务延伸功能）和高被引析出文献（基于期刊参考文献析出的其他类型高被引文献资源），各模块之间功能互联互通、数据相互印证。该平台提供的服务包括中文期刊检索、文献查新、期刊导航、检索历史、引文检索、引用追踪、H指数、影响因子、排除自引、索引分析、排名分析、学科评估、顶尖论文、搜索引擎服务等。

二、检索与利用

（一）期刊文献检索

期刊文献检索是对原有的《中文科技期刊数据库》检索查新及全文保障功能的有效继承，并在此基础上做了流程梳理和功能优化，提供多种灵活的检索方式；支持多途径的全文保障服务模式。《中文科技期刊数据库》收录期刊总数12000余种，其中核心期刊近2000种，全文保障文献4000余万篇，收录时间从1989年至今。

1. 检索方法

（1）一框式检索：系统登录后的默认检索方式是一框式检索。用户在首页检索框中输入检索词，点击“检索”按钮即可获得检索结果。用户还可以通过设定检索命中字段，从而获取最佳检索结果。平台支持题名或关键词、题名、关键词、文摘、作者、第一作者、作者简介、机构、基金、分类号、参考文献、栏目信息、刊名等十余个检索字段（图6-2-1）。

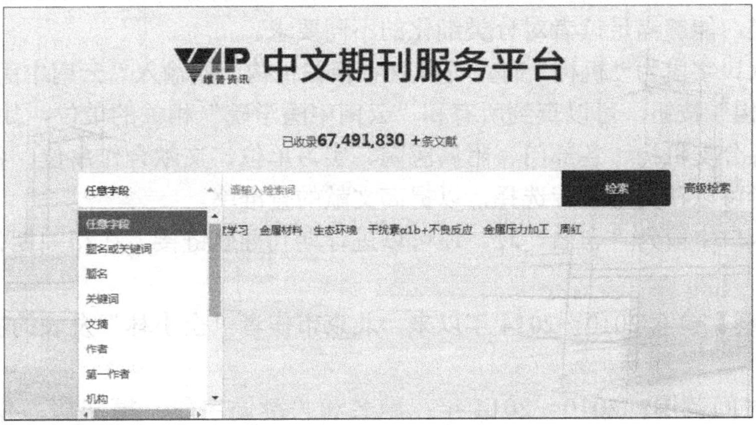

图6-2-1　平台的基本检索简介

（2）高级检索：提供两种检索方法，一是向导式检索法，检索者根据要求在检索框中填写检索词，在检索入口字段进行限定，用逻辑关系进行组配，其检索方式与 CNKI 的高级检索类似，用户可以对每个检索词分别设定检索命中字段，并且通过时间范围限定、期刊范围限定、学科范围限定来调整检索的数据范围；还可以选择“精确”和“模糊”两种匹配方式，选择是否进行“中英文扩展”和“同义词扩展”，通过更多的检索前条件限定，获得最佳的检索结果（图 6-2-2）。

图 6-2-2　平台的高级检索界面

检索规则：向导式检索的检索操作严格按照由上到下的顺序进行，用户在检索时可根据检索需求进行检索字段的选择，检索框中也支持检索词与逻辑运算符组配的检索表达式。

在“题名和关键词”和“关键词”两个检索入口字段中，可以查看同义词。

在“作者”和“第一作者”两个检索入口字段中，可以查看同名/合著作者。

在检索入口字段为“分类号”时，可以点击“查看分类表”，此表采用的是《中国图书馆分类法》（以下称《中图法》）（第四版）的原版分类体系，分类细化到《中图法》的最小一级分类，能够满足读者对分类细化的不同要求。

在检索入口字段为“机构”时，可以查看相关机构，如输入“云南中医学院”，单击“查看相关机构”按钮，可以查到所有和“云南中医学院”相关的单位，如各二级学院、各教研室、各分支机构、各部门、附属医院、实习单位、文献合作单位、各年级、各班级等，查检者可以在其中进行选择，以提高文献的查准率。

在检索入口字段为“刊名”时，还可以进行期刊导航链接，在相关期刊上查找文献信息。

【检索示例】检索 2010～2014 年以来，北京市作者“仝小林”发表的糖尿病方面的文献。

分析：时间范围：2010～2014 年；题名和关键词字段：糖尿病；作者字段：仝小林。

检索步骤：时间限定于 2010～2014 年；题名和关键词字段输入“糖尿病”，点击同义词扩展，显示糖尿病的同义词有“diabetes”，同时用户也可对同义词进行自定义，选择后，一并加入检索框中；作者字段检索框中输入“仝小林”，点击“检索”即可（图 6-2-3）。

图 6-2-3　高级检索中的“同义词扩展”示例

高级检索提供的另外一种检索法：直接输入检索式检索，跟 CNKI 的专业检索类似。即据系统提示的检索规则说明和范例及检索表达式的语法，用检索词和逻辑运算符构建检索表达式，填入检索框中，使用更多检索条件并对相关检索条件进行限制后点击“检索”按钮即可。

（3）期刊导航：分期刊检索查找和期刊导航浏览两种方式。

检索方式：可以切换检索字段，实现期刊资源的检索；平台支持以下检索字段：“刊名”“ISSN”“CN”“主办单位”“主编”“邮发代号”。

浏览方式：提供按期刊名字顺浏览、期刊学科分类导航、核心期刊导航、国内外数据库收录导航、期刊地区分布导航等几种导航方式，其中核心期刊导航反映最新核心期刊收录情况，同时更新最新国内外知名数据库收录期刊情况。

【检索示例】检索云南中医学院学报，了解期刊的评价报告（图 6-2-4 和图 6-2-5）。

该报告提供了包括影响因子走势、引用期刊列表和被引期刊列表等在内的各种详细信息。

2. 检索结果

检索结果界面的显示信息（图 6-2-6）：检索式、检索结果记录数、检索结果的题名、作者、出处、基金、摘要等；同时，中文期刊服务平台提供了基于检索结果的二次检索、分面聚类筛选、多种排序方式，方便用户快速找到目标文献。

图 6-2-4　检索示例的期刊导航页面

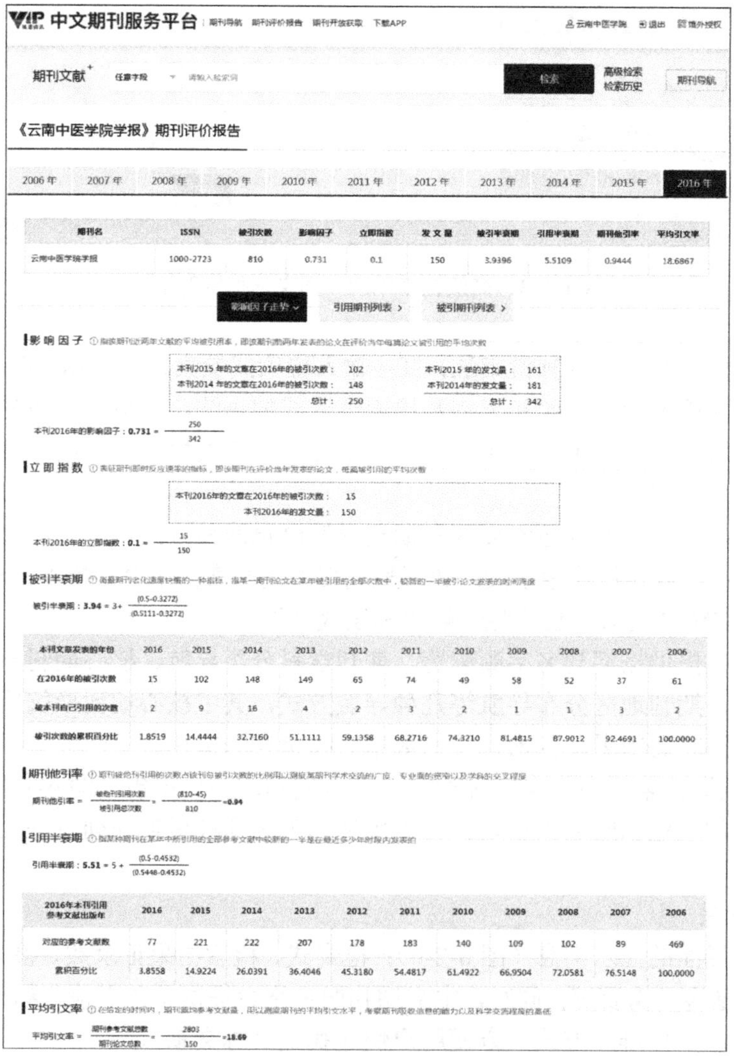

图 6-2-5　检索示例的期刊评价报告

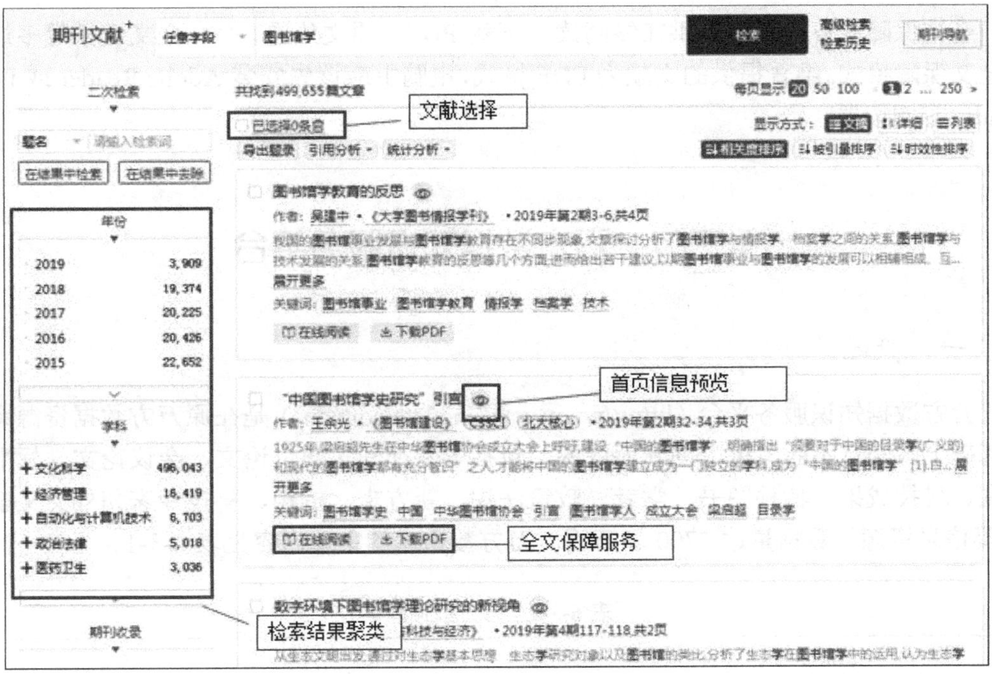

图 6-2-6 检索结果界面

二次检索：在已有检索结果的基础上，通过“在结果中检索”选定特定检索内容，或者通过“在结果中去除”摒弃特定检索内容，缩小检索范围，进一步精炼检索结果。

检索结果聚类：平台提供基于检索结果的年份、所属学科、期刊收录、相关主题、期刊、发文作者和相关机构的分面聚类功能，各聚类项执行“且”的检索逻辑，用户可以通过点击相关聚类项，进行结果的聚类筛选。

检索结果排序：平台提供相关度排序、被引量排序和时效性排序三种排序方式，用户可以从不同维度对检索结果进行梳理。

文献选择：平台提供已选文献集合的文献管理功能，用户可以对已勾选内容进行题录导出和计量分析。

文献题录导出 ：平台支持文献题录信息的导出功能，支持的导出格式为文本、查新格式、参考文献、XML、NoteExpress、Refworks、EndNote、Note First、自定义导出、Excel导出。用户可以勾选目标文献，点击“导出”按钮后选择适当的导出格式实现此功能。

引用分析：可对单篇或多篇文献题录的参考文献和引证文献进行汇总分析，同样以查询结果的形式返回具体数据，帮助用户有效梳理研究主题的来龙去脉。

统计分析：提供对“检索结果”和“已选文献集合”的统计分析功能，分析文献集合的年份、发文作者、发文机构、发文期刊、发文领域等多维度的分布情况。

查看视图切换：平台支持文摘、详细和列表三种文献查看方式，用户可以按需进行视图切换。

首页信息预览：在文摘和详细视图下，用户可以点击题名右侧的预览按钮，以实现文献首页的内容预览，快速判断文献参考价值。

全文保障服务：平台提供在线阅读、下载 PDF、原文传递、OA 全文链接等多途径的全文保障模式。维普提供的文献为 PDF 格式，电脑上应该先安装 Adobe Reader 或 Foxit Reader 等阅读器。

第三节　万方数据知识服务平台

一、概述

万方数据知识服务平台（http://www.wanfangdata.com.cn/）是在原万方数据资源系统的基础上，经过不断改进、创新而成的，包括学术期刊、学位论文、会议论文、标准、专利、科技成果、特种图书、学者、政策法规、新方志、机构、科技专家和外文文献共11 类信息资源，数据量达 5700 多万篇。万方数据库的主要内容见表 6-3-1。

表 6-3-1　万方数据库简介

数据库类型	包括的内容
全文数据库	中国学术期刊数据库、法律法规全文数据库、专利全文数据库
文摘型数据库（科技信息子系统）	中国科技成果数据库、中国科技文献数据库、政策法规数据库、论文统计与引文分析数据库
混合型数据库（全文、文摘）	学位论文数据库、会议论文数据库、中外标准数据库
事实型数据库	中国企业、公司及产品数据库、科技名人和科研机构、中国高等院校及中等专业学校数据库
工具类数据库	汉英-英汉双语科技词典

资源特点：学位论文收录了中国科技信息研究所提供的自 1980 年以来，我国自然科学领域高等院校、研究生院及研究所的硕士、博士及博士后论文；机构信息系统收录了 20 多万家企业机构、科研机构、信息机构和教育机构的详尽信息。

中国学术期刊数据库：收录国内出版的多种科技、人文和社会科学期刊的全文内容。分成 8 个大类，94 个小类，数据量达 2700 多万篇，是该平台的重要组成部分。从医学方面来看，万方独家拥有中华医学会 115 种医学期刊的数字出版权，并为生物医学专设了万方医学网。

二、检索与利用

（一）万方数据知识服务平台

万方数据知识服务平台有四种检索模式，分别为一框式检索、单库检索、高级检索和专业检索。

1. 一框式检索

一框式检索是万方默认的检索方式，为跨库检索，集合了期刊、学位论文、会议论文和外文文献，同时在此界面也可选择上面的期刊、学位、会议、外文文献、学者、专利、标准、成果、图书、新方志、法规、机构、专家共计 13 种资源，进行单库检索（图 6-3-1）。

图 6-3-1　万方的一框式检索界面

检索框中可以是检索词，也可以是检索式。本检索方式默认“空格”为“AND”；“+”为“OR”，且不支持逻辑运算符“NOT”，如果需要，可以在“标题”“作者”“关键词”“发表时间”几项中进行“在结果中检索”。

2. 单库检索

（1）期刊库（中国学术期刊数据库）：包括检索论文和检索刊名两种检索方式，同时提供期刊按学科分类、地区分类、首字母分类三种方式。以“中国医学”为例，从期刊导航分类中“医药卫生”的下位类中国医学结果显示全部期刊 129 种，在页面右边部分可以再次通过刊首字母、核心收录等进行二次检索，缩小检索结果的范围，同时“更多选项”下拉菜单里还可以对期刊的收录地区、出版周期和有限出版情况进行限定（图 6-3-2）。

图 6-3-2　“中国医学”的期刊显示

单击某一种期刊，进入该刊的详细信息及论文阅读和下载界面，其中的“统计分析”可以查看该刊的影响因子、发文量、总被引频次的统计分析及排名，以“北京中医药大学学报”为例，其统计分析见图 6-3-3。

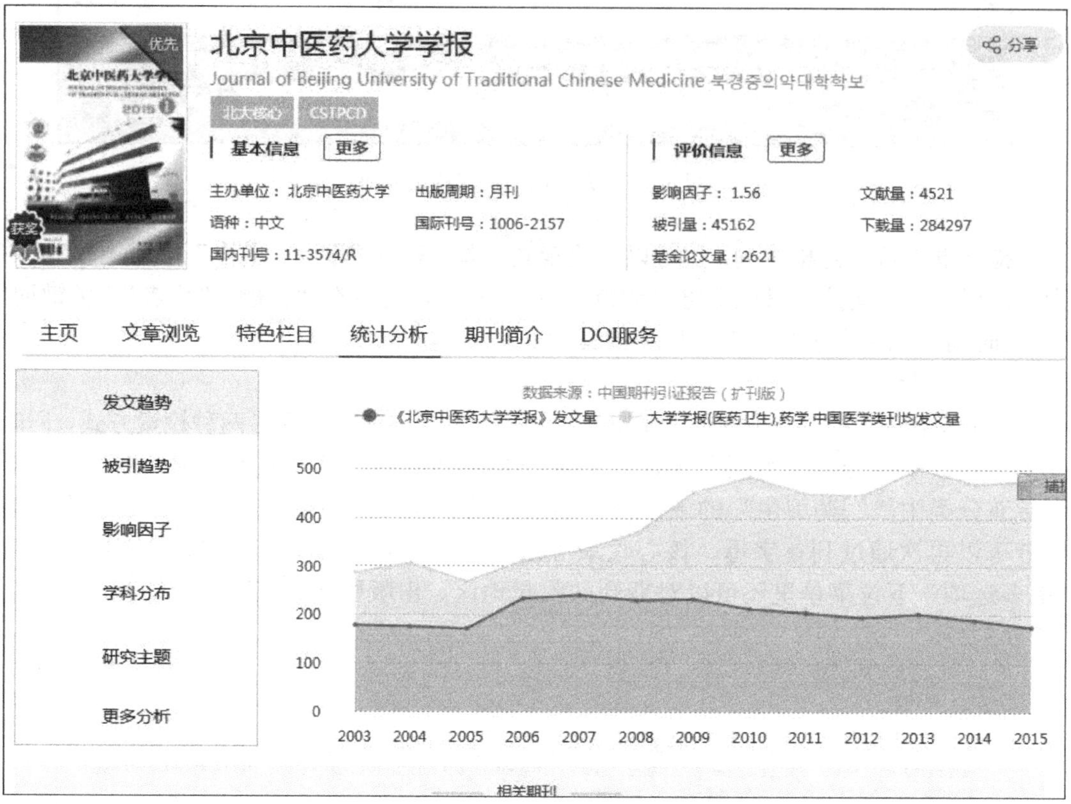

图 6-3-3 “北京中医药大学学报”的统计分析

检索论文提供简单检索、高级检索和专业检索。其检索结果的显示有多种排序方式，结果可有仅全文和已购全文两种显示方式，另外还有文献分布信息、相关作者信息和相关文献的年代分布趋势等。

（2）外文文献库：包括外文期刊论文和外文会议论文。检索后可以通过 DOI 定位全文，也可以根据自己的需求导出文献信息。

学位论文库、会议论文库、专利技术库、标准库等其他数据库见本教材相关部分内容。

3. 高级检索

高级检索是一种表格式检索方式，检索入口因选择的数据库的不同而不同，检索方法与 CNKI 和维普的检索相似，也有检索历史的查询和导出功能（图 6-3-4）。

4. 专业检索

通过在检索框中输入专业检索表达式，实现对文献的检索。系统默认期刊、会议、学位、专利、科技成果和外文文献，检索者可根据需要自主选择。专业检索还提供可检索字段选项，这些功能对检索结果的查准率有很大帮助，对非专业的查检者来说，检索难度则有了大幅度的下降，并可进行多次检索。

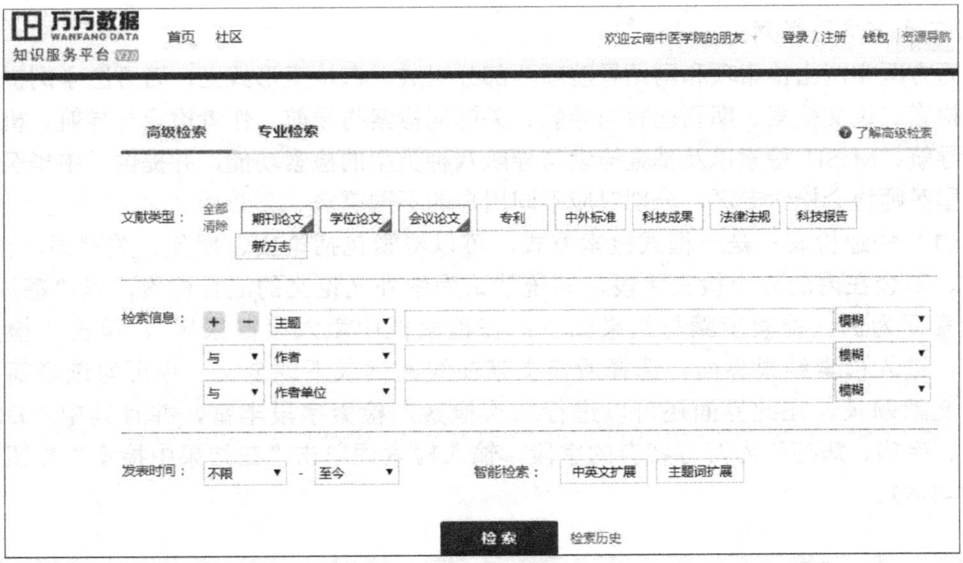

图 6-3-4　万方的高级检索界面

5. 检索结果

上述数据库检索结果的显示基本相同，均有三块内容，分别为检索结果列表区、检索结果的相关项和文献的分布。下面以期刊库的检索结果为例说明。

（1）显示信息：检出的文献总量，文献排序方式，文献的分布情况如出版状态、学科分布、期刊分布及年份分布，对文献的相关作者和机构也同时予以显示。

（2）结果处理：对检出的文献可进行在线阅读或下载，同时也可进行导出、收藏或分享（图 6-3-5）。

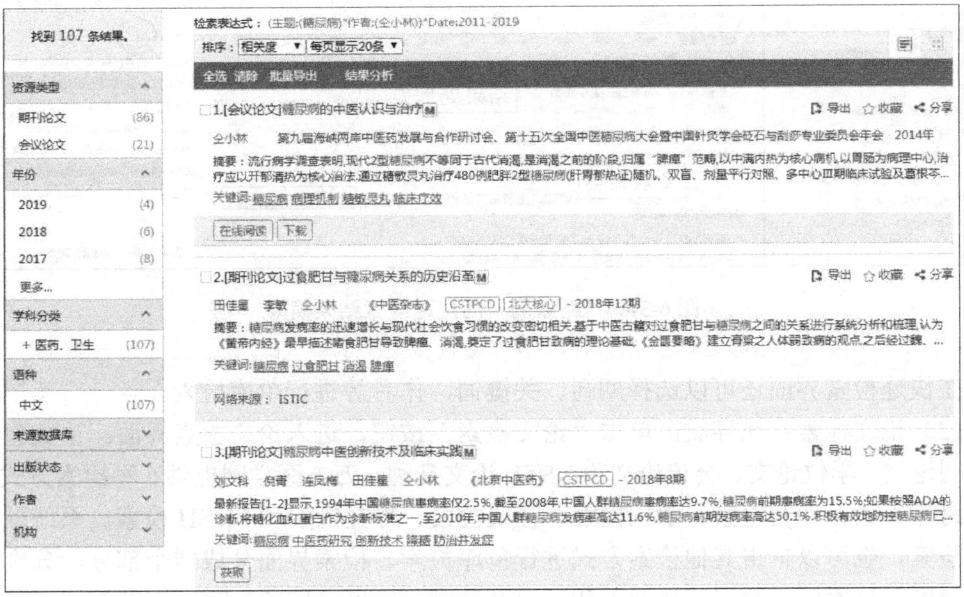

图 6-3-5　检索结果简介

（二）万方医学网

万方医学网由检索项和网站导航项两部分组成。在检索形式上，万方医学网提供了快速检索、论文检索、期刊检索与导航、关键词检索与导航、作者检索与导航、机构检索与导航、MeSH 检索以及基金检索与导航八种类型的检索功能，并提供了中华医学会和中国医师协会检索专区，分别对应不同用户的不同需求。

（1）快速检索：是一框式检索方式，可以检索包括论文、期刊、关键词、作者、机构、基金在内的 6 个检索字段，系统默认为中外文论文的混合检索，以“糖尿病”为检索词为例，检索步骤与结果如下：在检索框中填入“糖尿病”，单击“检索”按钮，进入检索结果界面，选择所需文献在线阅读或下载全文，也可勾选多篇文献导出文献题录。在此界面还可以进行二次检索，检索字段丰富，并且其中“DOI、药品、疾病、病症”为万方特有的字段，输入检索词单击“在结果中检索”按钮即可（图 6-3-6）。

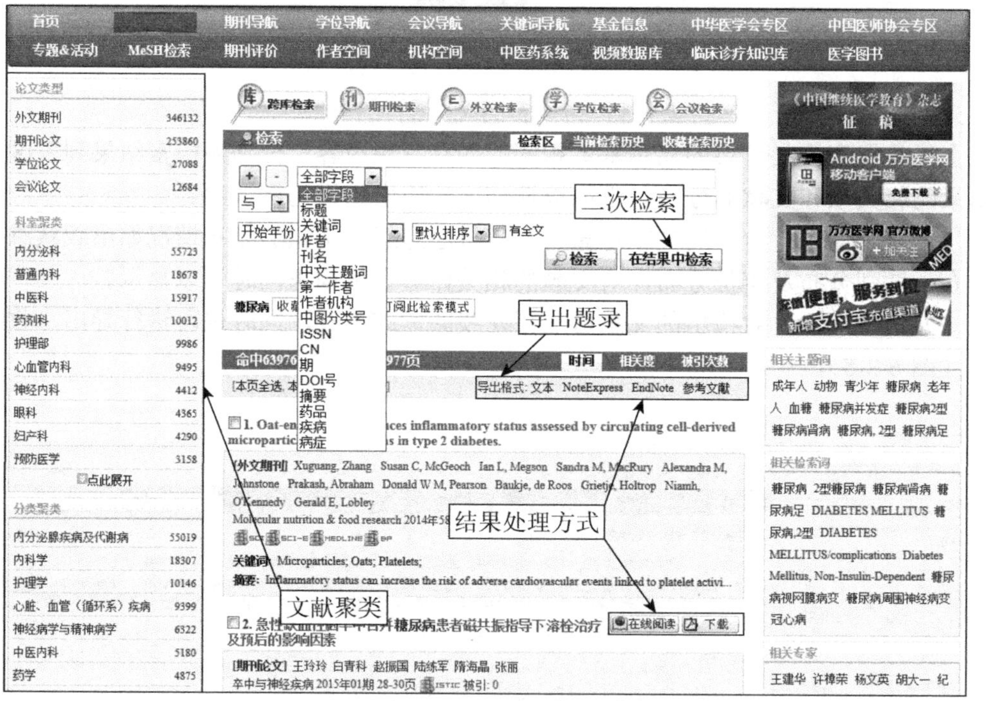

图 6-3-6 “糖尿病”的快速检索结果简介

在快速检索界面还可以选择期刊、关键词、作者等进行单库检索。

（2）论文检索：在导航区单击“论文检索”按钮，进入论文检索界面。论文包括中文期刊论文、学位论文、会议论文和 NSTL 论文几种，万方医学网提供 6 种检索方式，分别为跨库检索、期刊检索、学位检索、会议检索、外文检索和 MeSH 检索。系统默认为跨库检索，也可以单击其他检索方式进行单库检索。检索界面分成四个部分，分别为检索选择区、检索区、数据库选择区和科室及分类限定区（图 6-3-7）。

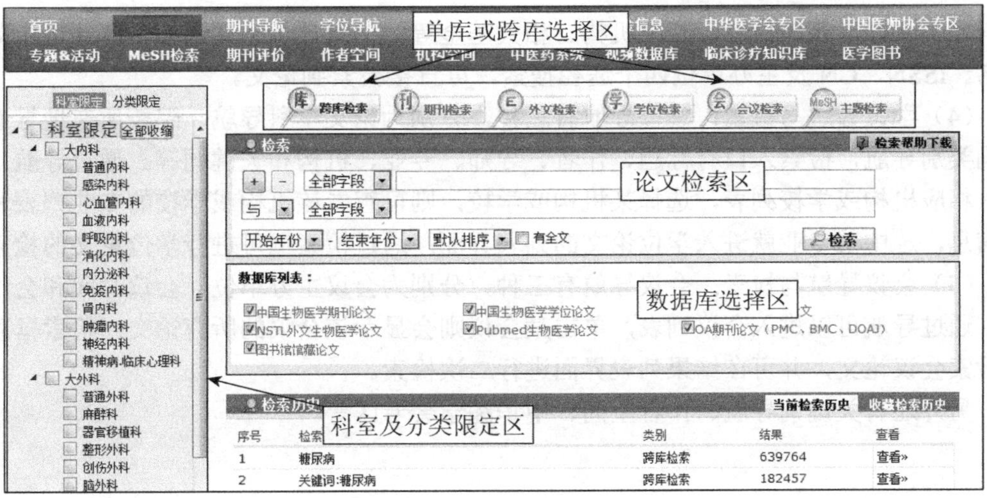

图 6-3-7　论文检索界面

其中，期刊检索、学位检索中有文献类型限定区；外文检索中有数据库选择区；MeSH 检索中有主题词导航和主题词列表，以“维生素 C”为例，其检索结果见图 6-3-8。

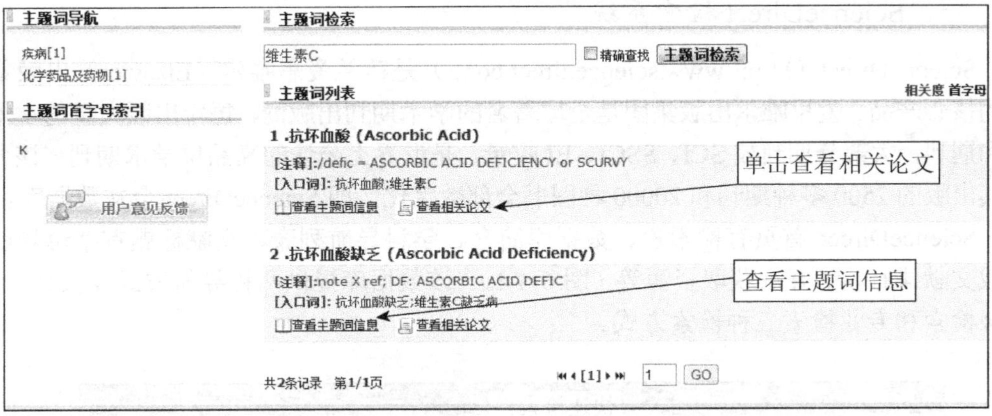

图 6-3-8　“维生素 C”的主题检索结果显示

在查看相关论文界面，还可以勾选副主题词以缩小检索范围。

在进行外文检索时，建议先用 MeSH 表查出英文主题词，再进行检索，以提高文献的查准率，尽量不要用汉语。

（3）期刊导航与检索：期刊检索界面可选择中国期刊和国外期刊进行检索，期刊导航有国外期刊导航和中国期刊导航。国外期刊导航有 3 种，分别为学科分类导航、国外数据库收录导航和刊名首字母导航；国内期刊导航有 7 种：学科分类导航、国外数据库收录导航、国内收录评价导航、主管单位分类导航、主办单位分类导航、编辑部所在地导航和刊名首字母导航。单击学科进入期刊列表，选中期刊进入期刊信息界面，该界面有刊物的信息、现刊、过刊，单击单篇文献可查询文献，可提供原文下载或原文传递，另有相关文献、相关作者、相关机构、相关基金等的信息显示。期刊搜索区通过中英文刊名、ISSN、CN及主办单位四个途径搜索，可直接检索到论文。

（4）学位导航与检索：学位导航有三种，分别为论文学科导航、院校所在地导航和机构类别导航，检索入口有标题、作者、导师、专业、机构和关键词等。通过导航，可进入相应机构或学校列表，选择某机构或学校，则可查看该机构或学校的专业列表和专业信息，选中某专业就进入学位论文的列表界面；通过检索框可进行学位论文的检索。

（5）会议导航与检索：会议导航有三种，分别为会议主办单位、会议时间和会议地点，通过导航可以进入会议列表，单击某会议则会显示该会议的所有论文；检索框可直接检索会议论文，并可在结果列表界面进行二次检索。

另外还有关键词导航、作者空间、中华医学会专区等。

第四节　其他全文检索系统

本节主要简单介绍几种常见的外文全文数据库：ScienceDirect 检索系统、Springer 全文数据库、Ovid 全文数据库、ProQuest 电子期刊全文数据库等。

一、ScienceDirect 检索系统

ScienceDirect（http://www.sciencedirect.com/）是荷兰爱思唯尔（Elsevier）出版集团中的核心产品。爱思唯尔出版集团是全球著名的学术期刊出版商，每年出版大量的学术图书和期刊，大部分期刊被SCI、SSCI、EI收录，是世界上公认的高品位学术期刊。该公司将其出版的2500多种期刊和20000种图书全部数字化，即ScienceDirect全文数据库。

ScienceDirect 首页有检索栏、数据库简介、学科导航列表、文献标题首字母导航及下载文献排行榜、开放获取资源等（图6-4-1）。该数据库提供两种导航方式及快速检索、高级检索和专业检索三种检索方式。

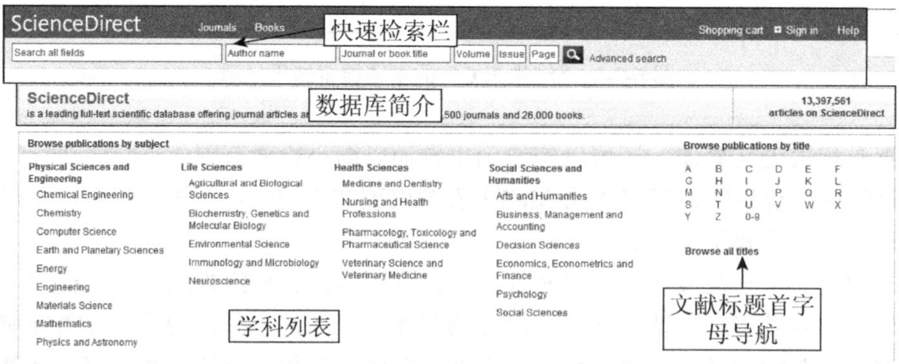

图 6-4-1　ScienceDirect 的检索入口

（一）检索方式

（1）通过学科导航列表：如在学科导航列表中选择“Medicine and Dentistry”，进入

文献列表界面，可以在左侧进行主题筛选，可逐级打开树状结构列表，通过各类目前的复选框勾选单个或多个主题，并单击“Apply”按钮即可浏览所选主题的期刊信息；右侧为期刊选择项，有文献标题首字母选择、出版形式选择和出版类型（是否有全文、免费评阅和开放获取等）选择三种。

（2）文献标题首字母导航：通过刊名或图书的首字母排列，期刊右侧有出版形式选择和出版类型选择。

（3）快速检索：快速检索可以对期刊和文章进行快速查找，可供选择的字段包括所有字段（All fields）、著者姓名（Author name）、期刊/图书名称（Journal/book title）、卷（Volume）、期（Issue）和页码（Page）等（图 6-4-1）。检索时不同字段间关系为 AND。如果只用刊名字段检索，检索结果将为刊名中包含有该检索词的所有期刊和图书列表。其他字段将直接得到期刊论文信息。

（4）高级检索：本检索界面提供两个检索框，检索框可以是检索词，也可以是检索表达式，字段限制项有包括期刊和图书信息在内的相关项共 13 项（图 6-4-2），如所有字段，摘要、题名、关键词（Abstract，Title，Keywords），作者（Authors）等，限制检索文献类型有期刊（Journals）、图书（Books）和仅开放获取文献（Open Access articles only）；有出版时间限制及学科限制，以便获得更准确的检索结果。作者字段的格式为名在前，姓在后，如 W Yuan。高级检索中也可直接限定期刊（Journals）检索、图书（Books）检索或参考工具书（Reference Works）检索，系统默认为 All。在检索结果界面还可以进行二次检索。

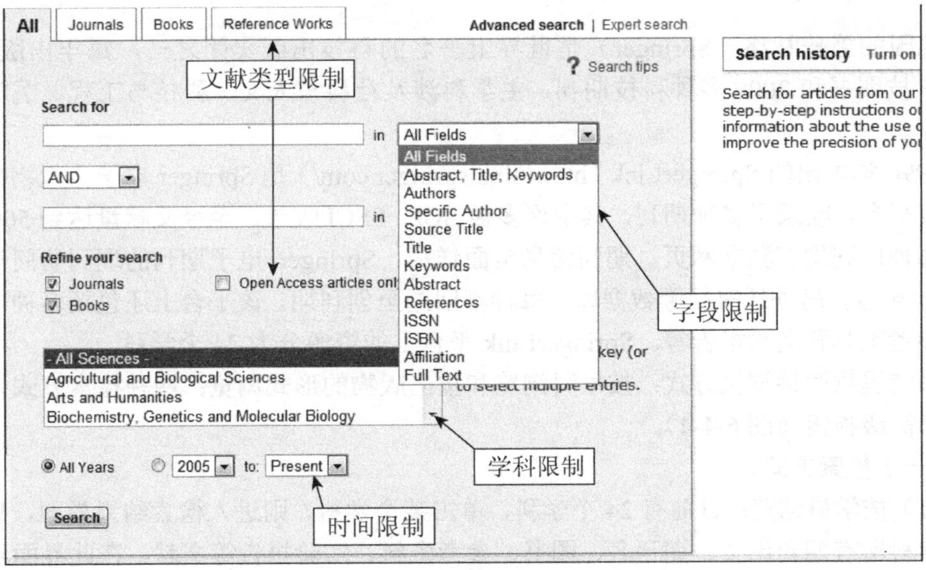

图 6-4-2 ScienceDirect 的高级检索界面

（5）专业检索：在高级检索界面的右上角，单击“Expert search”。在检索框中直接输入检索表达式，进行检索。

（二）检索结果

显示命中结果数量、检索式。左侧为结果限定与分布，中间为文献列表。每篇文献

后面都有一个图标 ▤，绿色为可查看全文，白色为只能查看文摘。PDF 格式需要付费购买。每篇文献后都有推荐文献和相关文献可供参阅（图 6-4-3）。

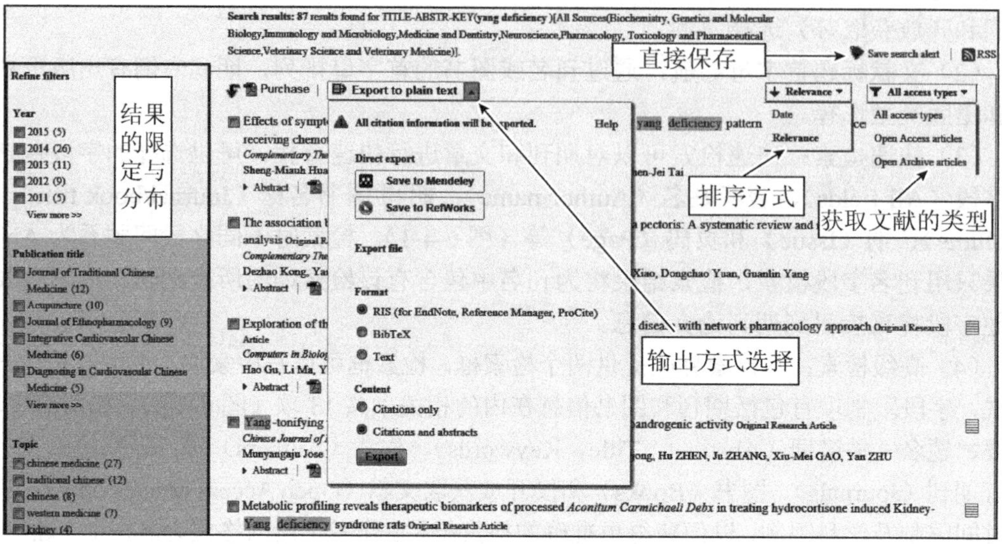

图 6-4-3　ScienceDirect 的结果显示界面

二、Springer 全文数据库

德国的施普林格（Springer）是世界上著名的科技出版集团之一，每年出版 5000 多种科技图书和 2000 多种科技期刊，主学科涉及社科与人文、科技与工程、医学与生命科学。

1996 年推出的 SpringerLink（http://link.springer.com/）是 Springer 电子出版物数据库的检索平台，收录了多种期刊，其中许多被 SCI、SSCI 收录，至今文献量达到 500 多万篇，每种期刊均有独立网页，期刊信息全面详尽，Springer 电子期刊的现刊访问年限为 1997 年至今，另外还有回溯数据库，每种都回溯至创刊期。该平台上还包括多种电子图书、参考工具和实验报告等。SpringerLink 平台上的资源分为 24 个学科。

系统提供两种浏览方式：按学科浏览和按出版物的形式浏览；两种检索方式：基本检索和高级检索（图 6-4-4）。

（一）检索方式

（1）按学科浏览：目前有 24 个学科，单击某个学科，则进入检索结果界面，列表中为该学科所有期刊论文、期刊名、图书、参考资料、实验报告等文献。在此界面还可以根据文献的内容、学科、学科分支、文献来源和文献语种进一步限定检索范围。

（2）按出版物形式浏览：该系统只提供四种类型，分别为期刊论文、图书章节、参考资料和实验报告，直接单击查看即可。

（3）基本检索：采用一框式检索，检索框中可以是检索词，也可以是检索表达式，默认为跨库检索的全字段检索。可以检出包括图书、图片、期刊、期刊论文、参考资料等各种类型的文献。字符“*”可以检索词根，字符“？”代表单个字符。

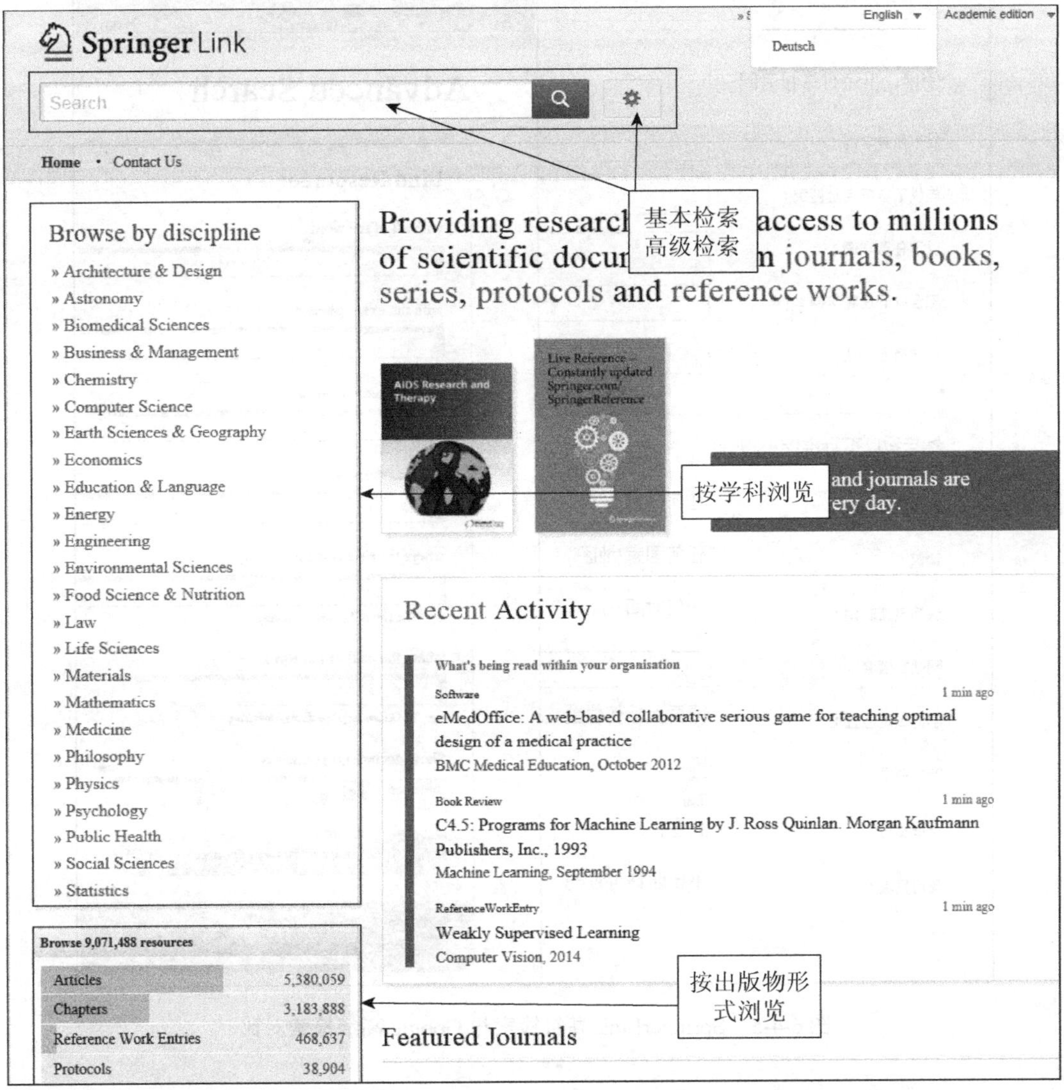

图 6-4-4　SpringerLink 平台简介

（4）高级检索：在基本检索右侧，单击⚙图标，选择“Advanced Search”进入高级检索界面。高级检索为表格式检索。表格的格式是固定的，与 Google 的检索平台一致（图 6-4-5）。

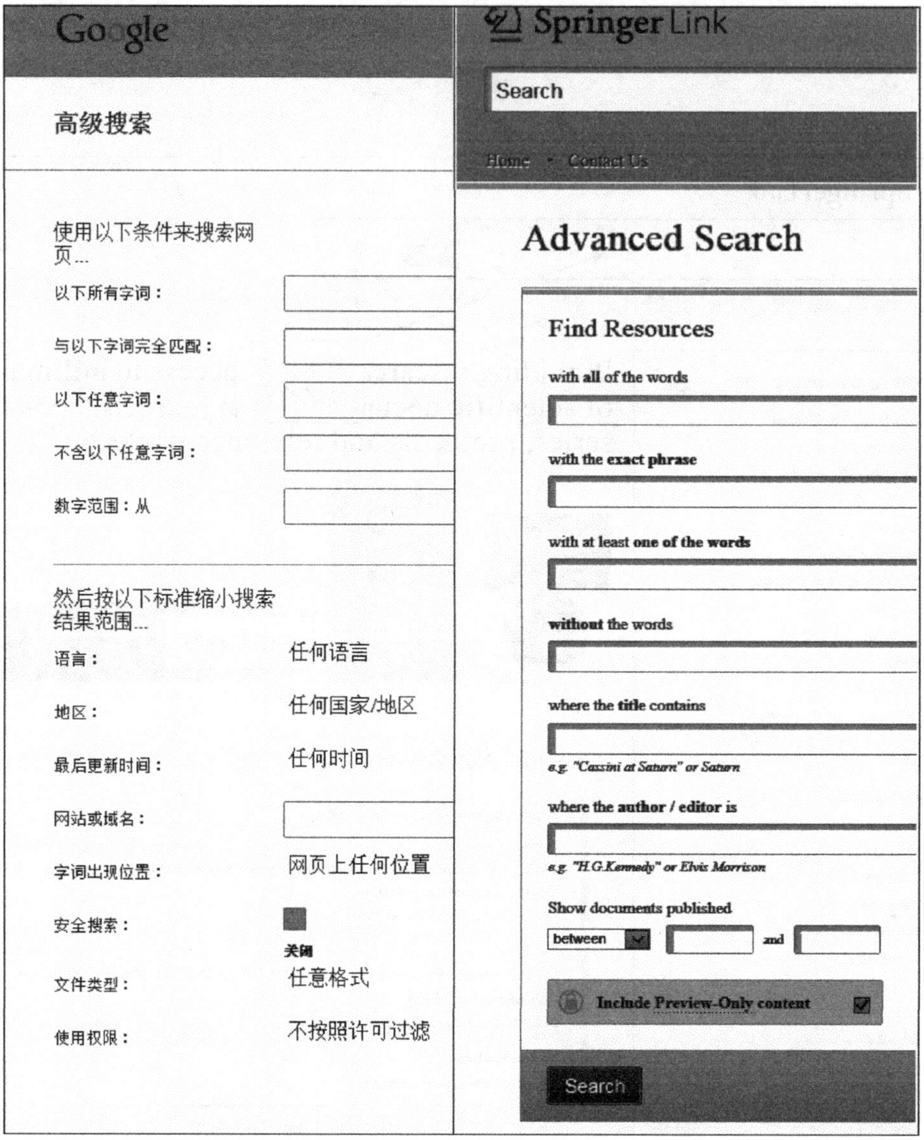

图 6-4-5　SpringerLink 高级检索与 Google 高级检索对比

（二）检索结果

期刊：单击期刊链接则可查看期刊信息、最近的文章、过刊及文献。

论文：在编的可以查看原文也可购买，普通的可以 PDF 格式下载或查看参考文献。

系列图书：单击书名链接，可以按章节浏览全书，或全书购买或按章节购买。

参考工具书：直接购买。

三、Ovid 全文数据库

美国 Ovid 公司是全球著名的医学信息服务商，是 Wolters Kluwer 的子公司之一。经过资源整合，现在通过其检索平台 OvidSP（http://www.ovid.com），可以检索电子期刊、电子图书及300多种数据库。其中与生物医学有关的数据库主要有：临床各科专著及教科书（Books@Ovid）、循证医学（EBM）、MEDLINE、EMbase（荷兰《医学文摘》）、BIOSIS Preview（美国《生物学文摘》）、医学期刊全文数据库（Journals@ Ovidfulltext）。其中，医学期刊全文数据库包括60多个出版商的300多个数据库和1000多种期刊，更新及时快速；临床各科专著及教科书收录Lippincott Williams & Wilkins出版的内科、外科、肿瘤、妇产科等各类英文医学权威图书50余种，可进行检索、浏览。

OvidSP平台有简体中文模式，共有6种检索方式，分别为基本检索、常用字段检索、检索工具、字段检索、高级检索、多字段检索。基本检索界面有检索限制区域，可对是否包括多媒体、相关词汇和出版时间进行限制，另外也可对检索结果进行排序限制等（图6-4-6）。

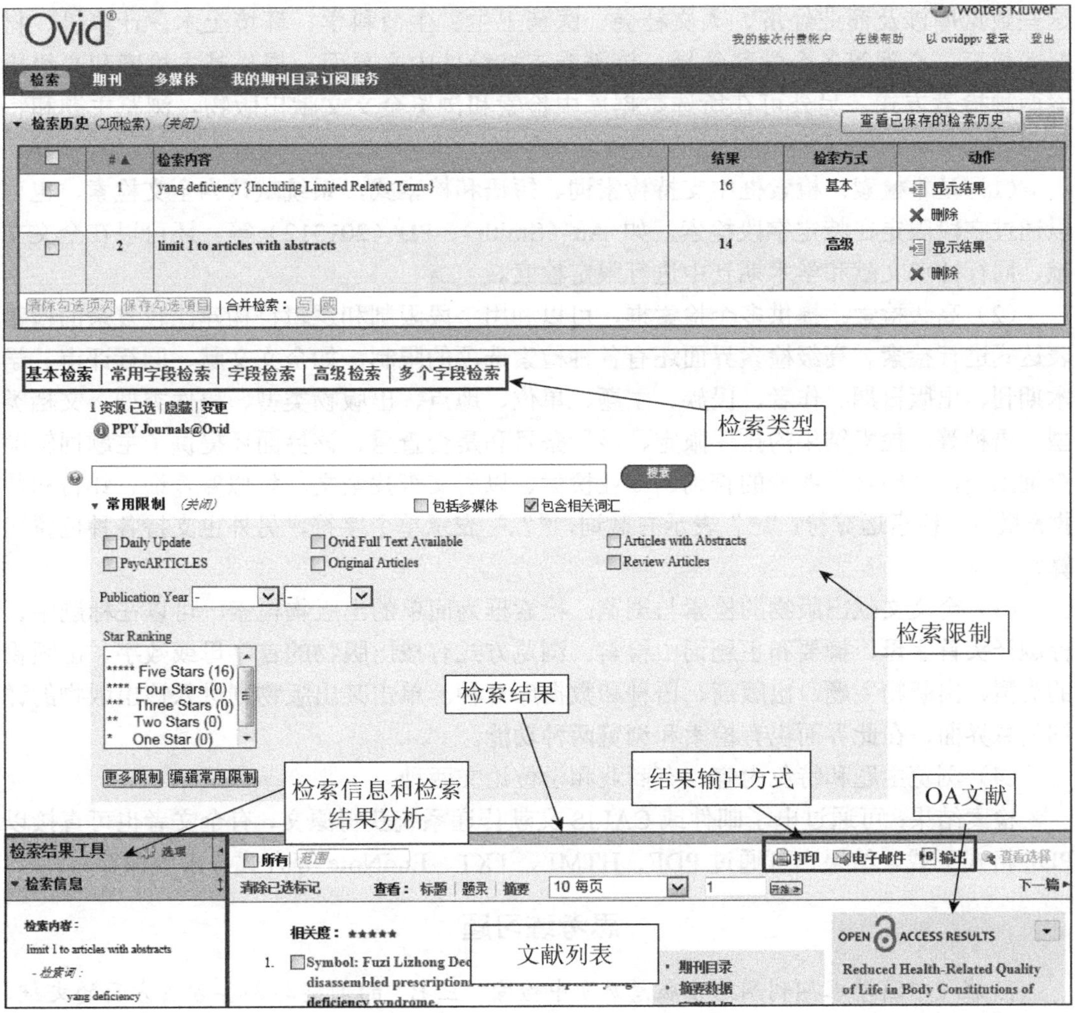

图6-4-6 OvidSP平台简介

字段检索是对常用和文献涉及的所有字段等进行限定的检索。检索工具可以对树形图、轮排索引、主题词说明、扩展检索和副标题进行分类限定检索。高级检索可以对关键词和词组进行检索，但不支持检索表达式。

该平台中的截词符：无限截词符用“$”表示，有限截词符用“$正整数”表示，通配符采用“？”表示。

期刊检索用于检索期刊的刊名，在检索结果界面，单击某期刊名则进入该期刊的详细信息界面，可以查看和下载现刊和过刊的所有论文。高级检索为关键词检索。

四、ProQuest 电子期刊全文数据库

ProQuest 电子期刊全文数据库（http://search.proquest.com/index）是美国 Bell & Howell Information and Learning 公司出版的网络全文期刊数据库，目前系统拥有 123 个数据库，这些数据库涉及商业经济、人文社会、医药卫生、生命科学、环境土木、计算机、材料、教育、心理等各个学科领域。该平台支持简体中文界面，提供基本检索和高级检索两种检索方式，另外可在所选数据库中检索和浏览全文文献出版物，浏览主题和特色内容。

（1）基本检索：检索框中支持检索词、短语和检索式，系统默认为全文检索，也可以通过字段限定在特定字段检索，如 Au（Smith）、PD（201312）等。还可以在全文文献、同行评审文献和学术期刊中进行限定检索。

（2）高级检索：提供多个检索框，可以利用字段限制和逻辑符构建比较复杂的检索表达式进行检索。高级检索界面还有各种检索选项的限制，如全文文献、同行评审、学术期刊、出版日期、作者、民族、主题、单位、地点、出版物类型、稿件类型、文档类型、语种等，检索结果的排序限定、显示条目和是否查重。该界面还提供了主题词辅助查询系统，并整合了图表的查询、专业检索、以引文查找全文、相似度查询、讣告和数据&报告。检索运算符：“*”表示右截词，“？”表示单个字符，另外也支持各种位置运算符。

（3）全文文献出版物的检索与浏览：检索框为简单的出版物检索，可以在标题中、标题开头首字母、摘要和主题词中检索。浏览方式有按出版物的首字母或数字、出版物的类型、出版物主题、出版商、语种和数据库 6 种。单击某出版物则进入该出版物的详细信息界面，在此界面也有检索和浏览两种功能。

（4）浏览主题和特色内容：有商业和学位论文两种。

检索结果：可通过电子邮件或 CALIS 文献传递系统获得原文，有全文者也可直接以 PDF 格式下载。结果也可通过 PDF、HTML、TXT、EndNote 等方式导出或保存。

思考练习题

1. 在《中国学术期刊网络出版总库》中检索“三七”的剂型与制备方法方面的文献，并下载其中的任意一篇。

2. 利用《中国学术期刊网络出版总库》的基金检索功能，检索清华大学发表的国家自然科学基金资助的文献。

3. 在三大中文数据库中，检索有关“埃博拉病毒出血热”研究的综述性文献，并比较三者的检索结果有何异同。

4. 利用维普的期刊导航功能，了解中国医学都有哪些期刊，核心期刊有多少种，并在《中西医结合杂志》中检索“高血压”方面的文献。

5. 利用万方医学网检索有关“艾滋病中医药疗法”的论文。

第七章　文摘数据库检索

在医学科研活动中，要系统全面地查找某一研究课题的文献信息，常常首先从文摘型数据库中获取检索文献的线索，进而获取全文。目前主要的中外文文摘数据库有SinoMed、PubMed、FMJS、EMbase、SciFinder 等，它们是医学研究中最重要的检索工具，需要熟练掌握并灵活运用。

第一节　中国生物医学文献服务系统

中国生物医学文献服务系统(http://www.sinomed.ac.cn 或 http://sinomed.imicams.ac.cn)（SinoMed），由中国医学科学院医学信息研究所开发研制。该系统对中国生物医学文献数据库（CBM）进行了拓展，增加了中国医学科普文献数据库、北京协和医学院博硕学位论文库、英文文集汇编文摘数据库、英文会议文摘数据库、西文生物医学文献数据库、俄文生物医学文献数据库和日文生物医学文献数据库 7 种资源，包括基础医学、预防医学、临床医学、药学等生物医学相关各领域的文献信息，是集检索、统计分析、免费获取、全文传递服务于一体的生物医学中外文整合文献服务系统。

一、概述

SinoMed 共 8 个中外文数据库，涵盖中外文生物医学文献信息，学科范围广泛。具体如下。

（1）中国生物医学文献数据库（CBM）：收录 1978 年以来 1800 余种中国生物医学期刊，以及汇编、会议论文的文献题录 700 余万篇，全部题录均进行主题标引和分类标引等规范化加工处理。年增文献 40 余万篇，每月更新。

（2）中国医学科普文献数据库：收录 2000 年以来国内出版的医学科普期刊近百种，文献总量 20 余万篇，重点突显养生保健、心理健康、生殖健康、运动健身、医学美容、婚姻家庭、食品营养等与医学健康有关的内容，每月更新。

（3）北京协和医学院博硕学位论文库：收录 1981 年以来协和医学院培养的博士、硕士研究生学位论文，学科范围涉及医学、药学各专业领域及其他相关专业，内容前沿、丰富，可在线浏览全文，每季更新。

（4）英文文集汇编文摘数据库：收录馆藏生物医学文集、汇编，以及能够从中析出单篇文献的各种参考工具书等 240 余种（册）。报道内容以最新出版的文献为主，部分文献可回溯至 2000 年，每月更新。

（5）英文会议文摘数据库：收录 2000 年以来世界各主要学协会、出版机构出版的 60 余种生物医学学术会议文献，部分文献有少量回溯，每月更新。

（6）西文生物医学文献数据库（WBM）：收录 7200 余种世界各国出版的重要生物医学期刊文献题录 2200 余万篇，其中馆藏期刊 4800 余种，免费期刊 2400 余种；年代跨度大，部分期刊可回溯至创刊年，全面体现了协和医学院图书馆悠久丰厚的历史馆藏。年增文献 60 余万篇，每月更新。

（7）俄文生物医学文献数据库：收录 1995 年以来俄国出版的俄文重要生物医学学术期刊 30 余种，部分期刊有少量回溯，每月更新。

（8）日文生物医学文献数据库：收录 1995 年以来日本出版的日文重要生物医学学术期刊 90 余种，部分期刊有少量回溯，每月更新。

二、检索方法与步骤

SinoMed 提供跨库检索和单库检索两种检索方式。

（一）跨库检索

进入 SinoMed，默认界面是跨库检索。跨库检索能同时在 SinoMed 平台集成的一个或多个数据库进行检索。SinoMed 首页的检索输入框即是跨库检索的快速检索框，可对下列 8 个数据库进行选择，输入框右侧的高级检索是跨库检索的高级检索。另外，还能从 SinoMed 首页右上角的数据库下拉菜单中进入跨库检索（图 7-1-1）。

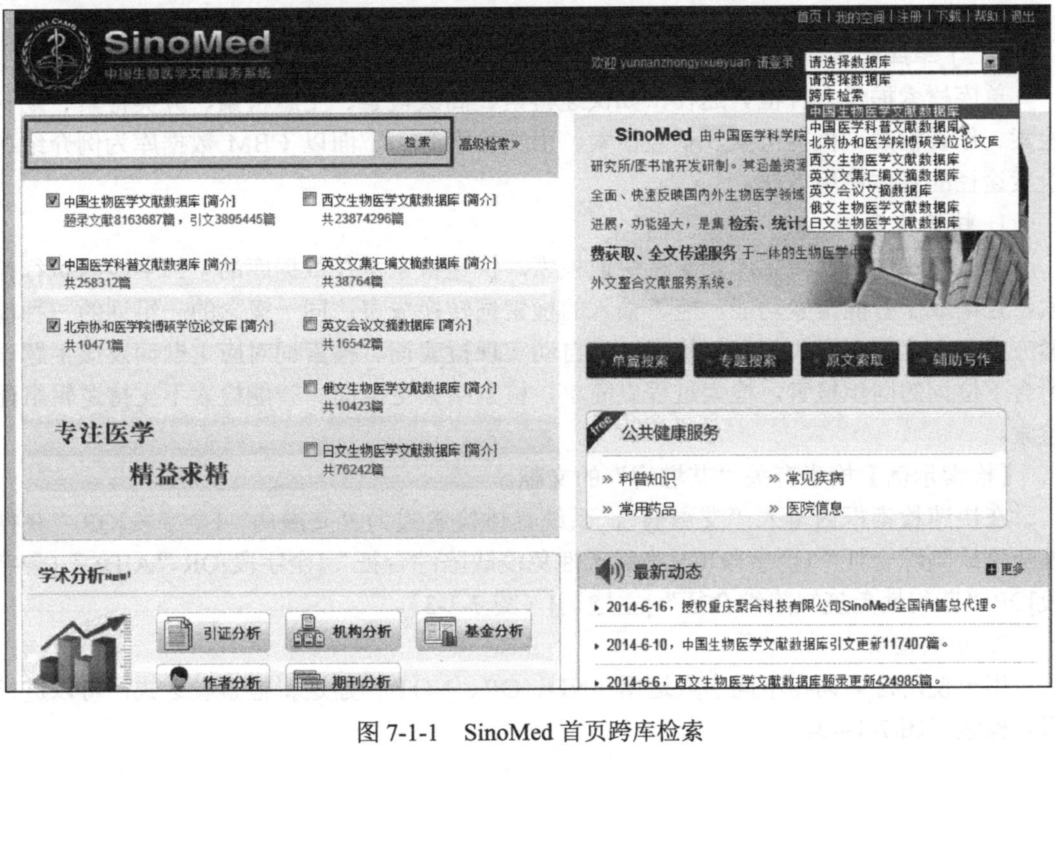

图 7-1-1　SinoMed 首页跨库检索

【检索示例】在“中国生物医学文献数据库”和“西文生物医学文献数据库”中查找关于“virus”的文献。

第一步：在跨库检索的高级检索页面，勾选数据库（图 7-1-2）。

第二步：在“构建表达式”中选择“标题”，输入“virus”，单击“发送到检索框”后再执行“检索”操作，即可查找到所需文献。

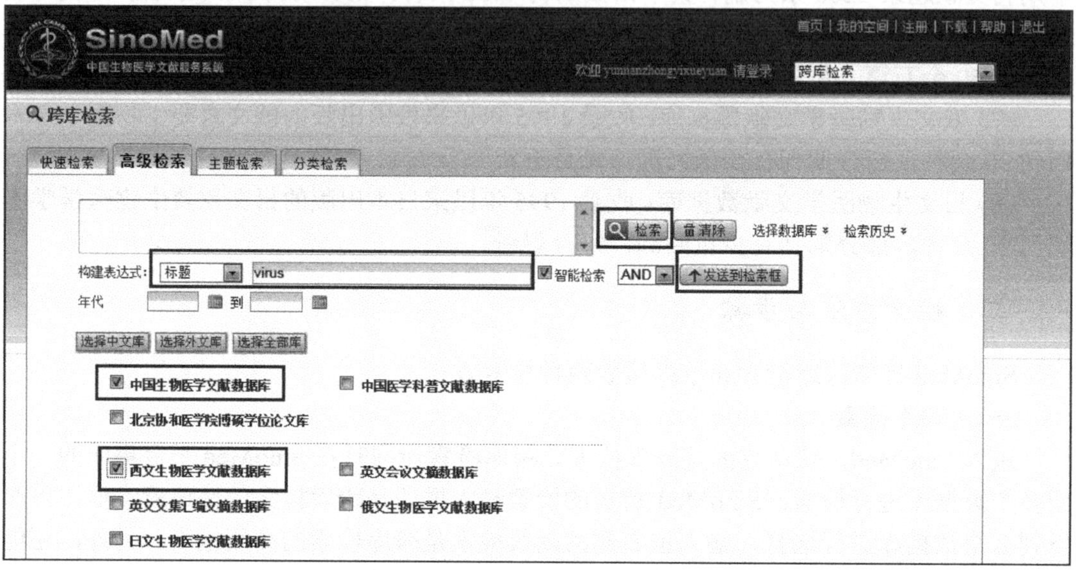

图 7-1-2　SinoMed 跨库高级检索

（二）单库检索

单库检索提供多种检索途径，如快速检索、高级检索、主题检索、分类检索、期刊检索、作者检索、机构检索、基金检索、引文检索等。下面以 CBM 数据库为例介绍各检索途径的具体使用方法。

1. 快速检索

SinoMed 中所有数据库均支持快速检索。快速检索是在数据库的全部字段内执行检索，且集成了智能检索功能，能将输入的检索词转换成表达同一概念的一组词的一种检索方式，在全部字段执行智能检索，即自动实现检索词、检索词对应主题词及该主题词所含下位词的同步检索。检索过程更简单，检索结果更全面。智能检索不支持逻辑组配检索。

【检索示例】检索有关“艾滋病”的文献。

在快速检索框内输入“艾滋病”，系统具体检索式为“艾滋病”[全字段]OR“获得性免疫缺陷综合征”[全字段]OR“后天性免疫缺陷综合征”[全字段]OR“AIDS”[全字段]OR“获得性免疫缺陷综合征”[主题词]（图 7-1-3）。

2. 高级检索

用于使用检索词在不同字段运用 AND、OR、NOT 构建逻辑检索表达式，可以进行限定检索（图 7-1-4）。

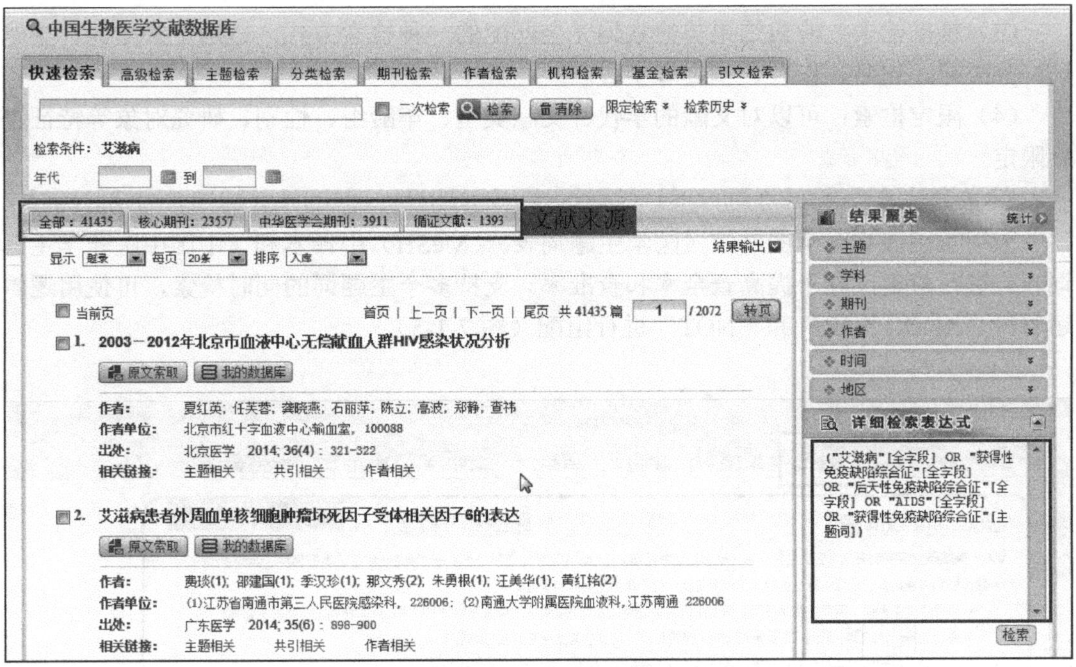

图 7-1-3　CBM 快速检索

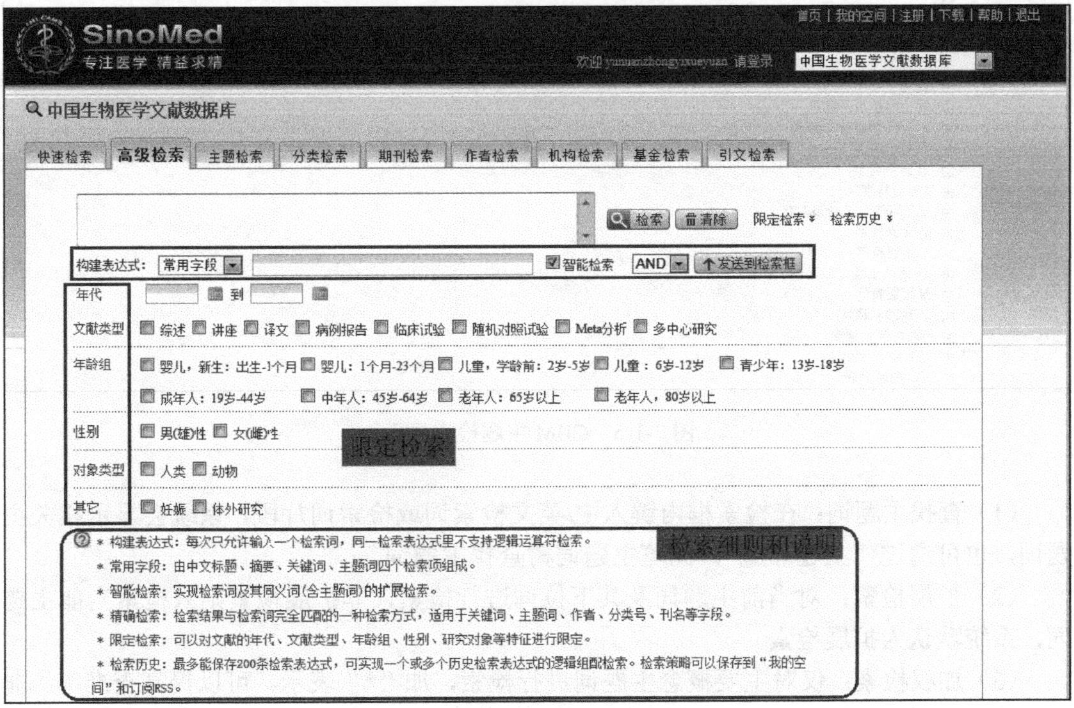

图 7-1-4　CBM 高级检索界面

（1）常用字段：由中文标题、摘要、关键词、主题词四个检索项组成。

（2）智能检索：通过勾选实现检索词及其同义词（含主题词）的扩展检索。

（3）精确检索：检索结果与检索词完全匹配的一种检索方式，适用于关键词、主题词、分类号、刊名、作者、基金等字段。

（4）限定检索：可以对文献的年代、文献类型、年龄组、性别、研究对象等特征进行限定。

3. 主题检索

采用美国国立医学图书馆《医学主题词表》（MeSH）中译本和《中国中医药学主题词表》进行检索，利于提高查全率和查准率。支持多个主题词的同时检索，可使用逻辑运算符“AND”“OR”和“NOT”进行组配（图 7-1-5）。

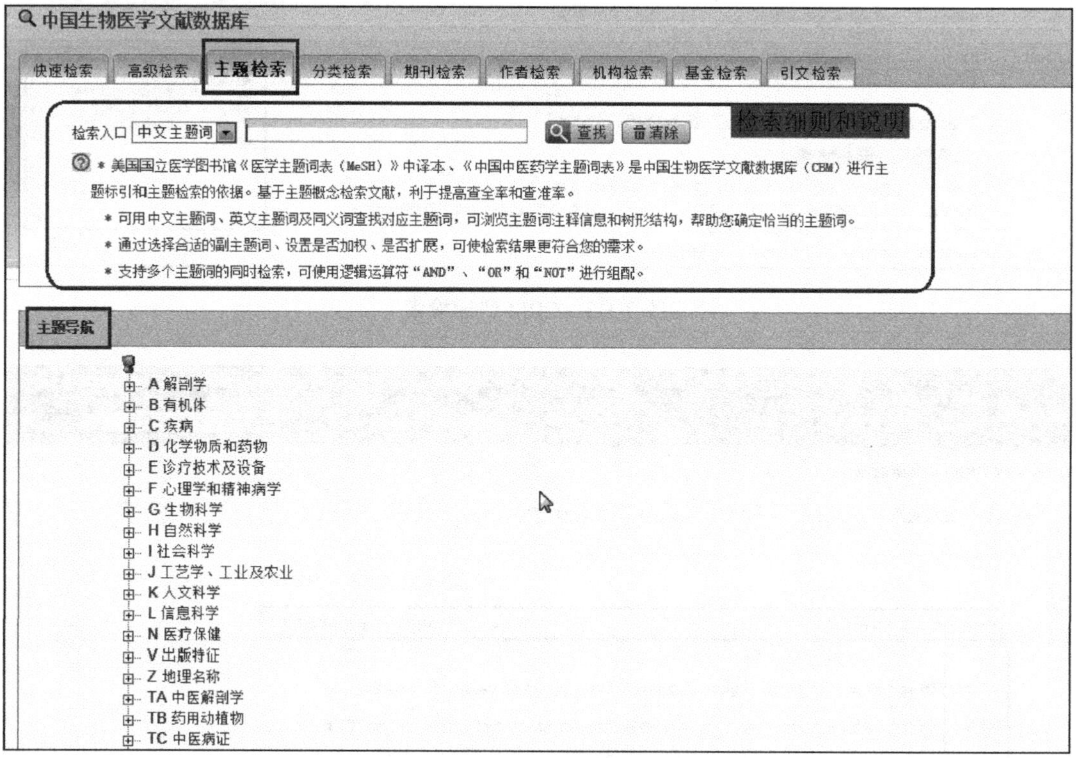

图 7-1-5 CBM 主题检索界面

（1）查找主题词：在检索框内键入中/英文检索词或检索词片段，系统会显示相关主题词，也可通过“主题导航”，浏览主题词树查找主题词。

（2）扩展检索：对当前主题词及其下位词进行检索，非扩展检索则只检索当前主题词，系统默认为扩展检索。

（3）加权检索：仅对主要概念主题词进行检索，加“*”表示，可以提高查准率。非加权检索则对加“*”的主要概念主题词和不加“*”的非主要概念主题词都进行检索。系统默认为非加权检索。

（4）组配副主题词检索：副主题词是检索系统所采用的主题词表预设的一些词语，与主题词组配使用，帮助查检者更为准确地描述该主题的某一特定方面，提高主题词的专指度。正确选择副主题词，可以更准确地查找所需文献。例如，“用药物治疗哮喘”可表示为“哮喘/药物治疗”。选择“扩展”检索组配当前副主题词及其下位副主题词进行检索；“不扩展”则只组配当前副主题词进行检索，系统默认为副主题词扩展检索。不选择任何副主题词，系统默认为是组配全部副主题词。

【检索示例】检索中医药治疗支气管肺炎的相关文献（图 7-1-6）。

第一步：选择主题检索，在检索框中输入“支气管肺炎”，单击检索，选择主题词“支气管肺炎”。

第二步：选择和中医药相关的“中医疗法”“中药疗法”等全部副主题，单击“发送到检索框”按钮，形成检索表达式：“支气管肺炎/按摩疗法/膳食疗法/气功疗法/穴位疗法/中药疗法/中医药疗法/中西医结合疗法/针灸疗法/中医疗法[不加权：扩展]”。

第三步：单击“主题检索”按钮。

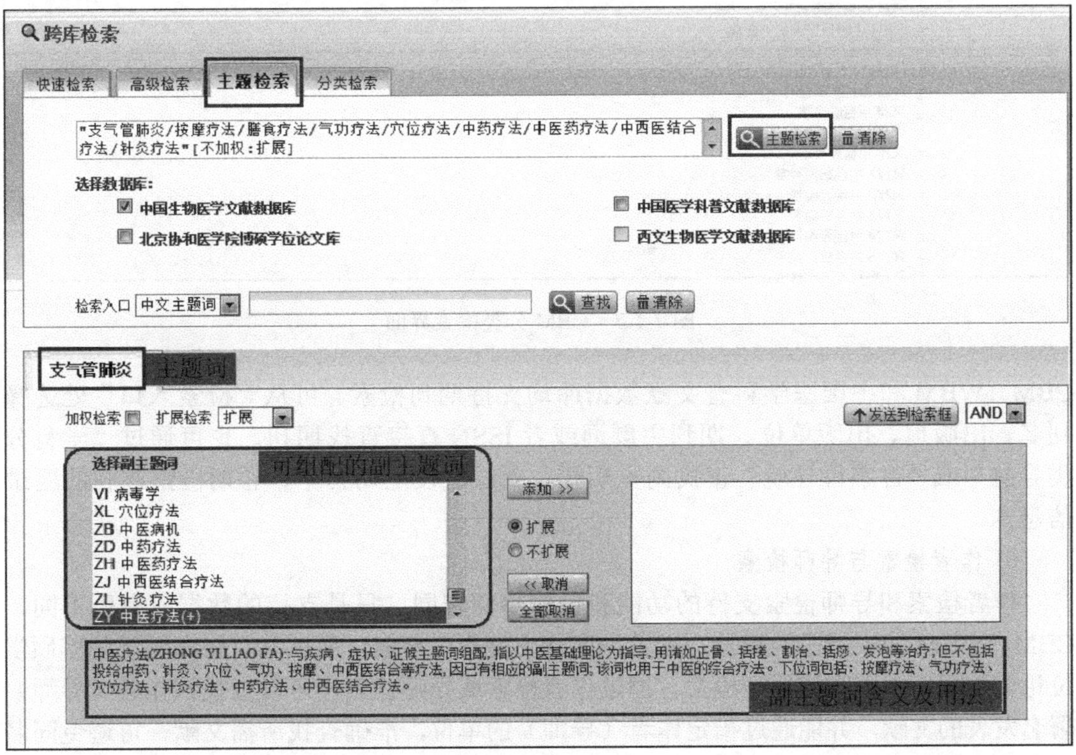

图 7-1-6 CBM 主题检索之选择副主题词界面

4. 分类检索

分类检索指按文献的学科内容进行分类检索，能发挥族性检索的优势。依据《中国图书馆分类法·医学专业分类表》进行分类，检索入口包括分类导航、类号和类名；可以同时查找多个分类号，用逻辑运算符“AND”“OR”和“NOT”组配检索。通过选择是否扩展、是否复分可使检索结果更为贴切（图 7-1-7）。

5. 期刊检索

期刊检索指通过期刊列表来检索文献信息，并能对期刊的发文情况进行统计与分析。

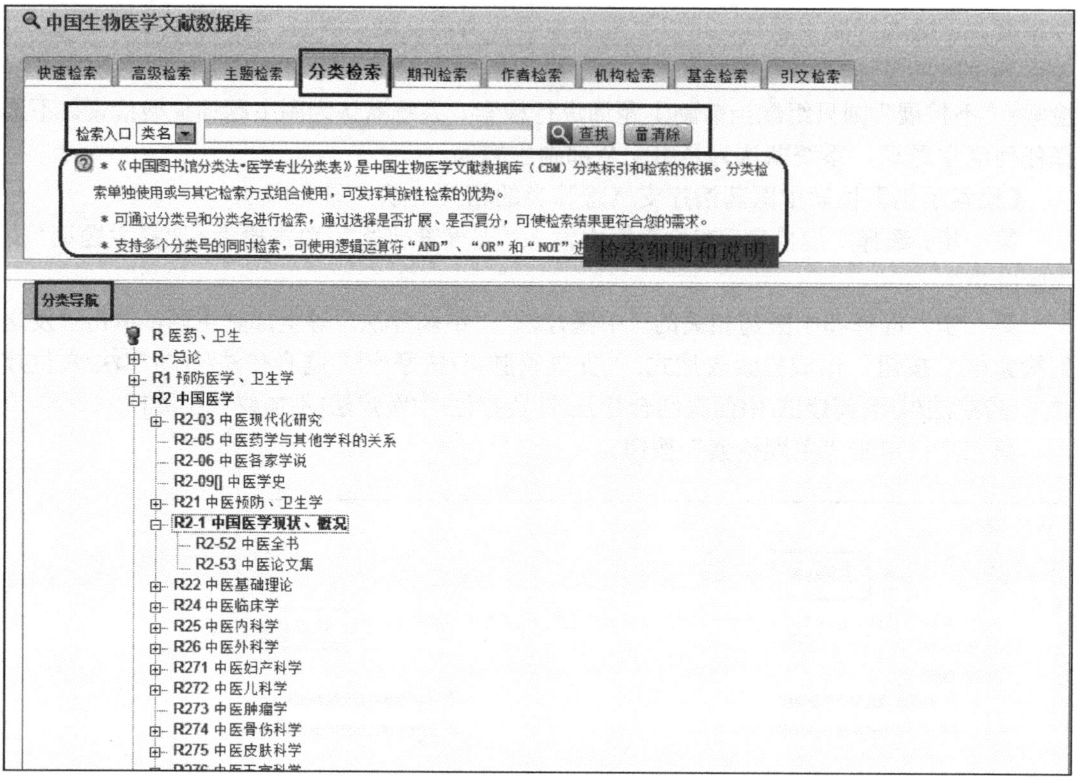

图 7-1-7　CBM 分类检索界面

CBM、WBM 和中国医学科普文献数据库均支持期刊检索。可从“检索入口”处选择刊名、出版地、出版单位、期刊主题词或者 ISSN 直接查找期刊，也可通过“学科分类导航”或“首字母导航”查找浏览期刊，或通过设定期刊年、卷期检索该刊的题录信息。

6. 作者检索与导师检索

作者检索和导师检索支持的功能和操作步骤相同，只是支持的数据库有所不同。CBM、WBM 和中国医学科普文献数据库均支持作者检索，而在北京协和医学院博硕学位论文数据库中则支持导师检索。通过作者检索或导师检索，可以查找该作者（导师）署名发表的文献，并能通过指定作者（导师）的单位，准确查找所需文献，可避免同名作者带来的检索困扰。

7. 机构检索

机构检索是 CBM 新增的功能，可以了解指定机构及作为第一机构时论文发表情况和被引用情况。通过输入机构名称查找机构，也可通过分类导航逐级查找。支持单字通配符（?）和任意通配符（%）检索，位置可以置首、置中或置尾。

8. 基金检索

基金检索是 CBM 新增的另一项功能，可帮助查检者查找特定基金项目成果发表情况。可通过输入基金名称或项目编号查找基金，也可通过分类导航逐级查找浏览。基金名支持单字通配符（?）和任意通配符（%）检索，位置可以置首、置中或置尾。

9. 引文检索

引文检索是 CBM 新增的一项重要功能。支持从被引文献题名、主题、作者/第一作者、出处、机构/第一机构、资助基金等途径查找引文，帮助查检者了解感兴趣的文献在生物医学领域的引用情况，详见第九章。

三、检索结果

（一）检索历史

系统将每次检索操作记录在“检索历史”中，包括序号、命中文献数、检索时间和检索表达式，每次检索最多保存 200 条检索表达式，可实现一个或多个历史检索表达式的逻辑组配检索。检索策略可以保存到“我的空间”和订阅 RSS。

（二）显示和输出

检索出的文献记录有题录格式、文摘格式和自定义 3 种显示方式。可以对记录排序，支持年代、作者、期刊、相关度、被引频次 5 种排序方式。支持打印、保存、E-mail 和写作助手 4 种检索结果。CBM 在检索结果页面还提供作者、期刊、主题词以及共引文献的相关链接（图 7-1-8）。

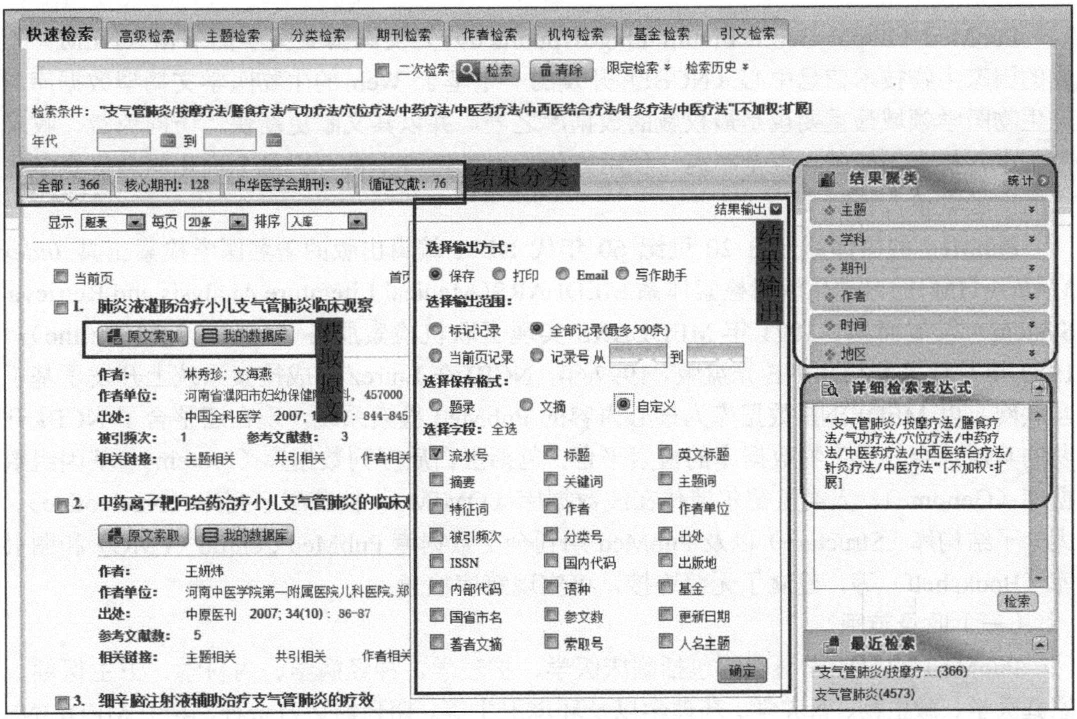

图 7-1-8　CBM 检索结果显示界面

（三）结果分析

SinoMed 提供检索结果分析功能，可从多角度（作者、出版时间、作者单位、来源期刊、加*主题词和文献类型）对检索出的文献进行分析，了解该领域的主要研究人员、研究热点、学科发展历史和趋势、领域核心期刊等信息。在检索结果界面，单击“结果聚类”右侧的“统计”，进入结果分析界面。此图可以保存或打印，支持保存为 TXT 或 Excel 格式文件。

（四）原文索取

在 SinoMed，可以通过两种方式进行原文索取：一为在检索结果页面直接索取；二为单击“原文索取”按钮进行原文索取，通过填写“全文申请表”“文件导入”等方式申请所需要的文献。SinoMed 将在发出原文请求后 2 个工作日内，以电子邮件、普通信函、平信挂号、传真或特快专递方式提供所需原文。1989 年以来的全文可直接链接维普科技期刊数据库获取，提供学位论文部分内容的在线阅读、免费全文直接获取、非免费全文多渠道链接及在线索取等服务，方便查检者经济、便捷地获取全文。

第二节　PubMed 检索系统

一、概述

PubMed（http://www.ncbi.nlm.nih.gov/pubmed）为美国国立医学图书馆（NLM）下属的国家生物技术信息中心（NCBI）开发的一个基于 Web 的生物医学文摘型数据库，是生物医学领域最重要也是最权威的数据库之一，并以其文献更新快、访问免费、收录范围广、检索功能强、查全率高、使用方便、外部链接丰富、提供个性化服务等众多优点而广受查检者青睐。

PubMed 的主体部分由 20 世纪 60 年代 NLM 编辑出版的著名医学检索工具 *Index Medicus*（IM）的自动化编辑检索体系 MEDLARS（Medical Literature Analysis and Retrieval System）发展而来。1971 年 MEDLARS 实现了联机检索服务（MEDLARS Online），1983 年发行了 MEDLINE 光盘版。1997 年，NCBI 在 Entrez 集成检索系统上开发了基于互联网，以 MEDLINE 数据库为核心内容的 PubMed 检索系统，现在还整合了 NCBI 开发的其他综合分子生物数据库的检索平台，包括蛋白质序列数据库（Protein）、基因组数据库（Genome）、人类孟德尔遗传在线数据库（OMIM）、核苷酸序列库（Nucleotide）、大分子结构库（Structure）以及 PubMed 期刊全文数据库 PubMed Central（PMC）和图书库（Bookshelf）等，建立了无缝连接，可实现跨库检索。

（一）收录范围

PubMed 收录的学科范围包括临床医学、护理学、神经病学、内科学、卫生保健、家庭医学、微生物、营养学、药理学以及环境卫生等。期刊约 2 万余种，其中 MEDLINE 收录了包括全世界 80 多个国家 5200 多种生物医学期刊的 2200 多万条文献记录（每周都在增长中），绝大部分可回溯至 1948 年，部分早期文献可回溯至 1865 年。PubMed 的部分文献可直接获取全文，包括来自 NLM 开发的免费生物医学数字化期刊全文数据库 PubMed Central（PMC）的文献和 Open Access（OA）期刊的文献，以及部分出版商提供的免费期刊文献等。每条记录都有唯一的识别号 PMID（PubMed Unique Identifier），这些记录主要有4种来源。

（1）MEDLINE：是PubMed的主体，文献记录均使用美国国立医学图书馆的《医学主题词表》（MeSH）进行主题标引，这些记录标注为[PubMed-indexed for MEDLINE]。

（2）In Process Citations：为加快报道速度，PubMed将尚未标引MeSH主题词、文献类型的最新文献记录先存入临时库中，完成加工处理后再转入MEDLINE，这些记录标注为[PubMed-in process]。

（3）Publisher Supplied Citations：由出版商直接提供的电子版文献，数据记录末尾标注为[PubMed-as supplied by publisher]。有些出版商允许在网络上提供正式出版前的文献，刊登此文献的杂志标注为[Epub ahead of print]。这样标记的数据，大部分进入"inprocess"，经过MeSH标引后再转入"indexed for MEDLINE"。由于MEDLINE不收录非生物医学文献，出版商提供的天体物理学、地质学等非生物医学期刊记录的其他文献就停留在PubMed临时库中，标记为[PubMed-as supplied by publisher]或[PubMed]。

（4）OLDMEDLINE：收录部分1966年以前出版且未被MEDLINE收录的文献记录，并标注为[PubMed-OLDMEDLINE]。

（二）PubMed的主要字段

PubMed的记录字段有60多个，可检索的字段有49个，表7-2-1为PubMed主要可检索字段的名称、字段标识（Tags）及字段含义。

表7-2-1 PubMed主要可检索字段

字段标识	字段名称	字段含义
[AD]	Affiliation	第一著者单位、地址
[AU]	Author	著者
[1AU]	First Author Name	第一著者
[CN]	Corporate Author	团体著者
[FAU]	Full Author Name	著者全名
[LASTAU]	Last Author	排名最后的著者
[IP]	Issue	期刊期号
[TA]	Journal	期刊名称（含全称、缩写、ISSN）
[PL]	Place of Publication	期刊出版国别
[VI]	Volume	期刊卷号
[DP]	Publication Date	出版日期
[LA]	Language	语种
[MAJR]	MeSH Major Topic	主要MeSH主题词，用*表示
[SH]	MeSH Subheadings	MeSH副主题词
[MH]	MeSH Terms	MeSH主题词
[OT]	Other Term	款目词（非MeSH主题词）
[PG]	Pagination	文献起止页码

续表

字段标识	字段名称	字段含义
[PS]	Personal Name as Subject	作为文献主题的人名
[PT]	Publication Type	文献类型
[ALL]	All Fields	所有字段
[SB]	Subset	数据子集
[TW]	Text Words	文本词，来自 TI、AB、MH、SH、PT 等字段
[TI]	Title	题名
[TIAB]	Title/Abstract	题名/摘要
[PMID]	UID	PubMed 文献唯一识别码
[PA]	Pharmacological Action	药理作用概念

（三）PubMed 主界面

PubMed的主界面上方为检索区，包括基本检索、高级检索（Advanced）及帮助（Help）。页面中部为 3 个功能区：使用介绍（Using PubMed）、工具（PubMed Tools）及更多资源（More Resources）。页面底部是 NCBI 资源总览及帮助内容总览。新增了 PubMed 共享平台（PubMed Commons）功能（图 7-2-1）。

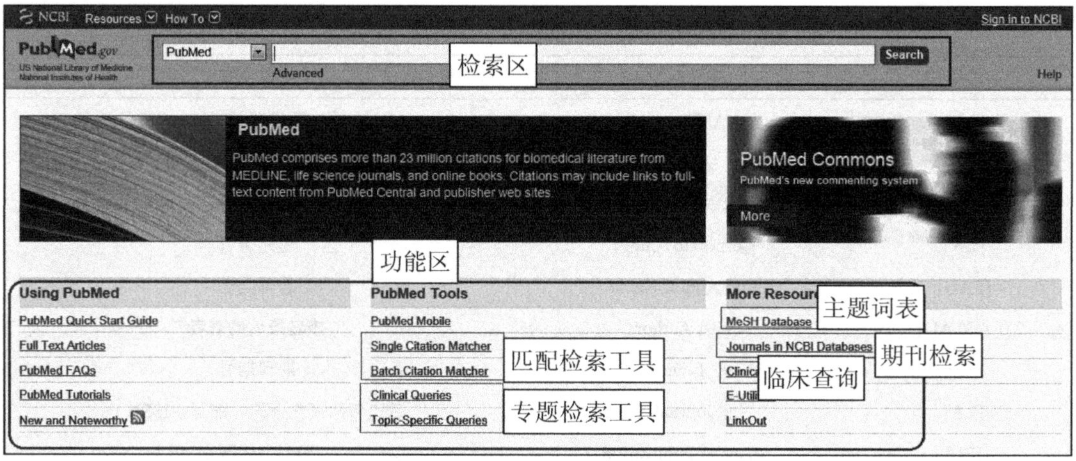

图 7-2-1 PubMed 主界面

二、检索方法与技术

（一）基本检索

基本检索包括自动词语匹配检索、著者检索、期刊检索、截词检索、短语精确检索、字段限定检索、布尔逻辑检索等。默认检索数据库为 Search PubMed，单击其右侧的下拉菜单，可选择 All Databases（所有数据库）或 NCBI 的其他数据库。在检索框中直接输入检索词、关键词、著者或刊名等，单击“Search”按钮，就可以得到相关结果。例如，在检索框内输入“anemia”（贫血），单击“Search”按钮，检索结果见图 7-2-2，单击每篇文章的标题可以查看该文章的详细信息。

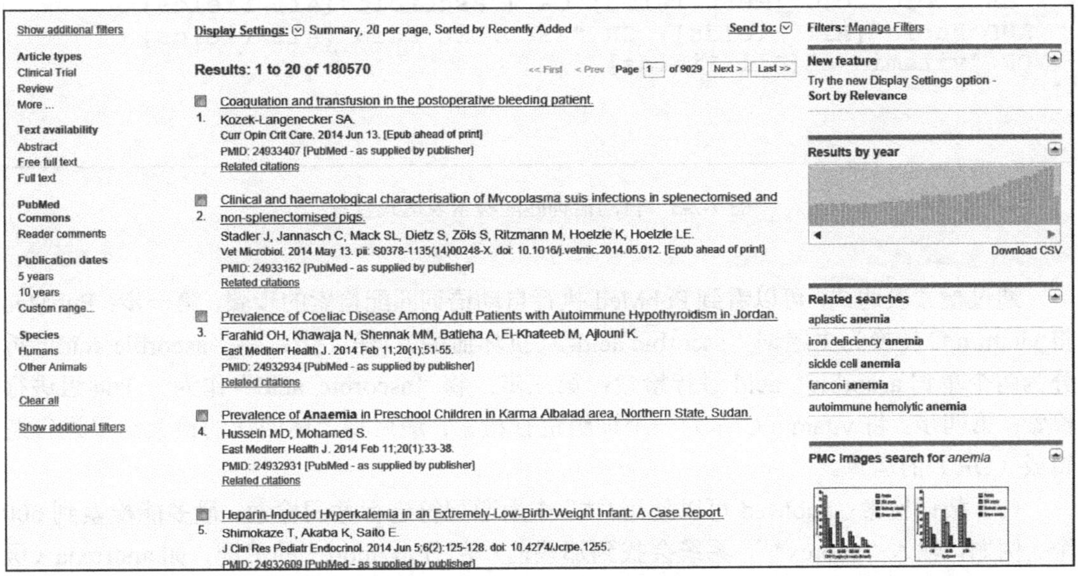

图 7-2-2　PubMed 检索结果

1. 检索规则

（1）逻辑运算符：PubMed 基本检索支持逻辑运算符逻辑与“AND”、逻辑或“OR”、逻辑非“NOT”。PubMed 逻辑运算符不区分大小写，但要注意逻辑运算符前后要各加一个空格。例如，输入 common cold AND vitamin C，表示将同时检索出包括普通感冒和维生素 C 两个检索词的文献。也可以输入检索式的序号进行布尔逻辑运算，例如，# 1 AND # 3。

（2）自动语词匹配检索（Automatic Term Mapping）：自动语词匹配检索是 PubMed 最具特点的功能，能够实现检索词在不同字段的自动匹配，使查检者以最简单的方式获得最佳的查全率和查准率。其原理是当输入检索词后，系统首先在多个索引表（包括 MeSH 转换表、刊名转换表、著者索引及转换表）中进行搜索、比对，并自动转换成相应的 MeSH 主题词、刊名或著者进行检索，再将检索词在所有字段（All fields）中检索，执行逻辑或“OR”的运算。例如，输入多个检索词或词组，系统会将其自动拆分为单个词进行逻辑与“AND”的检索。完成检索后，在检索结果显示页面右侧的 Search Details 框中，会详细显示系统执行自动词语匹配的实际检索式。

【检索示例】检索有关“vitamin C”（维生素 C）的文献。

在检索框中输入 vitamin C（维生素 C），单击“Search”按钮，在检索结果页面，查看“Search details”，可见实际检索表达式为：“ascorbic acid”[MeSH Terms]OR（“ascorbic”[All Fields]AND “acid” [All Fields]）OR “ascorbic acid” [All Fields]OR “vitamin c” [All Fields]，见图 7-2-3。

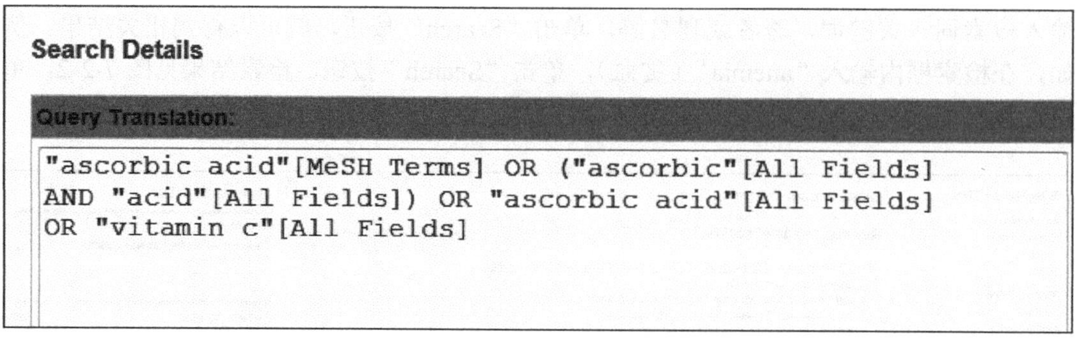

图 7-2-3　自动语词匹配检索表达式查看

通过检索表达式，可以看到 PubMed 执行自动语词匹配检索的步骤，第一步：PubMed 将 vitamin C 转换为主题词“ascorbic acid”（抗坏血酸）；第二步：将“ascorbic acid”拆分为两个单词 ascorbic、acid 进行检索；第三步：将“ascorbic acid”作为一个词组进行检索；第四步：将 vitamin C 作为一个词组进行检索；最后将上述四次的检索结果进行逻辑或（OR）的运算。

（3）截词检索：PubMed 可以使用“*”作为通配符进行截词检索，最多能检索到 600 个。例如，输入“anorex*”，系统会找到那些前一部分是 anorex 的单词，如 anorexia（厌食症）、anorexics（厌食症患者）、anorexigenic（食欲减退）等，并对其分别检索。

（4）短语精确检索：在 PubMed 主页的检索框中输入一个短语后单击“Search”按钮，系统会查找相应的匹配词后再进行检索。但是，当键入的短语无匹配词时，PubMed 就会将键入的短语断开后再重复上述自动词汇转换过程，若仍然没有匹配词，系统就将短语分解成单词，再用 AND 连在一起在全部字段中检索。显然，这样的检索结果是不符合查检者需求的，此时可以使用双引号（“”）来限定检索短语。例如，在 PubMed 中输入“vitamin C”，并用双引号引起来，然后单击“Search”按钮，系统会将其作为一个不可分割的词组在数据库的全部字段中进行检索，其具体检索表达式为：“vitamin c”[All Fields]。使用双引号检索，系统会自动关闭词汇转换功能。

（5）字段限定检索：采用“检索词[字段标识]”的形式，可以指定检索词在某一字段进行检索。可检索字段的标识见表 7-2-1。例如，要查找 PubMed 收录的所有中文文献，可在检索框输入 Chinese [LA]。

2. 著者检索

在检索框中输入著者姓名，PubMed 会自动执行著者检索。对于 2002 年以前的文献，要求输入的著者姓名为姓在前名在后，姓用全称，名用首字母，如输入“Smith JR”可检索出姓为 Smith、名的首字母为 JR 的所有著者文献；对于 2002 年以后的文献，可进行姓名全称检索，且姓名排列顺序不限，如输入 Smith JR 或者姓名全称 James R Smith，都可以检索出 2002 年以来该著者被 PubMed 收录的文献。对同名同姓的情况，可在输入姓名的同时，输入著者单位或文献主题，缩小检索范围。此外还可以采用字段限定检索来更加精确地限定检索结果。例如，“著者姓名[1AU]”的形式，如输入 Smith JR[1AU] 可检索出第一著者为 Smith JR 的文献。

3. 期刊检索

在检索框中输入期刊全称、MEDLINE 刊名缩写或者 ISSN，系统自动检索出 PubMed 收录的该刊所有文献，如“American journal of acupuncture”。若刊名与 MeSH 主题词相同，PubMed 执行的是 MeSH 主题词检索，为避免误检，可用“刊名[TA]”进行刊名字段限定检索。

（二）高级检索

高级检索由检索构建器（search builder）和检索历史（search history）组成，可完成复杂条件的检索需要，使检索过程更加清晰明了，提高检索效率。

（1）检索构建器：可以便捷地实现多个字段的组合检索，提高查准率。也可以结合检索历史，实现复杂的布尔逻辑运算检索。检索时先在下拉菜单中选择合适的字段（默认 All Fields），在检索框中输入检索词，然后选择布尔逻辑运算符（AND、OR、NOT），单击“Add to Search Box”，此时上方的基本检索框（Search Box）中即显示输入的检索词及逻辑运算符。重复上述步骤，即可完成检索构建，单击“Search”按钮，返回检索结果。

【检索示例】检索中药对糖尿病合并高脂血症影响的研究的文献（图 7-2-4）。

第一步：默认“All Fields”（全部字段），分别在第一个检索框中输入“traditional Chinese drug”，在第二个检索框中输入“traditional Chinese medicine”，在第三个检索框中输入“Chinese herbal”（都表示中药），逻辑关系均为 OR。

第二步：增加检索框，默认“All Fields”，输入“diabetes mellitus（糖尿病）”，选择逻辑关系 AND。

第三步：再增加检索框，默认“All Fields”，输入“hyperlipoidemia（高脂血症）”，选择逻辑关系 AND。

第四步：单击“Search”按钮，完成中药对糖尿病合并高脂血症影响研究的检索。

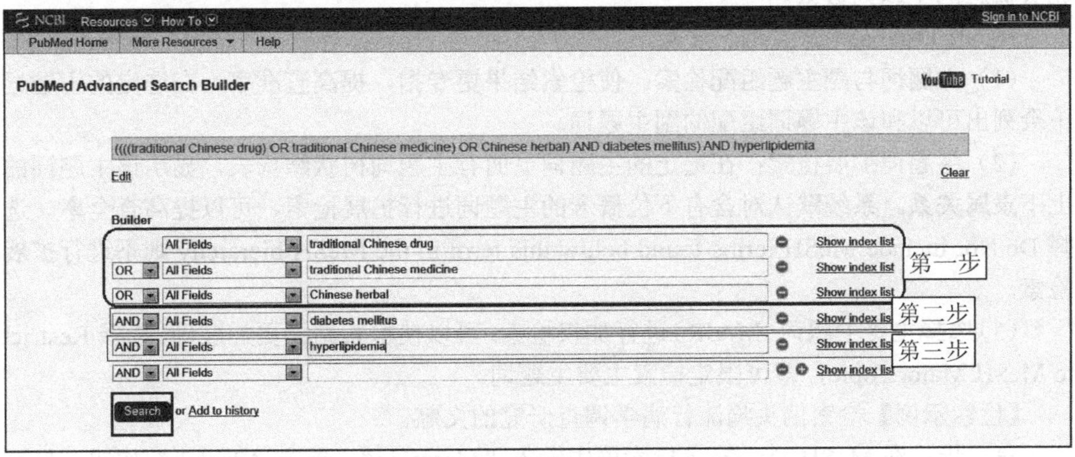

图 7-2-4 PubMed 高级检索

（2）检索历史：包括检索的次序、检索表达式、检索时间和检索结果数量。单击检索序号会显示 Options 选项，可以执行布尔逻辑运算（AND、OR、NOT），或 Delete from history（删除检索历史）、Show search results（显示检索结果）、Show search details（显示检索表达式）以及 Save in My NCBI（将检索表达式保存在 My NCBI 中）等不同操作，检索历史最多保留 8 小时。例如，原来已检索过 acupuncture（针灸）和 tennis elbow（网球肘），在检索历史中显示为#1 和#2 检索式，分别单击#1 和#2，选择 AND，即可形成针灸 AND 网球肘的检索式，点击“Search”可查找针灸治疗网球肘的文献（图 7-2-5）。

History 检索历史　　Download history　Clear history

Search	Add to builder	Query	Items found	Time
#2	Add	Search tennis elbow	1615	09:48:39
#1	Add	Search acupuncture	20776	09:48:19

图 7-2-5　PubMed 检索历史

（三）专栏工具

1. 主题词检索（MeSH Database）

在 PubMed 主页面或高级检索页面的 More Resources 栏目下单击 MeSH Database，即可进入主题词数据库检索页面。

《医学主题词表》（Medical Subject Headings，MeSH）是美国国立医学图书馆编制的规范化的可扩充的动态权威性主题词表。MeSH Database 提供基于 MeSH 词表的主题检索。很多其他的生物医学检索系统都学习和借鉴 MeSH 的主题词标引。MeSH Database 能指引查检者使用规范化的医学术语（主题词）进行检索，以提高查准率。查检者可以输入任意的检索词，MeSH Database 会提示查检者，该词是入口词还是主题词，并显示相关概念的主题词数量。

MeSH Database 提供如下检索。

（1）主题词与副主题组配检索：使检索结果更专指，提高查准率。在选定的主题词下会列出可以和该主题词组配的副主题词。

（2）主题词扩展检索：在选定的主题词页面有主题词树状结构表，显示该主题词的上下隶属关系。系统默认对含有下位概念的主题词进行扩展检索，可以提高查全率。选择 Do Not include MeSH terms found below this term in the MeSH hierarchy 则不进行扩展检索。

（3）选择主要主题词（MAJR）进行加权检索：可以使检索结果更加准确。选择 Restrict to MeSH Major Topic，即可限定检索主要主题词。

【检索示例】检索偏头痛流行病学调查研究的文献。

第一步：在 MeSH Database 检索框中输入“Migraine”，单击“Search”按钮，显示偏头痛的 MeSH 主题词是 Migraine Disorders，单击该词进入主题词细览页面。

第二步：在主题词浏览界面上（图 7-2-6）列出了可与偏头痛组配的副主题词，勾选其中的副主题词“epidemiology”，再单击“Add to search builder”，逻辑关系为 AND，单击“Search PubMed”按钮即可得到检索结果。

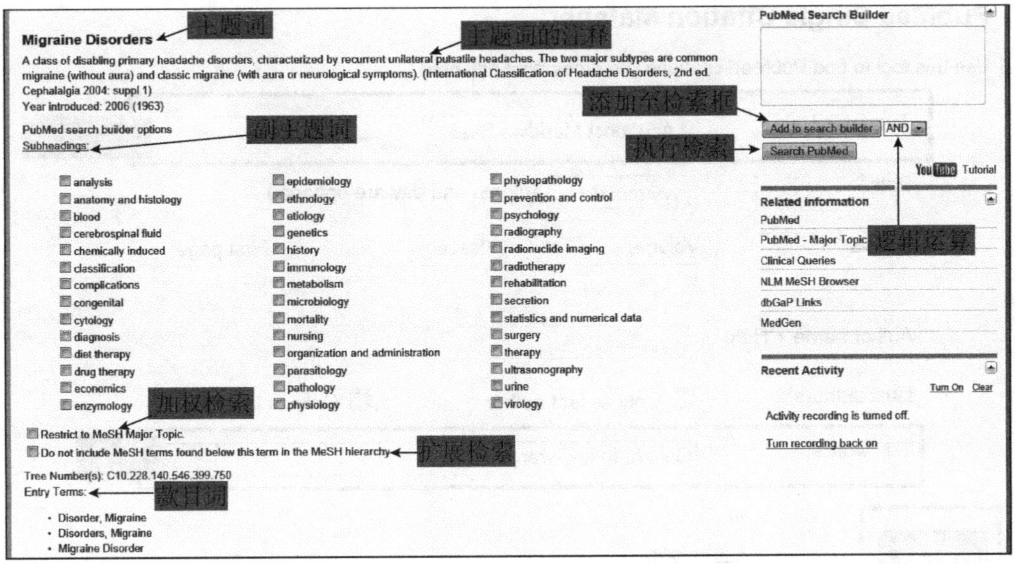

图 7-2-6　PubMed 主题检索中主题词界面

如果检索课题涉及多个主题词，可以先分别对每个主题词进行检索，再在高级检索的检索历史中用检索序号进行布尔逻辑组配检索；也可以通过主题词检索页面输入主题词后单击“Add to search builder”，选择逻辑组配关系词 AND、OR、NOT，加入检索框中，重复以上步骤，直到检索式完成再进行检索。

需要注意的是，主题词检索也有一些缺陷。首先，主题词检索只能检索经过主题词标引的 Indexed for MEDLINE 的文献，没有经过主题词标引的“inprocess citations”“supplied by publisher”等文献不支持主题词检索。因此，主题词检索可能漏掉那些已经入库，但尚未进行主题词标引的最新文献。其次，虽然 MeSH 定期更新主题词表，但一些新兴主题还是不能及时加入词表成为主题词，不利于检索新兴主题的文献。因此，在检索过程中，不应一味拘泥于使用主题词检索，应根据课题特点灵活选择不同的检索途径。

2. 单篇引文匹配器（Single Citation Matcher）

主要用于在已知某篇文献的标题、著者、发表期刊等部分信息的情况下查找特定的文献信息。在 PubMed 主页面的“PubMed Tools”栏目下单击“Single Citation Matcher”，即可在系统给出的选项中输入任何已知的信息进行检索，包括刊名信息、出版年月、卷、期、起始页码、作者、篇名中的任意词。

【检索示例】已知《针灸和经络研究》（*J Acupunct Meridian Stud.*）杂志上发表过一篇关于桂枝茯苓丸（Gui-zhi-fu-ling-wan）的文章，欲检索这篇文献的题录。

第一步：在 Journal 栏输入“J Acupunct Meridian Stud”（图 7-2-7）。

第二步：在 Title words 栏输入“Gui-zhi-fu-ling-wan”。

第三步：单击“Search”按钮，可得文献题录。

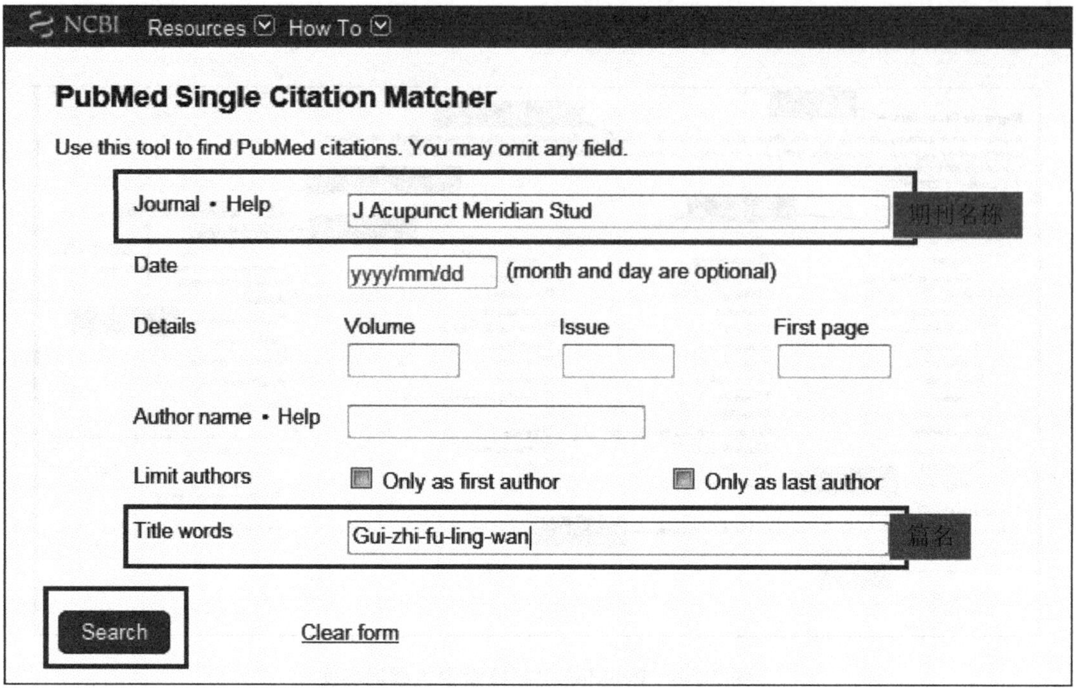

图 7-2-7　PubMed Single Citation Matcher 检索界面

3. 临床查询（Clinical Queries）

在 PubMed 主页面的“PubMed Tools”栏目下单击“Clinical Queries”即可以进入临床查询检索界面。该界面是专门为临床医生查找临床文献而设的检索途径，Clinical Queries 主页提供了 3 种常用的检索服务。

（1）Clinical Study Categories（临床研究分类）：用于查找疾病的 etiology（病因）、diagnosis（诊断）、therapy（治疗）、prognosis（预后）以及 clinical predictions guides（临床预报指南）等方面的文献，同时综合考虑检索结果的可分为两种：Broad（sensitive search），查全率较高；Narrow（specific search），查准率较高。

（2）Systematic Reviews（系统评价）：用于检索 systematic reviews（系统评价）、meta analysis（meta 分析）、reviews of clinical trials（临床试验评价）、guidelines（临床指南）等循证医学相关文献信息。

（3）Medical Genetics（医学遗传学）：用于检索疾病的遗传学方面的文献，包括 all（所有）、diagnosis（诊断）、differential diagnosis（鉴别诊断）、clinical description（临床描述）、management（处理）、genetics counseling（遗传咨询）、molecular genetics（分子遗传学）、genetics testing（遗传测试）等选项。

4. 期刊数据库检索（Journals Database）

在 PubMed 主页面或高级检索页面的“More Resources”栏目下单击“Journals in NCBI Database”，进入期刊数据库检索，可查询 PubMed、Entrez 平台或 NLM 收录的期刊信息，既可以按学科（Subject Term）进行浏览，也提供主题（Topic）、刊名全称、MEDLINE 刊名缩写、ISSN 等途径检索。

【检索示例】PubMed 收录了哪些针灸方面的期刊及详细信息（图 7-2-8）。

第一步：在 Journals Database 检索页面的检索框中输入“acupuncture（针灸）”，单击“Search”按钮可查到相关期刊信息。

第二步：单击右侧的“Find related data”，选择“PubMed”，单击“Find items”，即可查找检索到的这些期刊中收录的文献信息。也可以勾选某一期刊，单击“Add to search builder”，再单击“Search PubMed”，查找所选期刊收录的文献信息。

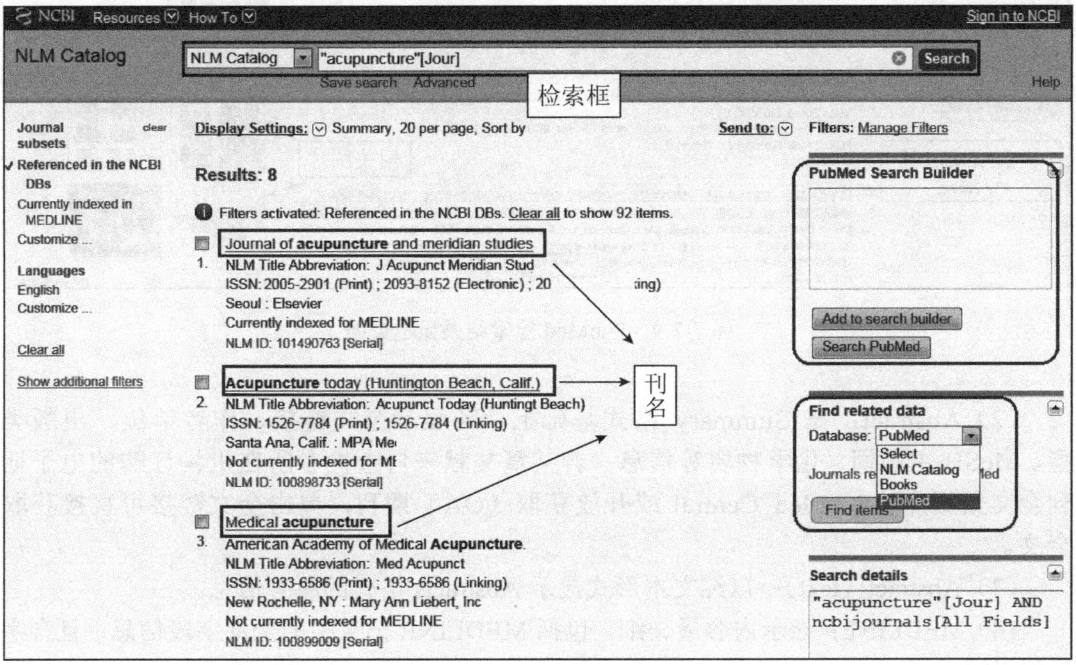

图 7-2-8　期刊数据库检索

三、检索结果

（一）检索结果显示及排序

PubMed 系统执行检索后，会产生一个命中记录的集合，显示检出文献的总篇数、可获得的免费全文篇数及所含综述文献篇数；还提示与检索词相关主题的其他检索词、详细的后台执行的检索策略，以及同一检索词的跨库检索等。单击 Display 下拉菜单，可选择不同显示格式、每页显示的条数以及检索结果排序方式。系统默认为 Summary 格式，包括每篇文献的篇名、著者、刊名、出版年月及卷期页码、PMID 号、记录状态、相关文献（Related Articles）链接，如果该篇文献可以免费获取全文，则有 Free Article 链接（图 7-2-9）。

除默认的 Summary 格式，检索结果的显示格式还包括以下几个。

（1）Summary（text）：以纯文本形式显示 Summary 格式的所有信息，方便导入 Microsoft Office 或 WPS 等办公软件，也可以另存为 txt 格式文件或 html 格式文件。

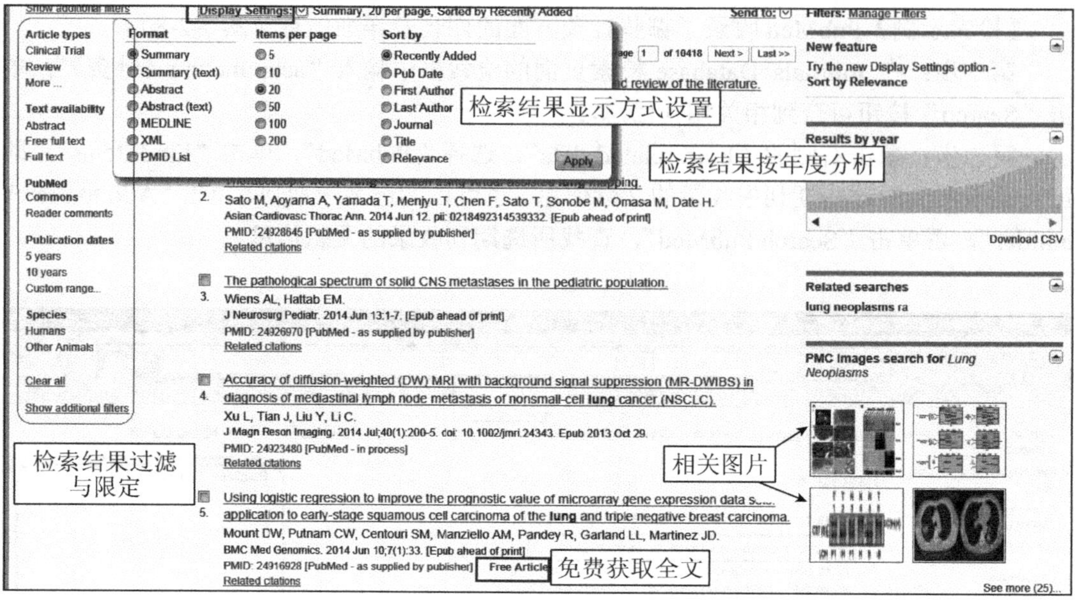

图 7-2-9　PubMed 检索结果显示页面

（2）Abstract：在 Summary 格式基础上，还显示全文链接、作者单位、出版类型、MeSH 主题词、化学物质等信息。若某篇文献来自查检者所在机构订购的电子期刊全文数据库、PubMed Central 或开放获取（OA）期刊，单击全文链接可直接获取全文。

（3）Abstract（text）：以纯文本形式显示 Abstracts 格式的所有信息。

（4）MEDLINE：显示内容最详细，包括 MEDLINE 记录中的全部字段信息，且含字段标识符。

（5）XML：显示 XML（可扩展标记语言）格式的记录信息，方便将检索结果作为网络数据在 Web 上进行转换和描述。

（6）PMID List：仅显示每条记录的 PMID 号。

（二）检索结果保存及输出

PubMed 提供多种保存及输出检索结果的方式，单击检索结果显示页面的“Send to”，弹出“Choose Destination”下拉菜单，有以下选择。

（1）File：将选中的文献记录以文件形式保存，格式可以选择 Summary（text）、Abstract（text）、XML、MEDLINE、PMID List、CSV 等。MEDLINE 格式保存支持检索结果导出到 EndNote、NoteExpress 等文献管理工具。

（2）Clipboard：将选中文献记录保存到剪贴板中，最多可保存 500 条记录，最长保存时间为 8 小时。选择输出到 Clipboard，单击“Add to Clipboard”，系统会提示有多少篇文献被暂存到剪贴板中，同时“Send to”菜单右侧会显示“Clipboard”（超链接）图标，单击该图标可以查看暂存文献信息。

（3）Collections：注册了 My NCBI 帐号的查检者可以选择“Collections”把检索结果保存到 My NCBI 中，方便以后处理数据。

（4）E-mail：将选中的文献记录直接发送到指定的电子邮箱中，选择显示格式及排序方式，然后输入电子邮箱地址即可。一次最多可发送 200 条文献记录。

（5）Order：若检索者无法获取选中文献的全文，可以单击 Order 向 NLM 的 Loansome Doc 文献传递系统订购全文，需要付费使用。

（6）My Bibliography：此输出方式需要检索者注册登录 My NCBI 帐号。此外，在检索结果显示页面，检索区上方有 RSS Feed 图标，单击 RSS 图标，再单击“Create RSS”，可以订阅 RSS Feed，随时浏览追踪这一检索策略的最新检索结果。

（7）Citation Manager：可将检索结果导出到文献管理软件中，如 EndNote、ProCite、Reference Manager 等。

（三）检索结果的记录显示

包括文献的出处、篇名、作者、文摘、全文链接、文献在 PubMed 中的唯一标识以及文献的外部链接，见图 7-2-10。

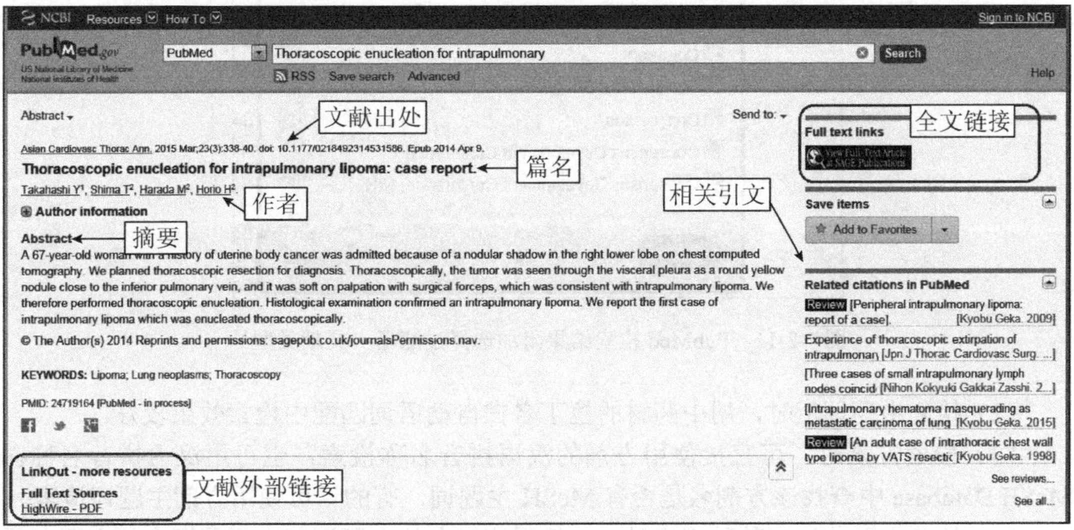

图 7-2-10 PubMed 检索结果记录显示页面

（四）检索结果的限定和过滤

在 PubMed 检索结果界面左侧有一些可以对检索结果进行过滤或限定的选项。例如，Article types（文献类型），用于限定文献的出版类型（图 7-2-11）；Text availability（可提供的文本），可限定文摘、免费全文、全文文献；PubMed commons（PubMed 评论）；Publication dates（出版时间）；Species（物种）等。如果相关限定条件还不够，可以单击“Show additional filters”（显示更多过滤器），勾选其他限定条件。

四、在 PubMed 系统检索中医药文献的技巧

（1）检索中医词汇时，可充分利用 PubMed 的自动语词匹配功能，查看系统自动匹配的相关主题词。

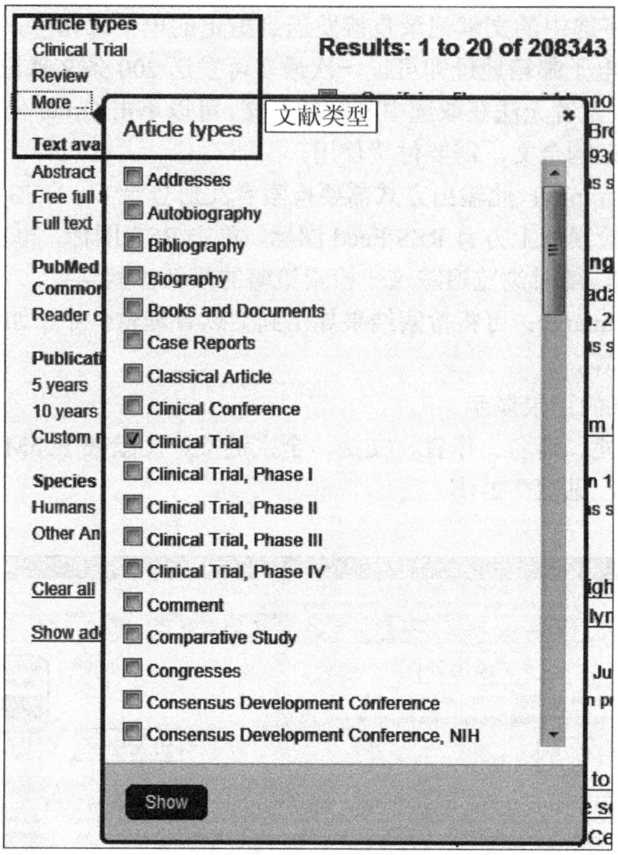

图 7-2-11 PubMed 检索结果附加选择过滤器（文献类型）

（2）检索中药词汇时，用中药材的拉丁名在自动语词匹配中检索效果较好。

（3）检索方剂时，可直接使用方剂的汉语拼音名称检索，也可用汉语拼音名称在 MeSH Database 中查找该方剂名是否有 MeSH 主题词，有的话可使用方剂主题词检索。

（4）检索中医药治疗某种疾病时，一般用疾病名的主题词和中医药概念的主题词或自由词组配检索。常用的中医药概念的主题词有“Drugs”“Chinese Herbal”（中药）、“Plant extracts”（植物提取物）、“Medicine”“Chinese Traditional”（中医）、“Acupuncture”（针灸）、“Acupuncture Therapy”（针灸治疗）等。自由词如“Herbal”（草药）、“Chinese Herbal”（中草药）等。

第三节　其他文摘数据库

一、西文生物医学期刊文献数据库（康健）

（一）概述

西文生物医学期刊文献数据库（Foreign Medical Journal Service，FMJS）（http://tsg.

hnsrmyy.net/fmjslan/）为“十一五”国家重点电子出版物项目，是由卫生部主管，中华医学会主办，北京康健世讯科技有限公司承办，中华医学电子音像出版社出版的知识情报服务平台。收录了 1995 年至今的外文生物医学期刊 31 291 余种，涵盖全部 MEDLINE 期刊 5400 余种、文摘数据总量超过 2300 万条，其全部数据资源基于免费开放的 PubMed 资源、OA 资源以及其他免费资源，方便国人使用的一站式检索服务平台，数据每天更新，内容涉及医学、医学生物学、药学、药物化学、卫生保健及医学边缘学科等各领域。

（二）检索方法与步骤

1. 文本词检索

通常作为检索入口，不仅是指对题名、关键词和摘要内的词进行检索，而且可以对输入词进行主题词自动匹配并对主题词扩充检索。文本词检索帮助检索到更多的文献，提高文献的查全率和查准率。例如，要查找上呼吸道感染的文献，在文本词检索页面输入自由词“Upper respiratory tract infection”（上呼吸道感染），单击“Search”按钮即可查到相关文献（图 7-3-1）。

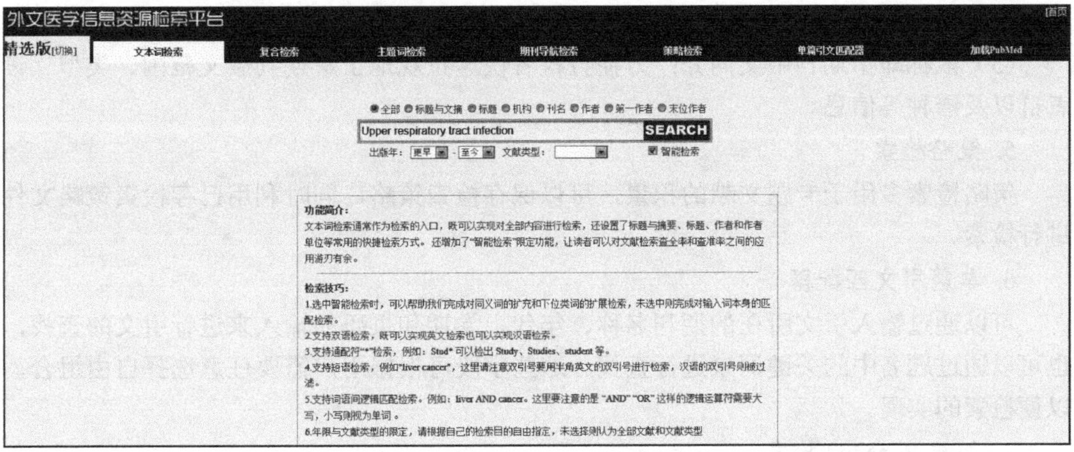

图 7-3-1　FMJS 文本词检索界面

2. 主题词检索

FMJS 使用《医学主题词表》（Mesh）对文献进行标引，使查检者方便地运用医学主题词，享受专业化的检索，在提升查准率的同时，更加快速、便捷地找到所需文献。

（1）主题词导航：FMJS 提供主题词中英文对照显示，直观地展现出人体系统和疾病分类等每个主题词及其在树状结构中的位置，方便查检者准确、快捷地使用主题词。选定主题词后，查检者可以选择主要主题词检索及主题词扩充检索，也可以组配副主题词检索。

（2）汉化的主题词检索：FMJS 的汉化主题词检索，支持直接输入中文主题词，但所输入的必须是标准化的中文主题词，如“肝肿瘤”，就不可输入“肝癌”进行检索。

3. 复合检索

复合检索在有些系统中又称“高级检索”，用于较为复杂的多检索项逻辑运算检索，检索词末尾可以使用截词符“*”；可对题名、关键词、刊名、摘要、作者、机构、ID 号等字段运用逻辑运算符进行较为复杂的多检索项逻辑运算检索，又可以精确地对研究对象、文献类型、语种、年龄组等进行限定检索。

4. 期刊导航检索

FMJS 的期刊导航检索，支持直接输入刊名、关键词、分类、ISSN 等检索，方便查检者查阅期刊详细信息。

（1）学科导航树：依学科分类，便于查检者快速查找某学科分类下各疾病相关期刊。

（2）期刊过滤器：可依据所需，勾选相应的期刊过滤类型，单击“开始检索”，即可一次性地过滤出系统中期刊信息资源，如 SCIE 期刊、MEDLINE 期刊、OA 期刊、临床核心期刊等。

（3）刊名首字母排序：对所收录的期刊刊名首字母进行排序，便于查检者模糊查找不确定名称的期刊。

（4）期刊影响因子排序：通过对期刊影响因子的高低排序，帮助查检者快速查找某学科核心期刊。

（5）鼠标即指期刊中文简介：方便查检者快速直观地了解期刊载文范围、类型、读者群以及语种等信息。

5. 策略检索

策略检索多用于专题文献的积累，可以保存检索策略，同时利用已存检索策略文件进行检索。

6. 单篇引文匹配器

可以通过输入引文所在的期刊名称、年代、卷期和页码的输入来进行引文的查找，也可以通过题名中的关键词来进行查找。这些字段可根据用户需要任意选择自由组合，以便检索的实现。

7. 加载 PubMed 检索

此功能可以方便地让查检者在 PubMed 与 FMJS 之间切换，查检者可以通过 PubMed 检索，将检索结果保存后加载到 FMJS 系统中。

（三）检索结果

FMJS 的检索结果界面除了显示题名、著者、机构、出处、语种、摘要等，还具有强大的链接和过滤功能（图 7-3-2）。

1. 字段链接检索

检索结果中“作者”“刊年卷期”“英文关键词”“中文关键词”字段以蓝色字体显示，这些字段皆可以进行相关链接，当光标移动到有关检索词后，该词变为红色，单击即可得到检索结果。

2. 文献评价工具

FMJS 通过强大的 IT 技术和基于语义的链接能力，将多项医学文献评价工具、智能化网络搜索引擎（如 PubMed、SCI、Google Scholar、同行评议等）无缝地连接在一个系

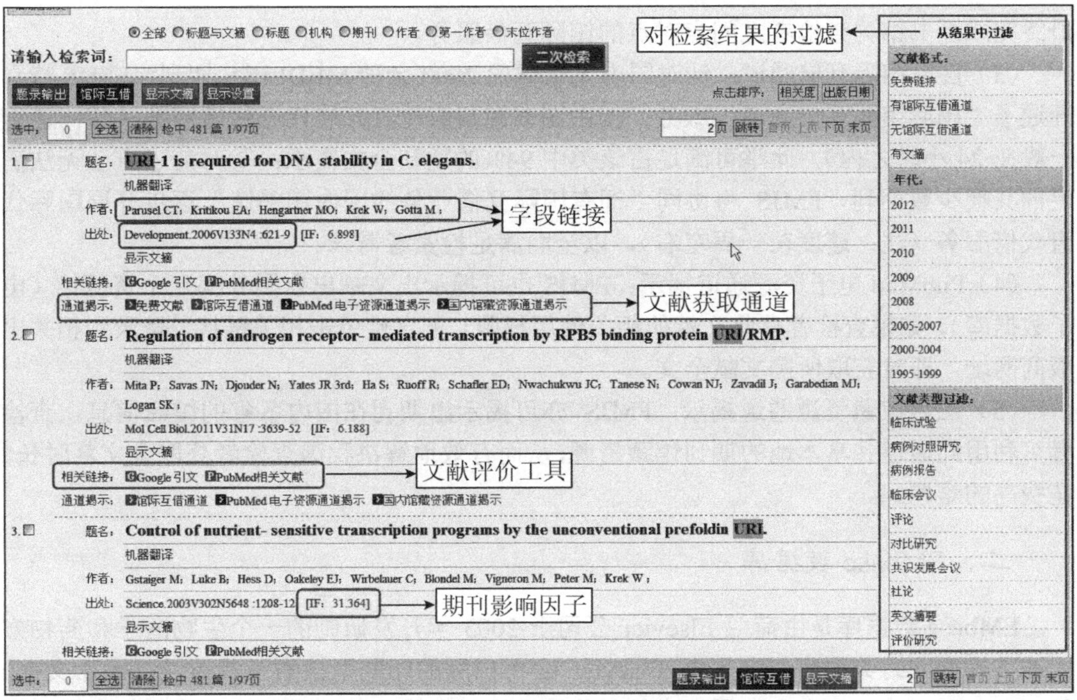

图 7-3-2　FMJS 检索结果界面

统中，对检出的文献来源进行权威性分析、引用关系分析、质量鉴别，实现对医学文献垃圾信息的淘汰和质量重要性的评价，帮助快速地在全球的学术研究中找到最前沿、最相关和最有价值的临床医学情报信息。

（1）SCI 期刊查收：可帮助查检者快速查明文章的 SCI 收录情况（引用情况可以通过个性化服务实现）。

（2）Google 引文：可方便查检者即时了解文章的引用情况。

（3）PubMed 相关文献：指在研究内容上相似或相关的文献，利于查检者查找更全面的文献资料。

（4）同行评议（F1000）：是新一代发现和评价生物学与医学文献的最新工具，使医学科研人员保持与本学科专业的前沿视野一致的网络文献评价工具。

3. 文献过滤器

FMJS 提供多项文献过滤器，可快速过滤出检索结果中的同行评议、循证医学、免费文献、系统综述、文献综述五类文献，便于查检者在最短的时间内快速获取所需文献。

4. 获取全文

FMJS 集中揭示了文献的多种全文获取通道。

（1）免费文献：FMJS 整合了约 3000 余种 OA 期刊文献，查检者通过标识，可直接单击相关链接，快速获取互联网上公开的免费文献，此举顺应了国际上提出的无障碍和公开获取情报文献的发展趋势。

（2）馆际互借通道：FMJS 集中揭示了国内各大馆藏图书馆进口的近 3300 余种纸版刊资源的馆藏出处，查检者需向拥有使用权限的馆藏图书馆提交“全文馆际互借申请”，最终完成图书馆与查检者之间点对点的馆际互借服务。

（3）国际馆际互借通道：针对国内无馆藏的2000余种MEDLINE期刊，FMJS特别开通了“国际馆际互借通道”服务：①由图书馆帮查检者开展代查代借服务（注：速度一般在24小时之内），此举可满足占该类中94%的期刊全文需求；②对前述方法无法满足的其他少数期刊，FMJS将协同“拥有国际互借业务的国内图书馆”逐步开展国际代查代借服务（注：速度在一周左右），以全面满足检索者需求。

（4）PubMed电子资源通道揭示：FMJS也可揭示出文献出自国外哪几个资源馆（电子数据库），如果查检者有此文献的相关使用权限，可直接单击相关链接，登录到相关出版商网址，即时获取所需文献全文。

（5）国内馆藏资源通道揭示：FMJS亦可揭示出期刊在国内各省的馆藏信息，查检者可利用此通道共享本地的期刊馆藏资源，从而有效地解决我国查检者获取全文耗时长、花费高的难题。

二、EMbase数据库

EMbase数据库是由荷兰Elsevier公司于2003年开发研制的一个生物医学和药物方面的文摘型网络数据库。它是由Elsevier公司出版的印刷型检索工具荷兰《医学文摘》（Excerpta Medica，EM）发展而来的，将该公司前期推出的EMbase（1974年推出）中1100多万条生物医学记录与900多万条独特的MDELINE记录（1966年推出）相结合。EMbase囊括了90多个国家/地区出版的7600多种刊物，每日更新2000余条记录，每年增添60多万条记录，覆盖各种疾病和药物信息，形成了全球最大的生物医学与药学文献数据库。与PubMed不同的是，它收录了大量欧洲和亚洲医学刊物。

三、SciFinder数据库

SciFinder是美国《化学文摘》（Chemical Abstracts，CA）的网络版，由美国化学会（American Chemical Society，ACS）下属的化学文摘服务社（Chemical Abstracts Service，CAS）出版发行。它含括了化学文摘创刊以来的所有内容，更整合了MEDLINE医学数据库、欧洲和美国等近61多家专利机构的全文专利资料等，收录了56种文字出版的涵盖应用化学、化学工程、普通化学、物理、生物学、生命科学、医学、聚合体学、材料学、地质学、食品科学和农学等诸多领域的期刊论文、新书、视听资料等资源。SciFinder数据库有SciFinder和SciFinder Scholar两个版本。其中SciFinder Scholar是SciFinder的大学版本，主要针对大学研究人员、教师和学生群体而设计，以提供简单方便的多学科大范围检索著称。

四、BP数据库

BP（BIOSIS Preview）数据库由美国生物科学信息服务社（BIOSIS）生产的世界著名的有关生命科学的文摘型数据库，是检索有关生命科学研究文献（期刊、会议、美国专利）的重要工具。

该数据库对应的出版物是《生物学文摘》（Biological Abstracts，1969年至今）、《生物学文摘/报告、评述、会议录》（Biological Abstracts/RRM，1980 年至今）和《生物研究索引》（BioResearch Index，1969～1979 年）。BP 收录世界上 100 多个国家和地区的 5500 多种期刊和 1650 多个会议的会议录和报告、专著和美国的专利信息等，每年大约增加 28 万条记录。该数据库涵盖所有生命科学相关领域，内容偏重于基础和理论方法的研究，包括生物学、植物学、动物学、临床和实验医学、遗传学、免疫学、微生物学、营养学、寄生虫学、病理学、药理学、生理学、公共健康、兽医学等。

思考练习题

1. 利用中国生物医学文献服务系统（SinoMed）检索青蒿素的研究进展。
2. SinoMed 的检索功能在哪些方面与 PubMed 类似？
3. 简述 PubMed 自动语词匹配检索的优缺点。
4. 利用 SinoMed 检索，比较采用主题词检索和全部字段检索“针灸治疗面瘫”文献，分析检索结果。

第八章　网络信息资源检索

在互联网普及的时代，人们通过互联网查询网络信息资源已成为很普遍的信息检索方式。网络信息资源是文献信息资源的表现形式之一，网络信息资源是通过计算机网络可以利用的各种信息资源的总和，包括互联网上可以获得的一切信息资源，如数据库、电子图书、电子期刊、电子报纸和网站、网页等。本章将围绕有关中医药网络信息的学术搜索引擎、医学搜索引擎、开放获取资源等方面进行网络信息资源的获取与利用学习，帮助查检者更好地利用网络信息资源。

第一节　搜索引擎

一、概述

互联网技术的飞速发展以及大数据时代的到来，使网络信息资源无论从规模上还是更新速度上都达到了空前水平，信息资源的内容涉及广泛，数量繁多，随着网络信息资源的急剧增长，人们开始关注如何快速地、有效地从海量的网络信息资源中提取出自己需要的、有价值的信息，搜索引擎技术就是为解决这一问题而诞生的检索工具，它在网络信息资源的查找中发挥着重要的作用。

（一）搜索引擎概念

搜索引擎是指根据一定的策略、运用特定的计算机程序从互联网上搜集信息，在对信息进行组织和处理后，为查检者提供检索服务，将查检者检索相关的信息反馈给查检者的系统。它是以万维网为平台，对互联网上的信息资源进行搜集、过滤、组织，然后给查检者提供检索的在线检索工具，百度和 Google 等是搜索引擎的代表。

搜索引擎具有检索面广、信息量大、信息更新速度快、特定主题的检索专指性强等特点。搜索引擎工作的时候首先对互联网上的网页信息进行搜集，然后对搜集到的信息进行预处理，通过过滤、组织等技术建立网页索引库，即时响应查检者的查询需求，最后建立检索机制，对查找到的结果按照一定的规则排序后反馈给查检者。

（二）搜索引擎的类型

搜索引擎按照工作方式可分为三种，即全文搜索引擎、目录索引型搜索引擎、元搜索引擎。

1. 全文搜索引擎

全文搜索引擎是目前广泛应用的主流搜索引擎。它的工作原理是计算机索引程序通过扫描文章中的每一个词，对每一个词建立一个索引，指明该词在文章中出现的次数和位置，当查检者以关键词查找信息时，搜索引擎会在数据库中进行搜寻，如果找到与查检者要求内容相符的网站，便采用特殊的算法——通常根据网页中关键词的匹配程度、出现的位置、频次、链接质量等计算出各网页的相关度及排名等级，然后根据关联度高低，按顺序将这些网页链接返回给查检者。

全文搜索引擎的优点是数据库大、内容新、查询全面而充分、查全率高，能提供给查检者全面而广泛的信息。缺点是查准率低，缺乏清晰的层次结构。目前具有代表性的全文搜索引擎国外的有 Google、AllTheWeb、AltaVista 等，国内的有百度、搜狗等。它们都是通过从互联网上提取的各个网站信息而建立的数据库，把与查检者需求相匹配的信息记录以一定的排列方式输出，是真正意义上的搜索引擎。

2. 目录索引型搜索引擎

目录索引型搜索引擎是以人工方式或半自动方式搜集信息，由编辑员查看信息之后，人工形成索引信息，并将信息置于事先确定的分类框架中。目录索引型搜索引擎的信息大多面向网站，提供目录浏览服务和直接检索服务。目录索引型搜索引擎虽然有搜索功能，但严格意义上不能称为真正的搜索引擎，只是按目录分类的网站链接列表而已。用户完全可以按照分类目录找到所需要的信息。这类搜索引擎因为加入了人工智能，所以信息准确、导航质量高，缺点是需要人工介入、维护量大、信息量少、信息更新不及时。目录索引型搜索引擎的代表主要有 Yahoo、新浪、网易、搜狐等。

目前，目录索引型搜索引擎与全文搜索引擎有相互融合渗透的趋势。一些纯粹的全文搜索引擎现在也提供目录搜索，如 Google 就借用 Open Directory 目录提供分类查询。而像 Yahoo 这些老牌目录索引则通过与 Google 等搜索引擎合作扩大搜索范围。在默认搜索模式下，一些目录搜索引擎首先返回的是自己目录中匹配的网站，如国内搜狐、新浪、网易等；而另外一些则默认的是网页搜索，如 Yahoo。

3. 元搜索引擎

元搜索引擎就是通过一个统一的检索界面帮助查检者在多个搜索引擎中选择和利用合适的（甚至是同时利用若干个）搜索引擎来实现检索操作，是对分布于网络的多种检索工具的全局控制机制。元搜索引擎收到查检者的查询请求后，同时在多个搜索引擎上搜索，并将结果返回给查检者。著名的元搜索引擎有 InfoSpace、Dogpile、Vivisimo 等，中文元搜索引擎有 360 综合搜索、搜魅网（someta）等。在搜索结果排列方面，有的直接按来源排列搜索结果，如 Dogpile；有的则按自定的规则将结果重新排列组合，如 Vivisimo。

二、综合搜索引擎

（一）百度

百度（http://www.baidu.com）是全球最大的中文搜索引擎，创立于 2000 年 1 月。百度搜索引擎使用高性能的“蜘蛛”程序，收集了海量的中文互联网信息，搜索精度高、范围广、速度快、智能化，为大众提供了“简单、可依赖”的信息获取方式，成为中文搜索引擎的代表。

百度搜索主页简洁易用，除提供网页搜索、图片搜索、音乐搜索、视频搜索等普通搜索应用，还提供了百度知道、百度贴吧、百度文库、百度地图、百度百科、百度词典等更加细化的搜索服务，所有的服务均可以在百度产品大全中找到。百度还提供了人性化的搜索功能，包括相关搜索、中文人名识别、简繁体中文自动转换、百度快照等。同时伴随移动互联网的热潮，百度在移动搜索上的应用也更加便捷和智能化。

1. 基本检索

百度主页为基本检索界面，在主页检索框中直接输入检索关键词，单击“百度一下”或者回车即可进行检索，检索结果将会按照检索内容的贴近程度排列。当需要输入多个关键词进行检索时，可用空格隔开关键词，系统会默认为“逻辑与”检索。当需要对一个短语或者检索词进行精确搜索时，可用引号括起进行精确检索。

系统支持逻辑运算符检索，“逻辑与”运算符为“+”或者“空格”；“逻辑或”运算符为“｜”；“逻辑非”运算符为“–”。

2. 高级检索

在百度主页中没有高级检索页面的入口，在地址栏中输入网址 http://www.baidu.com/gaoji/advanced.html 或者在百度检索结果页面下方的搜索框旁单击“高级检索”进入百度高级检索界面。在高级检索界面，查检者可以进行各种检索限制，如逻辑运算符限定、检索结果显示限定、文档格式限定等（图 8-1-1）。

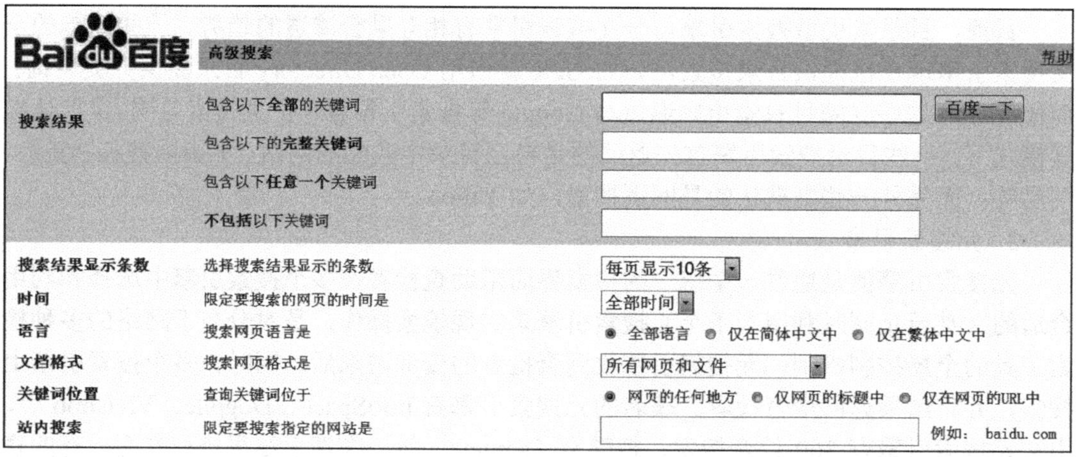

图 8-1-1　百度高级检索界面

另外也可以在基本检索框中使用高级搜索语法进行限定。

（1）“site:”限定：检索时输入“site：＜网站＞”，可以限制只检索某些网站或某域名内的网页。

（2）“link:”限定：检索时输入“link：＜网址＞”，可以查出所有链接到此网址的网页。

（3）“intitle:”限定：用于限定检索网页标题中含有某检索词的网页。

（4）“inurl:”限定：用于限定检索 URL 中含有某种文字的网页。

（5）“filetype:”限定：检索时输入“filetype：＜文件格式＞”，可以限制只搜索某一类文件格式的信息。文件格式包括 doc、xls、ppt、pdf、rtf、all，其中 all 表示搜索所有这些文件类型。

3. 其他功能

（1）百度快照：如果无法打开某个搜索结果页面，或者打开速度特别慢，可以通过百度快照浏览页面内容。百度快照只临时缓存网页的文本信息，图片、视频等多媒体信息还是只能在原网页查看。

（2）百度百科：百度百科是百度推出的一部内容开放、自由的网络百科全书，也是百度向网友提供的信息存储空间。百度百科旨在创造一个涵盖各领域知识的中文信息收集平台，充分调动互联网用户的力量，汇聚上亿网友的头脑智慧，积极进行交流和分享。百度百科把网络平台与搜索引擎相结合，在不同的层次上满足查检者对信息的需求。

（3）百度文库：百度文库是百度发布的供网友在线分享文档的平台。百度文库的文档由百度用户上传，需要经过百度的审核才能发布，百度自身不编辑或修改用户上传的文档内容，网友可以在线阅读和下载这些文档。百度文库的文档包括教学资料、考试题库、专业资料、公文写作、法律文件等多个领域的资料。

（4）百度地图：百度地图是百度提供的一项网络地图搜索服务，覆盖了国内近 400 个城市、数千个区县。在百度地图里，用户可以查询街道、商场、楼盘的地理位置，也可以找到离查检者最近的所有餐馆、学校、银行、公园等。百度地图提供了丰富的公交换乘、驾车导航的查询功能，为查检者提供最适合的路线规划。不仅知道要找的地点在哪，还可以知道如何前往。同时，百度地图还为查检者提供了完备的地图功能（如搜索提示、视野内检索、全屏、测距等），便于更好地使用地图，便捷地找到所求。

（二）其他综合搜索引擎

1. Google

Google（谷歌）是全球最大的搜索引擎，创建于 1998 年，提供 26 种语言的检索界面，收录了全世界 40 多种语言的网页信息。Google 的产品包括 Google Scholar、Google Translate、Google Books 等众多功能强大的服务。Google Scholar 索引了世界上绝大部分已出版的学术性期刊，Google Translate 能将全世界 80 多种语言进行互译，Google Books 拥有超过世界上任何一个图书馆的藏书，大多数都可以免费阅读。此外，Google 还提供了 Gmail 邮箱、地图、日历、天气预报等多种服务功能。

2010 年 3 月，谷歌退出中国大陆市场，访问域名由 g.cn、google.cn 跳转至 google.com.hk，从 2014 年 5 月 27 日起，google.com 等所有相关的 Google 产品都受到影响，国内用户目前无法使用 Google 网页搜索。

2. 360 搜索

360 搜索（http://www.so.com/）属于元搜索引擎，是通过一个统一的用户界面帮助用户在多个搜索引擎中选择和利用合适的（甚至是同时利用若干个）搜索引擎来实现检索操作，360 搜索号称是最干净、安全、可信任的搜索引擎，包含网页、新闻、问答、视频、图片、音乐、地图、良医、雷电、百科、购物等多项搜索产品。360 搜索首创良医搜索、推广全赔、搜索全赔等搜索安全产品，还推出“我的搜索”，采用第三代搜索技术——“PeopleRank”，把网民对于网站的评价和看法融入网站的权重中，帮助更多的搜索用户更快找到信息。

三、学术搜索引擎

学术搜索引擎就是搜索学术资源的一类搜索引擎，所提供搜索的资源以学术论文、国际会议信息、权威期刊和学者的信息为主，一般都涵盖了互联网上的免费学术资源和以深层网页形式存在的学术资源，通过对这些学术资源的爬行、抓取、索引，以统一的入口向查检者提供检索服务。查检者可以通过一个统一的学术搜索引擎入口访问多种异构分布的资源，扩大了查检者的资源检索范围，帮助查检者获取更多的学术信息资源。同时，随着开放获取资源的普及和增加，从学术搜索引擎上也可以获得一定数量的文献全文，使得学术搜索引擎成为学习与科研活动中必不可少的检索工具。

常用的学术搜索引擎有 Google Scholar、InfoMine、OJOSE 等。

（一）Google Scholar

Google Scholar（http://scholar.google.com/），也称 Google 学术搜索，也有的地方翻译为 Google 学者。Google Scholar 是一个可以免费搜索学术文章的网络搜索引擎，它是 Google 诸多搜索功能的又一新功能，专门用于搜索世界范围内的技术报告、论文及摘要等学术性文献，内容包括医学、物理学、经济学、计算机科学等方面，涵盖了自然科学、人文科学、社会科学等多种学科，横跨多个学术领域以及大量书籍和整个网络中的学术性的文章。Google 学术搜索提供了可广泛搜索学术文献的简便方法，查检者可以从一个位置搜索众多学科的资料来源，有来自学术著作出版商、专业性社团、预印本、各大学及其他学术组织的经同行评论的文章、论文、图书、摘要和文章。另外，Google 学术搜索推出的“图书馆链接计划”，让查检者可以通过 Google 学术搜索检索到图书馆订购的电子资源。如果在内部网（校园网）内，直接单击链接就可下载全文；如果在公网上，通过一般的用户认证方式也可以下载全文。

1. 检索方法

Google Scholar 的检索功能非常灵活、强大，还支持多种字段检索、特定文件类型检索等功能，并可以按照查检者的习惯设置检索界面。系统提供基本检索和高级检索两种方式，同时提供了个性化的搜索限定设置。

（1）基本搜索：Google Scholar 同时支持中文及外文检索，并且可以设置只搜索一种语言的文献资源。当要检索某一特定作者的文献时，就在 Google Scholar 检索界面的输入框中直接输入作者的姓名。例如，要检索邓铁涛教授的所有文献，就在检索框中直接输入“邓铁涛”，然后单击搜索，显示的结果可查出有关邓铁涛教授的所有文献资源，其中包括同名同姓的作者或文中出现了邓铁涛这个名字的所有文献。要精确检索作者为邓铁涛的文献，只用在检索框中加入限定“作者：邓铁涛”，即可检索到作者为邓铁涛的所有文献。如果已知文献标题，可把文献的标题用精确匹配符标注后进行检索，Google 学术搜索会自动查找此文献以及提及此文献的其他文献。

（2）高级搜索：单击 Google Scholar 检索界面的输入框末端的下拉三角图标即可进

入 Google Scholar 的高级检索界面。高级检索界面提供了详细的限定检索设置，供查检者精确检索所需文献（图 8-1-2）。

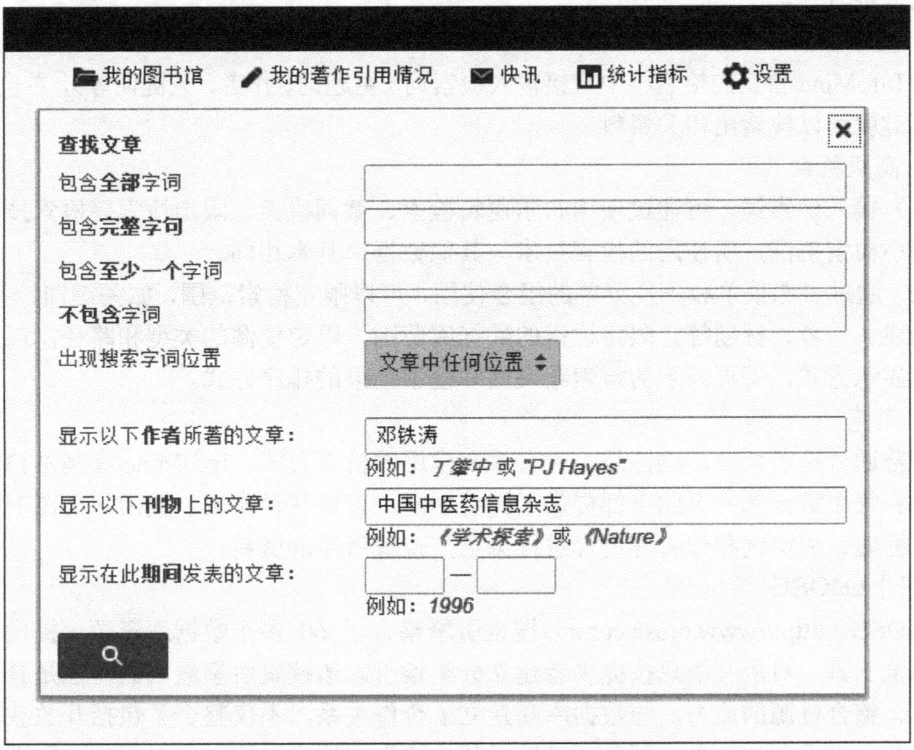

图 8-1-2　Google Scholar 高级检索界面

2. 检索结果

Google Scholar 的检索结果会过滤掉大量的垃圾信息，只显示与学术研究有关的信息，并且把引用次数最多、最有价值的参考信息显示在页面顶部。检索结果除会显示文献的标题、作者、刊登文献的出版物等信息，还提供文献被其他学术文献引用的情况。同时还提供相关主题文献以及被检索文献的所有版本，包括预印本、被数据库收录的版本、会议论文等形式。检索出的文献名称前标注有[PDF]、[DOC]、[BOOK]、[HTML]表示可在 Google Scholar 中直接查看到该文献相对应格式的全文内容。

Google 学术搜索还可帮助查检者在整个学术领域中确定相关性最强的研究。Google Scholar Citations 为作者提供了一种简单的方式来跟踪自己文章的引用情况。文献的作者可以查看谁引用了自己的出版物，以图表形式查看各个时段的引用情况，并计算多项引用指标。

（二）InfoMine

InfoMine（http://infomine.ucr.edu/）是为大学教师、学生和研究人员建立的网络学术资源搜索引擎。它拥有电子期刊、电子图书、公告栏、邮件列表、图书馆在线目录、研究人员人名录，以及其他类型的信息资源 40 000 多个，包括 12 个数据库，内容涵盖生物医学、农业、经济、物理、地理、计算机、数学、人文、教育、艺术等各个专业领域，并且对所有用户提供免费检索服务。

InfoMine 的检索界面友好，检索方法简单易用。检索功能包括基本检索、高级检索和浏览三种方式。

1. 基本检索

在 InfoMine 首页的检索框中直接输入检索词（主题词、作者、关键词等），单击“GO”或回车键就可以检索出相关资料。

2. 高级检索

（1）输入检索词，可通过使用布尔逻辑检索、截词检索、限定检索等检索技术来扩大、缩小检索范围，所使用的检索技术与其他数据库基本相同。

（2）通过点选菜单和下拉菜单的组合使用，可以限定检索范围，如关键词、主题词、资源描述、作者、标题等，限定检索的数据库范围，限定资源的类型和路径，以及检索结果的显示方式，每页显示的检索结果数和检索结果的排序方式。

3. 浏览

对普通查检者而言，浏览是一种有效和常用的检索方式。InfoMine 在基本检索、高级检索和每个数据库的页面下都提供了浏览功能，可以从目次表、美国国会图书馆主题词表、标题、关键词和作者等途径进行浏览，查找所需的资料。

（三）OJOSE

OJOSE（http://www.ojose.com/）搜索引擎整合了 60 多个数据库资源，提供优秀的主题浏览工具，对所有信息按提供者建立分类索引。该搜索引擎最大的特色是具有跨平台工作、整合资源的能力，与数据库商建立了合作关系，不仅整合了包括开放获取期刊在内的各类学术期刊信息，而且还链接了其他的学术搜索引擎。建立网站之间无缝的后台链接，对具有科学价值的资源进行整合，以统一的检索界面对用户提供免费索引服务，而且能够指定检索数据库，确保了检索结果的准确性和专业性。文献类型包括期刊、文章、研究报告、图书等。

OJOSE 的检索方式非常简单，只有一个检索界面，页面左侧为检索区，在检索框中输入检索词，检索框中支持输入布尔逻辑检索式检索，选择要检索的数据库，然后单击“Look for”或者“Go!”按钮即可进行检索。页面右侧为该搜索引擎的详细使用方法及各数据库的简要说明。

四、医学搜索引擎

（一）Medscape（医景网）

Medscape（http://www.medscape.com/）是最大的免费提供临床医学全文文献和继续医学教育资源的网站，可检索资源类型包括图像、声频、视频等。网站跨越 30 多个临床学科，为基础和临床医师提供 6000 多条循证医学证据，超过 4 万多条临床照片、视频、图表和医学影像等信息，支持诊断、治疗等临床决策。可选择 Fulltext、MEDLINE、DrugInfo、AIDSLine、Toxline、Whole、Web、News、Medical Images、Dictionary、Bookstore 等 10 多种数据库进行检索，还可浏览每日医学新闻，免费获取 CME 各种资源，免费获取“Medpulse”，同时可以在线查找医学词典及在线咨询，提供根据疾病名称、所属学科和内容性质（会议报告、杂志文章的全文或摘要等）的英文按 26 个字母顺序进行分类检索（The Medscape Index）。

通过网站可以免费检索 MEDLINE 中的文献，还可直接查阅 Medrriam-Webster'S 医学词典中的内容，另外利用互联网上最大的药物数据库，可以直接查询药物的使用剂量、毒副作用、使用注意事项等内容，还可免费阅读 Medscape 收集的世界上各著名医学杂志发表的文章。同时 Medscape 提供定制个人独特界面的功能。

（二）Medical Matrix（医源网）

Medical Matrix（http://www.medmatrix.org/Index.asp）是专业的医学索引和目录搜索引擎，该搜索引擎 1994 年由堪萨斯大学建立，现由美国 Medical Matrix LLC 主持，是目前最重要的医学搜索引擎。Medical Matrix 包括 6000 多个医学网站，有超过 150 万条医学信息可被检索。同时 Medical Matrix 还提供多种医学数据库的链接，如 MEDLINE 数据库等。Medical Matrix 是概念驱动的智能搜索引擎，可以实现确切检索，以确保检出结果具有相关性和临床意义。该搜索引擎的最终用户是面对医生以及工作在医疗第一线的卫生工作者，是一个可免费使用的网上临床医学数据库。

Medical Matrix 提供了简单检索、高级检索、特色链接检索和分类目录搜索等检索方式，十分适合临床医师使用。

（1）简单检索：在检索输入框中输入检索词，单击即可以完成一般检索，获得相应检索结果返回信息。在简单检索界面可以对检索词以及检索范围进行简单限定，并且支持精确匹配检索、截词检索等检索技术。

（2）高级检索：在主页上单击"Advanced Searching Options"链接，进入高级检索界面。高级检索将进一步有选择地检索 Medical Matrix 所列个人网站，这些网站都是预先由医生和图书馆员推荐的，将向查检者提供最具临床相关性的检索结果。

（3）分类目录搜索：Medical Matrix 按各种医学信息分为专业（Specialties）、疾病种类（Diseases）、临床实践（Clinical Practice）、文献（Literature）、教育（Education）、健康和职业（Healthcare and Professionals）、医学计算机和互联网技术（Medical Computing and Internet Technology）、市场（Marketplace）8 大类。每一大类下再根据内容的性质分为新闻（New）、全文和多媒体（Full Text/Multi-Media）、摘要（Abstract）、参考书（Textbook）、主要网址（Major Sites/Home Pages）、操作手册（Procedure）、实用指南（Practice Guidelines/FAQS）、病例（Case）、影像学和病理切片（Image、Path/Clinical）、患者教育（Patient Education）、教育资源（Educational Materials）等。其下列有相关文章的超级链接和评分，可单击进入查看。

（4）特色链接检索：Medical Matrix 主页的左侧列有其特色链接，用户可链接检索以扩大检索范围和结果。

（三）Medical World Search（医学世界检索）

Medical World Search（http://www.mwsearch.com/）是由美国 The Polytechnic Research Institute 1997 年建立的一个医学专业搜索引擎，收集了数以千计的医学网点近 10 万个 Web 页面。它采用了 NLM 研制的一体化医学语言系统（unified medical language system，UMLS），可以使用 540 000 多个医学术语，包括各种同义词进行检索，在检索时可根据词表扩大或缩小检索范围，搜索的准确性很高。同时还提供扩展检索、精确检索功能，大小写无差别，免费全文检索，并对结果进行相关排序。该搜索引擎还提供了其他搜索引擎的检索入口，可直接检索 MEDLINE 中的文献，并提供 HotBot、Infoseek、AltaVista、Webcrawler 的检索。对注册的用户能自动记住最近的十次检索和最近通过 Medical World Search 进入的 10 个网页，以供随时调用。

第二节　开放存取资源

开放存取（open access，OA）是国际科技界、学术界、出版界、信息传播界为推动科研成果利用网络自由传播而发起的运动。开放存取是在基于订阅的传统出版模式以外的另一种选择，通过新的数字技术和网络化通信，任何人都可以及时、免费、不受任何限制地通过网络获取各类文献，包括经过同行评议过的期刊文章、参考文献、技术报告、学位论文等全文信息，用于科研教育及其他活动。从而促进科学信息的广泛传播，学术信息的交流与出版，提升科学研究的共利用程度，保障科学信息的长期保存。这是一种新的学术信息交流的方法。

开放存取资源主要分为两大类：开放存取期刊和信息开放存取仓库。

（1）开放存取期刊（open access journal）：包括新创办的开放存取期刊和由原有期刊改造转变而来的开放存取期刊。与传统期刊一样，开放存取期刊对提交的论文实行严格的同行评审，从而确保期刊论文的质量。开放存取期刊可以看成是纯网络期刊的一种形式。

（2）信息开放存取仓库（open access repository）：OA 仓库不仅存放学术论文，还存放其他各种学术研究资料，包括实验数据和技术报告等。开放存取仓库包括基于学科的开放存取仓库和基于机构的开放存取仓库。OA 仓库一般不实施内容方面的实质评审工作，只是要求作者提交的论文基于某一特定标准格式（如 Word 或 PDF），并符合一定的学术规范。

目前国内外已有的开放存取网络平台以收集自然科学和工程技术等方面的信息为主，如 High Wire Press、DOAJ（directory of open access journals）、PLoS（the public library of science）等。

一、国外开放存取资源

（一）HighWire Press

HighWire Press（http://highwire.stanford.edu/）是由美国斯坦福大学开发的以生物医学类为主、兼有其他学科的全球最大开放存取资源库之一，截至 2014 年 5 月，它收录了 HighWire 在线出版的 1752 种期刊的近 500 万篇文章可免费浏览全文。同时还收录 MEDLINE 出版的期刊论文。

HighWire Press 支持三种检索方式。

（1）按字母顺序浏览：选中某刊后，单击可以进入对该刊的检索，检索方法为一般检索和高级检索，如果在文章后标出可获取全文，则可以得到该文献的 PDF 格式全文。

（2）一般检索：可以输入作者、关键词、年、卷、页等限制进行检索，由于同时可以检索 MEDLINE 数据库，所以同时需要选择是检索 MEDLINE 还是 HighWire-hosted journals。单击检索结果后的文摘、全文、期刊网站、引用图，可以分别获得文摘、全文（PDF 格式）、该期刊的网站主页和该文被引用情况。

（3）高级检索：可提供以下限制，如年、卷、起始页、作者、起始年月、结果显示形式、匹配形式（最佳匹配、最新出版）、数据库（MEDLINE、HighWire-hosted Journal）等。

（二）DOAJ（开放存取期刊目录）

DOAJ（http://doaj.org/）是由瑞典的隆德大学图书馆（Lund University Library）为开放存取资源做的一个目录系统。它提供有质量控制的可免费获取的网上电子期刊资源，它的目标是建成一个无学科、无语言限制的综合性的科学期刊系统，方便科研人员使用，并可提升期刊的知名度。

该目录收录的均为学术性、研究性期刊，具有免费、全文、高质量的特点。其质量源于所收录的期刊实行同行评审，或者有编辑作质量控制，故而对学术研究有很高的参考价值。截至 2014 年 5 月，已收录了 9714 种期刊，包含 133 个国家的 160 多万篇文献。该目录的目标是收录各种语言、各个主题的期刊。收录的主题包括农业与食品科学、艺术与建筑、生物学和生命科学、商业与经济学、化学、地球与环境科学、健康科学、历史与考古学、语言文学、法学和政治学、数学与统计、哲学与宗教、物理和天文学、一般科学、社会科学、技术与工程等学科。

（三）BioMed Central

BioMed Central（BMC，http://www.biomedcentral.com/）是一家致力于提供经过同行评审的生化研究的开放存取期刊的网络出版商，BMC 发表的所有原创研究文章在发表之后立即可以在网上永久性免费访问。截至 2014 年 5 月，BMC 提供检索的期刊达到 264 种，学科内容涵盖了生命科学、医学的主要领域，且所有研究文章全都经过同行评审，保持了文献的高水平。BMC 出版的期刊有两种类型：一种是完全免费，查检者可以免费获取这类期刊的全部论文；另一种是不提供免费获取全文，需要订购后才可以阅读，不过在 BMC 上所有研究性的论文是完全免费开放的，无任何限制。

BMC 支持的检索方式有快速检索、高级检索，同时还提供了期刊导航检索及文章导航检索，查检者可以通过 Journals 界面中的 A～Z 分类或者主题浏览期刊列表，还可以通过 Articles 界面查看最近发表的文献以及访问量最高的文献。

（四）Free Medical Journal（免费医学期刊）

Free Medical Journal（http://www.freemedicaljournals.com/）是由法国的 Bernd Sebastian Kamps 建立的提供免费医学期刊浏览的信息网站，是免费提供生物医学全文最多的期刊集合网站。截至 2014 年 5 月，该网站收录了包括英语、西班牙语、法语、德语等多个语种的 4245 种医学杂志。网站提供了期刊主页的链接，查检者可以通过网站快速查询链接到相对应的期刊，可按年卷期浏览全文。网站所收录的全部期刊均标明了免费医学杂志站点、出版后 1～6 个月免费的站点、出版后 1 年免费的站点、出版后 2 年免费的站点，重要的期刊还标注了最新影响因子。用户可在网上免费阅读、复制、下载、传播这些期刊文献。在该网站通过单击“Books”也可以链接到其姐妹网站 FreeBooks4Doctors 免费医学图书网站。

该网站不具备检索功能，查检者可按照期刊刊名字顺或刊物语种类别进行浏览。

二、国内开放存取资源

（一）中国科技论文在线

中国科技论文在线（http://www.paper.edu.cn）是经教育部批准，由教育部科技发展中心主办的科技论文网站，该网站提供国内优秀学者论文、在线发表论文、各种科技期刊论文（各种大学学报与科技期刊）全文，此外还提供对国外免费数据库的链接。具有快速发表、版权保护、形式灵活、投稿快捷、查阅方便、名家精品、优秀期刊、学术监督等特点，给科研人员提供了一个快速发表论文方便、交流创新思想的平台。中国科技论文在线可为在其网站发表论文的作者提供该论文发表时间的证明，并允许作者同时向其他专业学术刊物投稿，以使科研人员新颖的学术观点、创新思想和技术成果能够尽快对外发布，并保护原创作者的知识产权。

（二）中国预印本服务系统

预印本（preprint）是指科研工作者的研究成果还未在正式出版物上发表，而出于和同行交流的目的自愿先在学术会议上或通过互联网发布的科研论文、科技报告等文章。与刊物发表的文章以及网页发布的文章相比，预印本具有交流速度快、利于学术争鸣、可靠性高的特点。

中国预印本服务系统（http://prep.istic.ac.cn）是由中国科学技术信息研究所与国家科技图书文献中心联合建设的以提供预印本文献资源服务为主要目的的实时学术交流系统，是国家科学技术部科技条件基础平台面上项目的研究成果。该系统由国内预印本服务子系统和国外预印本门户（SINDAP）子系统构成。国内预印本服务子系统主要收藏的是国内科技工作者自由提交的预印本文章，可以实现二次文献检索、浏览全文、发表评论等功能。国外预印本门户子系统是由中国科学技术信息研究所与丹麦技术知识中心合作开发完成的，它实现了全球预印本文献资源的一站式检索。通过 SINDAP 子系统，用户只需输入检索式一次即可对全球知名的 16 个预印本系统进行检索，并可获得相应系统提供的预印本全文。目前，SINDAP 子系统含有预印本二次文献记录约 80 万条。

（三）汉斯出版社电子期刊

汉斯出版社（http://www.hanspub.org/）是一家国际综合性开源学术期刊出版机构，截至 2014 年 5 月，主办国际开源中文期刊共有 160 本，覆盖以下领域：数学物理、生命科学、化学材料、地球环境、医药卫生、工程技术、信息通信、人文社科、经济管理等。期刊已被国际知名 DOAJ 开源数据库以及中国知网、万方、维普数据库收录。汉斯出版社发表的全部文章均可免费阅读、下载、引用和传播。

三、其他网络信息资源

（一）J-STAGE（日本科学与技术信息集成系统）

日本科学与技术信息集成系统（https://www.jstage.jst.go.jp/）的目的在于向全世界即

时发布日本信息科学技术研究的杰出成果和发展，涉及人文、社会、科学、工程的各个学科领域。截至 2014 年 5 月，该系统已收录 1689 种期刊，2 291 100 篇文献，文献大部分为英文文献，同时包括日文文献。系统提供基本检索和高级检索，在高级检索界面，可通过限定检索条件，快速地获得检索结果，在检索结果中，大部分可以直接下载全文。

（二）丁香园

丁香园（http://www.dxy.cn/）原名丁香园医学文献检索网、丁香园医学主页，是国内医学、药学、生命科学专业网站之一，网站面向专业医生、药剂师等医学专业人士，网站内容涉及专业医学知识和对医药产品的信息和讨论，目前丁香园拥有丁香人才网、丁香通、丁香客、用药助手、丁香医生、PubMed 中文网、调查派、丁香会议等版块，目前汇聚超过 350 万医学、药学和生命科学的专业工作者，全国 45 岁以下、在三甲医院工作的医务工作者中，90%以上均知晓丁香园，它是生物医学工作者重要的信息检索平台。

（三）医脉通网

医脉通网（http://www.medlive.cn/）是面向医疗工作者提供医学最新资讯、医学文献、医学交流、诊疗知识库、医学资源共享的专业学术性网站，旨在为医生的工作、科研、学习、讨论、知识分享等方面提供一站式的信息服务，以节省医生宝贵的时间。该网站的诊疗知识库收录了 7000 多种疾病，并且把和某种具体的疾病相关的最新研究证据、指南、病例、文献资料等有序地组织在一起，且不断进行相关的更新，有效地帮助医学工作者工作和学习，具有非常强的实用性。

（四）科学网

科学网（http://www.sciencenet.cn/）是由中国科学院、中国工程院、国家自然科学基金委员会、中国科学技术协会主管，中国科学报社主办，主要为网民提供快捷权威的科学新闻报道、丰富实用的科学信息服务以及交流互动的网络平台，目标是建成最具影响力的全球华人科学社区。科学网提供了生命科学、医学科学、化学科学、地球科学等学科的科学信息服务。

思考练习题

1. 请比较常用医学搜索引擎各自特点。
2. 比较通过搜索引擎获取的文献信息与各文献数据库所获取的信息有何差别？
3. 开放存取资源有何意义？
4. 对比国内外开放存取资源，找出国内开放存取资源与国际主要开放存取资源之间的差距，并分析如何提高国内开放存取资源服务。
5. 试从搜索引擎、开放存取资源及网络医学信息资源中查找有关医学专业课程学习的资源。

第九章　引文检索

文献之间的相互引证直接反映学术研究之间的交流与联系，由此产生的引文数据建立了相应的引文数据库，它不仅可以查找相关研究文献、了解文献之间的内在联系、揭示科学研究中所涉及的各个学科领域的交叉联系，还可以较真实客观地反映研究人员的科研绩效和学术期刊的评价质量。

第一节　引文检索概述

一、概述

引文（citation）通常指科技文献所引用的参考文献，也称为被引文献，它是文献论述观点的重要支撑。引文有参考文献和注释两种类型。参考文献通常附在论文或图书章节之后，注释主要出现在正文中，是对文献正文中某一特定内容进一步注释或补充说明，有文中注、脚注、尾注等几种形式。引文检索（reference retrieval）是指以被引用文献为检索起点来查找文献的过程。

引文检索既具有一般文献数据库的检索功能，又可以揭示科技文献之间的关联性。其发展经历了依附在期刊论文库中检索、独立的引文数据库、与期刊论文库相连的引文数据库三个阶段。文献的被引用情况常用于评价科研机构、科研人员的学术水平的客观指标之一，同时也用于评价学术期刊的质量。

引文检索法是对传统检索方法的一种补充和改革。传统检索方法主要从文献的标题、作者、分类等途径检索；而引文检索法则是将文献之间相互引证的关系作为新的检索途径，能提示文献之间引证与被引证的关系，展示科技文献内容主题之间的相互联系。这种检索方法遵循了科学研究之间承前启后的内在逻辑，所以在检索过程中大大降低了检索结果的不相关性。

二、相关概念

（1）引用文献（citing paper）：指被其他文献引用的文献，其出现位置一般是文献末尾的参考文献和脚注的文献。引用文献的作者称为引用作者。

（2）来源文献（source item，source document）：指提供引用文献的文献，也叫施引文献，是引文索引或引文数据库收录的文献，对应于引用文献。引文数据库中的文献引用与被引用信息都是从来源文献中获得的。

引用文献与来源文献的定位根据文献在研究中所处的位置是可以变化的。以一篇文献为基点，反映本文研究工作的背景和依据的被引用文献是本文的参考文献或引用文献。由于本文提供了引用文献，则本文是来源文献。引用本文的文献，对本文研究工作继续、发展或评价的，是本文的引证文献，则本文因为被引用成为引用文献，而引用本文的文献是来源文献。

（3）自引（self-citation）：自引分作者自引和期刊自引两种。作者自引是指作者引用自己先前发表的文献；期刊自引是指同一期刊上文献的相互引用。

（4）他引（other-citation）：指非同一作者或非同一期刊之间的引用关系。

（5）同被引文献（co-citation document）：若两篇文献同时被后来的一篇或多篇文献引用，则称这两篇文献为同被引文献。同被引文献频次越高，则其相应文献间的关系越密切。

（6）引文耦合（bibliographic coupling）：若两篇文献（A、B）同时引用或参考了另外一篇文献（C），则称这两篇文献为引文耦合，文献 C 为引文耦。引文耦越多，其相应文献间的相关性越高。

（7）引文索引（cited reference search）：按文献之间引证关系建立起来的索引，主要指提供引文检索的手工印刷型检索工具，如著名的《科学引文索引》（Science Citation Index，SCI）。

（8）引文数据库（citation index database）：指含有引文检索的数据库，是引文检索的计算机检索工具。引文数据库除了提供引文检索，还提供篇名、作者、来源出版物等常规检索途径。

（9）影响因子（impact factor，IF）：即某期刊前两年发表的论文在统计当年的被引用总次数除以该期刊在前两年内发表的论文总数。这是一个国际上通行的期刊评价指标。通常，IF 越大，它的学术影响力和价值越大。

三、引文检索的作用

与传统的常规检索相比，引文检索有以下几方面的作用。

（1）提供检索相关文献的途径：采用引文检索方法可从一位知名学者或一篇较早期的高质量文献，检索到一系列主题相关、内容上有所继承和发展的新文献，获得越来越多的相关文献。也可以通过检索某篇重要文献的参考文献来获取更多的相关文献。

（2）用于评价学术论文与作者的影响力：某一作者发表的论文被其他作者引用，尤其是正面引用，是其学术观点和研究成果被他人借鉴的例证，也说明该篇论文的学术价值高，或者说该作者的学术水平较高。一般情况下，被引用的频次越高，表示论文的学术影响力越大，同时也表示论文作者的学术水平越高。

（3）用于评价学术期刊的整体质量：通过对期刊所载论文的被引情况可间接了解学术期刊的质量。评价学术期刊的常用指标有期刊的影响因子、即年指标、被引总频次等，这些数值数据都是从引文数据库中统计得出的，有助于用户选择利用高质量的学术期刊。

（4）用于评估机构、地区和国家的宏观科研水平：文献总被引频次在一定程度上能反映一个科研机构、地区和国家科研的总体实力，而文献总被引频次主要取决于文献发表量和文献本身的学术质量，这类评估可以通过引文数据库来检索某一机构、地区和某一国家论文被引次数的排名。

（5）为学科发展研究提供计量数据：通过评估机构、地区和国家的宏观科研水平，可以准确分析科研人员的研究方向和研究领域，跟踪科研热点，判断科学发展的趋势等。

第二节　中国科学引文数据库

一、概述

中国科学引文数据库（Chinese Science Citation Database，CSCD）于 1989 年由中国科学研究院创建，该数据库收录我国数学、物理、化学、天文学、地学、生物学、医药卫生、农林科学、工程技术和环境科学等领域出版的中英文科技核心期刊和优秀期刊千余种，已积累从 1989 年到现在的论文记录 390 多万条，引文记录 420 多万条。CSCD 除具备一般的检索功能，还提供新型的索引关系即引文索引，使用该功能，用户可迅速从数百万条引文中查询到某篇科技文献被引用的详细信息，还可以从一篇早期的重要文献或作者姓名入手，检索到一批近期发表的相关文献，对交叉学科和新学科的发展研究具有十分重要的参考价值。该库还提供了数据链接机制，支持用户获取全文。

中国科学引文数据库作为我国第一个引文数据库，被誉为“中国的 SCI”，曾获中国科学院科技进步二等奖。1995 年 CSCD 出版了我国的第一本印刷本《中国科学引文索引》，1998 年出版了我国第一张中国科学引文数据库检索光盘，1999 年出版了基于 CSCD 和 SCI 数据，利用文献计量学原理制作的《中国科学计量指标：论文与引文统计》，2003 年 CSCD 上网服务，推出了网络版，2005 年 CSCD 出版了《中国科学计量指标：期刊引证报告》。2007 年中国科学引文数据库与美国 Thomson-Reuters Scientific 合作，中国科学引文数据库以 ISI Web of Knowledge 为平台，实现与 Web of Science 的跨库检索，中国科学引文数据库是 ISI Web of Knowledge 平台上第一个非英文语种的数据库。

二、检索方法

CSCD 提供来源文献检索和引文检索。引文检索有简单检索和高级检索两种方式（图 9-2-1）。

（一）简单检索

常用检索字段包括被引题名、被引作者、被引第一作者、被引来源、被引机构、被引出版社等字段。此外，还提供时间、学科范围的限定。例如，字段选“被引第一作者”，检索词用“饶高雄”，单击“确定”，检索得到 38 条饶高雄发表的文献记录（图 9-2-2），包含同名同姓作者。其中文献题名后有一个的图标，该图标是针对当前文献的全文链接服务，可提供原文传递和原文下载服务。文献题名后有“详细信息”和“全文”，表示可以继续单击这两个按钮，进行查看该文献的详细信息和下载全文。详细信息包括该文献的文摘、来源、ISSN、基金、参考文献、引证文献、相关文献、其他链接等（图 9-2-3）。

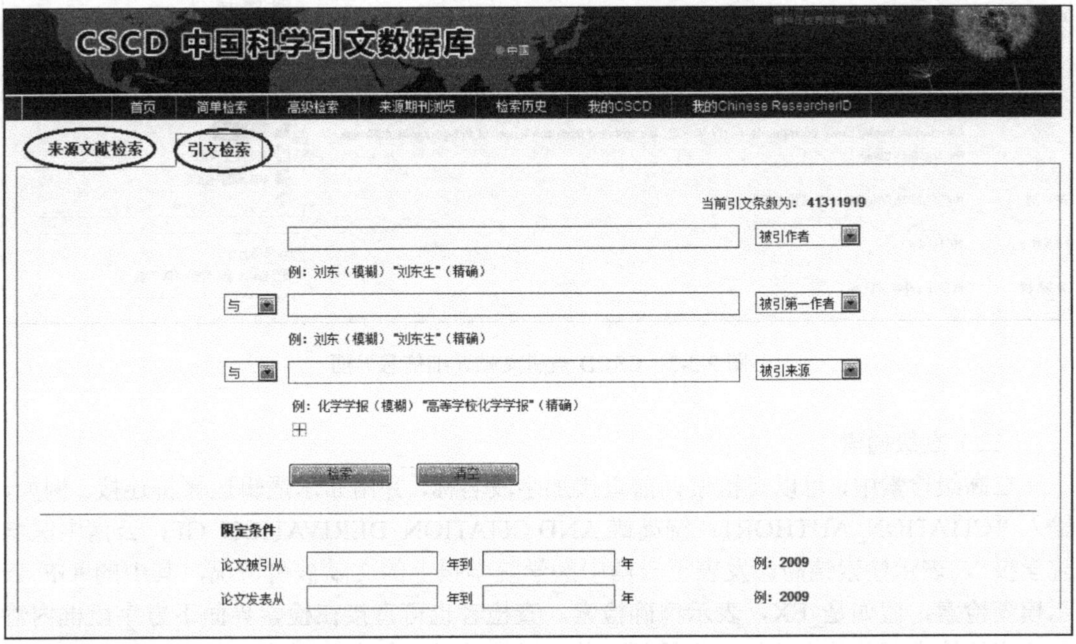

图 9-2-1 CSCD 引文检索界面

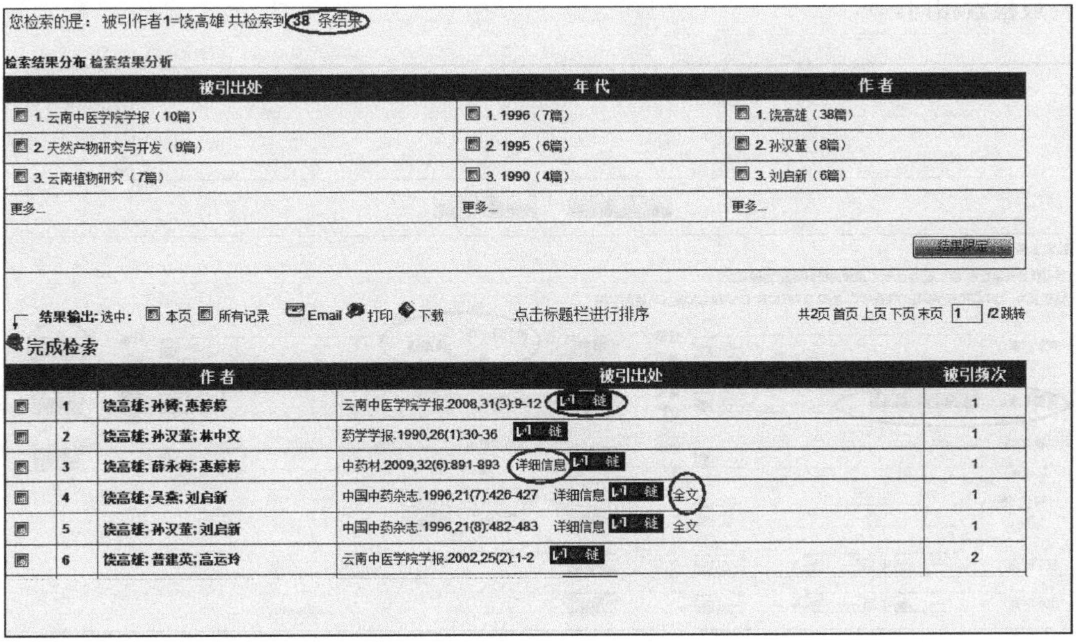

图 9-2-2 CSCD 被引文献索引结果界面

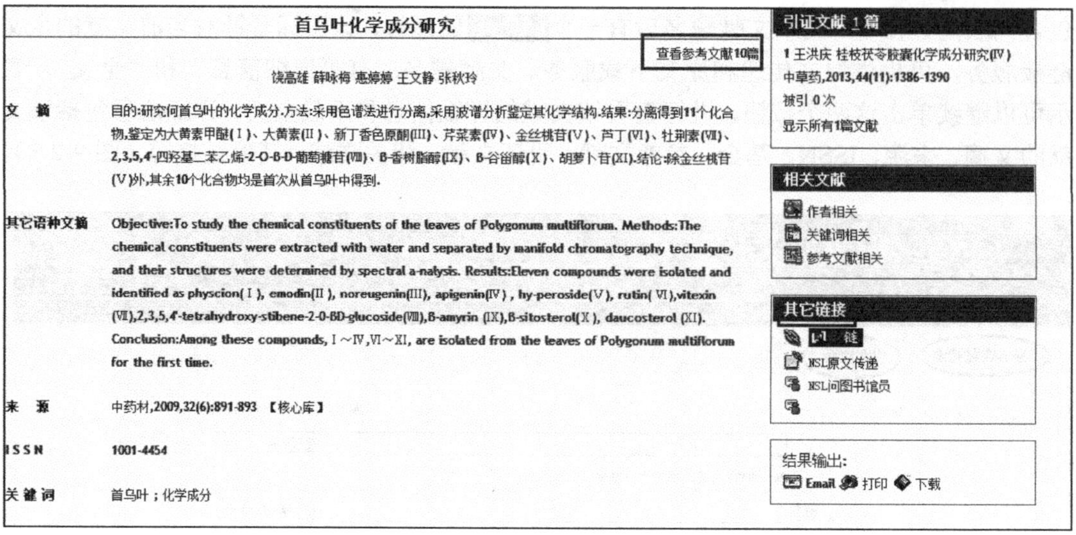

图 9-2-3　CSCD 被引文献详细信息界面

（二）高级检索

在高级检索中，可以在检索词前直接加字段名称，并用布尔逻辑运算符连接。例如，输入“CITATION_AUTHOR1：饶高雄 AND CITATION_DERIVATION_GF：云南中医学院学报”，表示检索饶高雄发表于云南中医学院学报上的文献被引情况，其中的_GF 表示模糊检索，假如是_EX，表示精确检索。查检者也可直接在检索界面下方字段框内输入相应的检索词并单击“增加”按钮，将自动生成检索语句，单击“确定”按钮进行检索（图 9-2-4）。检索结果见图 9-2-5，题名后的链接按钮、详细信息及全文等查看方法与一般检索相同。

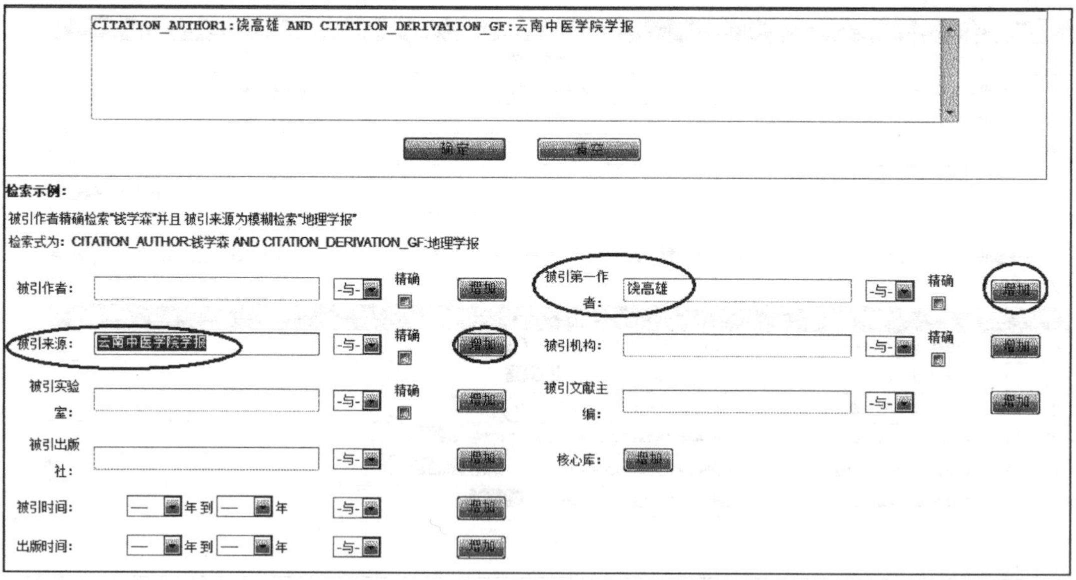

图 9-2-4　CSCD 引文检索高级检索界面

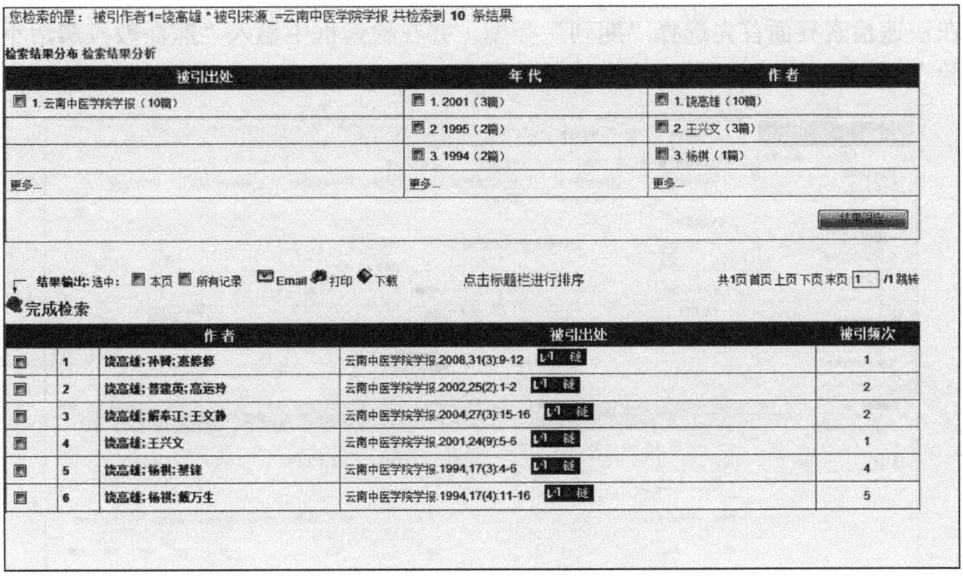

图 9-2-5　CSCD 高级检索结果界面

（三）检索历史

查检者可查看以前的检索结果，也可直接对检索式进行逻辑组配检索，并且可在高级检索界面上运用检索式序号与字段相互组配检索。

第三节　中国引文数据库

一、概述

中国引文数据库（Chinese Citation Database，CCD）是中国知网中的一个子数据库。该数据库收录了中国学术期刊电子杂志社出版的所有源数据库产品的参考文献，涉及期刊、学位论文、会议论文、图书、专利、标准、报纸等类型的引文，具有被引用数据相对较全面、更新及时等特点。

查检者可以通过访问中国知网主页的中国学术文献网络出版总库，选择中国引文库进入该数据库主页，也可直接访问 http://ref.cnki.net 进入数据库首页。界面提供数据统计、最近新增资源、最近被引文献、高被引期刊、高被引作者、高被引医院、高被引文献、高被引专题、H 指数图等版块。

二、检索方法

中国引文数据库提供快速检索和高级检索两种方式。

（一）快速检索

快速检索为该数据库的默认检索界面，查检者可针对被引文献的文献类型归属种类，选择相应的被引文献类型，以缩小检索范围。检索框内可输入被引题名、刊名、被引作者等词。

【检索示例】检索“熊磊教授辨治小儿咳嗽经验”这篇期刊论文的被引情况。

在快速检索界面首先选择“期刊”类型，并在检索框中输入“熊磊教授辨治小儿咳嗽经验”，单击“快速检索”。检索结果见图 9-3-1。

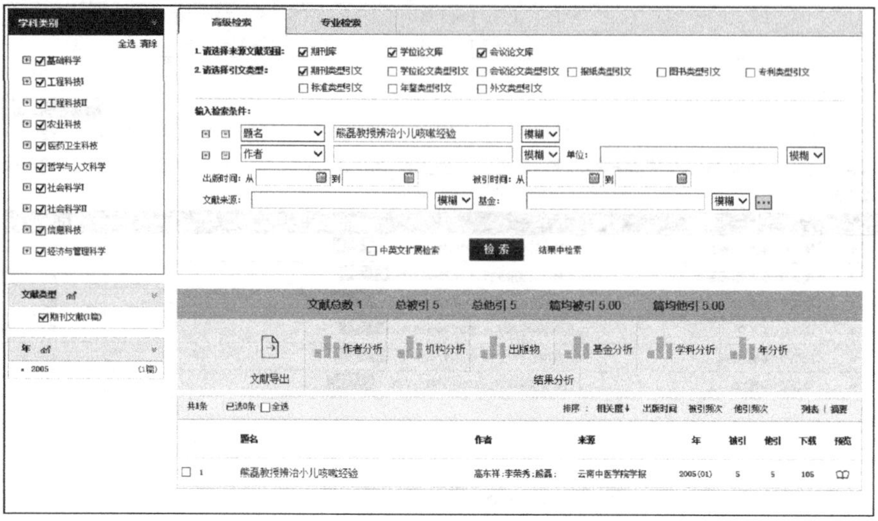

图 9-3-1　中国引文数据库快速检索结果界面

通过检索结果的题名链接，得到被引文献的详细信息，根据该文献的知网节查看详细引用情况，见图 9-3-2。

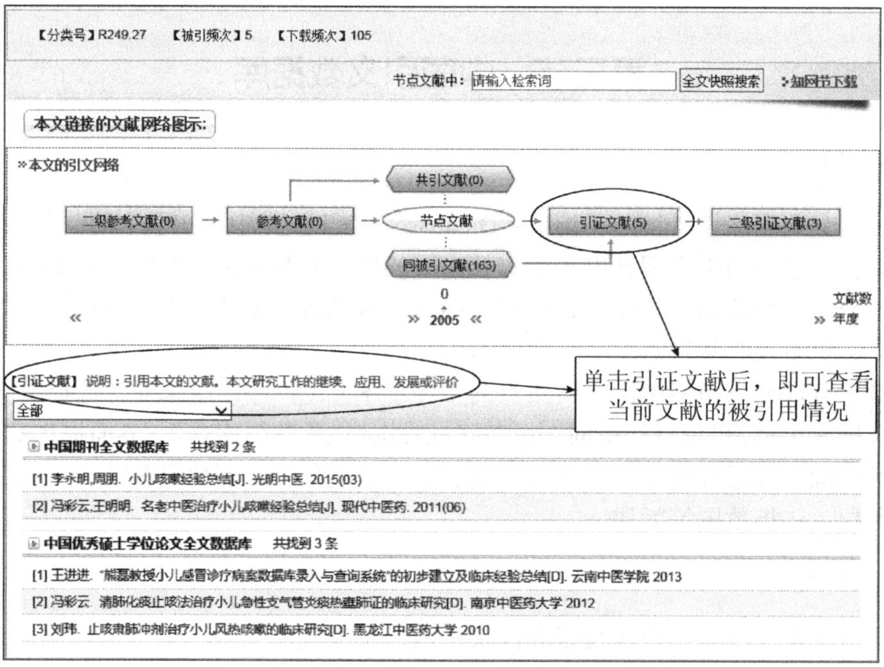

图 9-3-2　通过知网节查看引证文献界面

（二）高级检索

查检者单击快速检索界面上的“高级检索”进入高级检索界面，查检者可以在高级检索界面单击检索框前面的“+”“−”来增减检索框，并选择检索词与检索词之间的逻辑关系执行检索。

【检索示例】检索“周仲瑛主编的《中医内科学》（2004 年出版）”这本论著被引用情况。

查检者首先勾选图书类型引文后，单击“+”增加检索框，选择被引题名字段、被引作者字段和被引年字段，分别输入相应的检索词“中医内科学”“周仲瑛”“2004”后，单击“检索”按钮（图 9-3-3）。

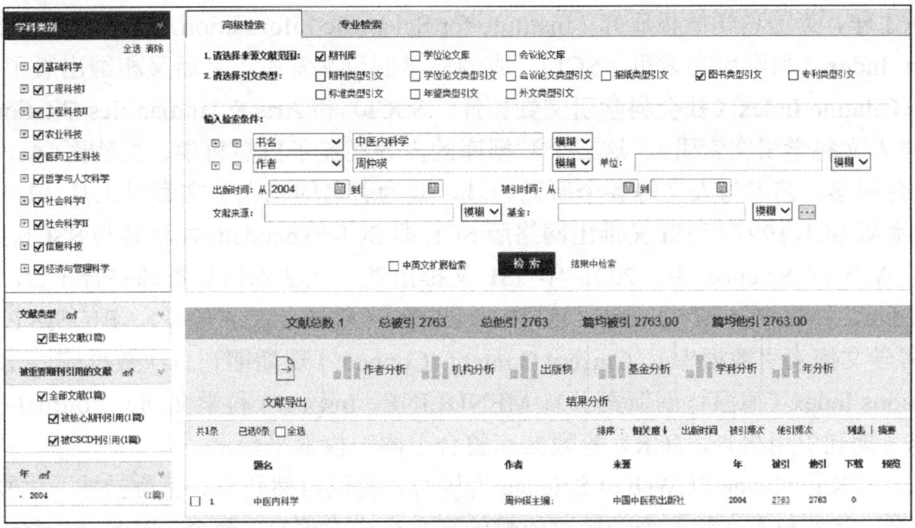

图 9-3-3　中国引文数据库高级检索结果界面

单击检索命中记录中的“被引频次”显示的数字，系统会在新窗口显示引用当前记录详细的被引用情况（图 9-3-4）。查检者可将被引情况复制或者打印成文档。

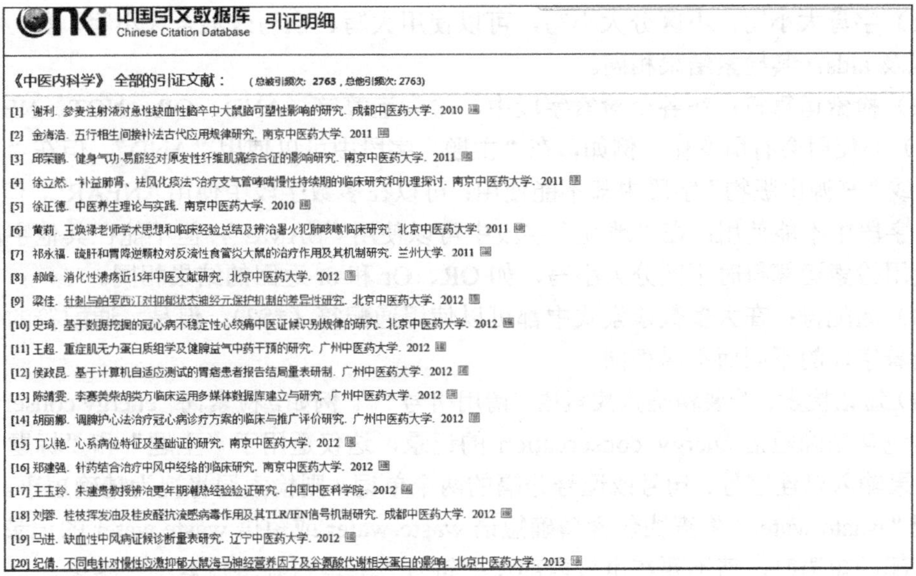

图 9-3-4　中国引文数据库详细的被引用情况界面

第四节 ISI Web of Science（SCI）

一、概述

1961年，美国科学情报研究（Institute for Scientific Information，ISI）研发了Science Citation Index（科学引文索引，SCI），成为最早的引文索引。之后又相继出版了Social Science Citation Index（社会科学引文数据库，SSCI）和Arts & Humanities Citation Index（艺术与人文科学引文索引）。这三个数据库的内容涵盖了自然科学、生物医学、工程技术、社会科学、艺术与人文等各个研究领域，成为著名的三大引文索引工具。1988年出版了光盘版SCI，1997年ISI又推出网络版SCI，即SCI-Expanded，并将其与SSCI、A&HCI集成于Web of Science中。2001年ISI又推出新一代学术信息资源整合平台Web of Knowledge，并将Web of Science、ISI Proceedings（科学会议录索引）、BIOSIS Previews（生命科学文摘索引数据库）、Current Contents Connect（现期期刊目次数据库）、Derwent Innovations Index（德温特创新索引）、MENDLINE、Inspect（科学文摘）、Journal Citation Reports（期刊引用报告，JCR）等数据库整合于同一检索平台上。

Web of Knowledge以Web of Science为核心，提供自然科学、工程技术、生物医学、社会科学、艺术与人文等多个领域可依赖的高水平学术信息。至今，Web of Science已收录全球12 400多种较高影响力的学术期刊和15万多条种会议记录，收录数据可回溯至1898年，数据每周更新，同时开通一百余种免费期刊的全文链接。

二、检索规则

（1）字母大小写：不区分大小写，可以使用大写、小写或混合大小写。如AIDS、Aids以及aids，其检索结果相同。

（2）检索运算符：在各个检索字段中，检索运算符（AND、OR、NOT、NEAR和SAME）的使用会有所变化。例如，在“主题”字段中可以使用“AND”，但在“出版物名称”或“来源出版物”字段中却不能使用；可以在多数字段中使用“NEAR”，但在“出版年”字段中不能使用；在“地址”字段中可以使用“SAME”，但不能在其他字段中使用。使用检索运算符时不区分大小写，如OR、Or和or返回的结果相同。

（3）通配符：在大多数检索式中都可以使用通配符（*$?）；但是，通配符的使用规则会随着字段的不同而不尽相同。

（4）短语检索：若要精确查找短语，请用引号“”。例如，检索词“energy conservation”将检索包含精确短语energy conservation的记录，这仅适用于“主题”和“标题”的检索。如果输入以连字号、句号或逗号分隔的两个单词，则检索词将视为精确短语。例如，检索词“waste-water”将查找包含精确短语waste-water或短语waste water的记录。检索精确匹配的短语时，请不要在引号内部使用符号“$”，否则将检索不到结果。

（5）括号：括号用于将合成逻辑运算进行分组。

三、检索方法

Web of Science 数据库提供基本检索（search）、被引参考文献检索（cited reference search）和高级检索（advanced search）三种方法。并提供检索历史（search history）功能，在检索时可根据需要对时间进行限定。

（一）基本检索

基本检索为 Web of Science 的默认界面，提供检索的字段有主题、标题、作者、作者标识符、编者、出版社名称、数字对象唯一标识符（digital object unique identifier，DOI）、出版年、地址、会议、语种、文献类型、入藏号等，在输入框内输入检索词或检索式，单击“检索”按钮即可检索。在一个或多个检索字段中输入检索词，单击添加另一字段链接可在“检索”页面中添加更多的检索字段，如果要更改检索设置，请转至检索页面的时间跨度和更多设置部分（图 9-4-1）。

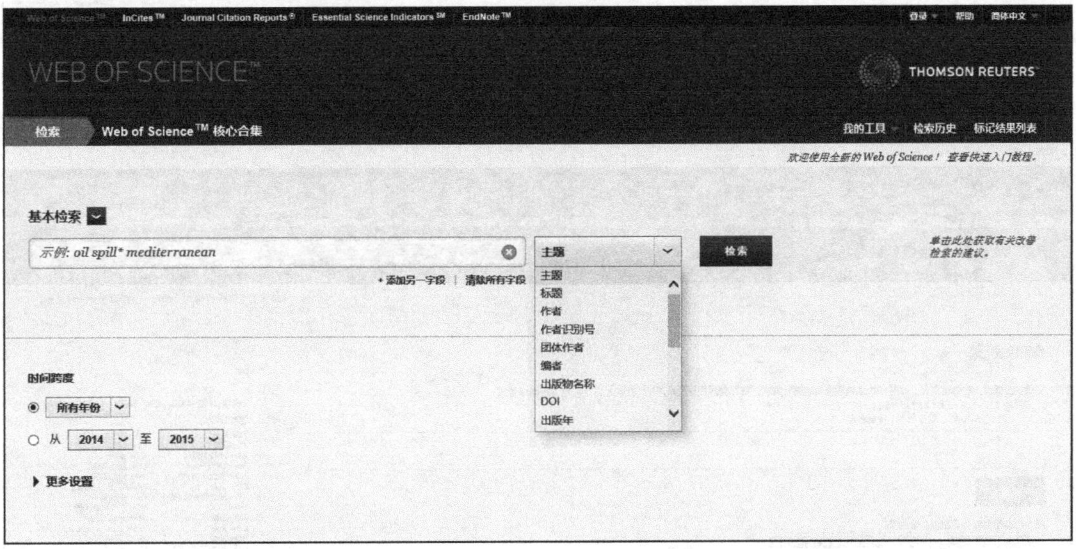

图 9-4-1 Web of Science 基本检索界面

（二）被引参考文献检索

这是 Web of Science 的重要检索方式，通过被参考文献检索，查检者可以了解某个学者的理念、创新和观点获得确认、应用和改进，可以了解有谁在引用某位作者的研究成果，以及该作者在世界范围内对其他研究人员的影响。该界面提供的检索字段有被引作者、被引著作、被引年份、被引卷、被引期、被引标题，各字段默认逻辑与“AND”组配（图 9-4-2）。在查找被引作者时，姓需用全称，名字既可用全称，也可以用字母缩写。

（三）高级检索

在检索框内直接输入逻辑符、字段标识、括号及检索词创建检索式完成课题的检索，检索时还可对文献语种及文献类型进行限定。逻辑符、字段标识符及其含义参见该检索界面右上侧（图 9-4-3）。

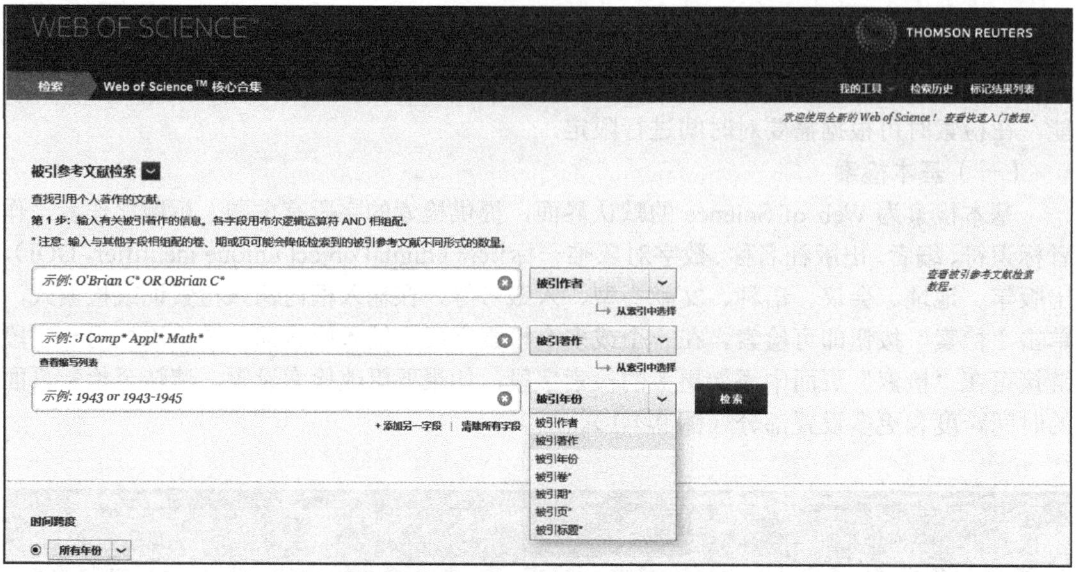

图 9-4-2　Web of Science 被引参考文献检索界面

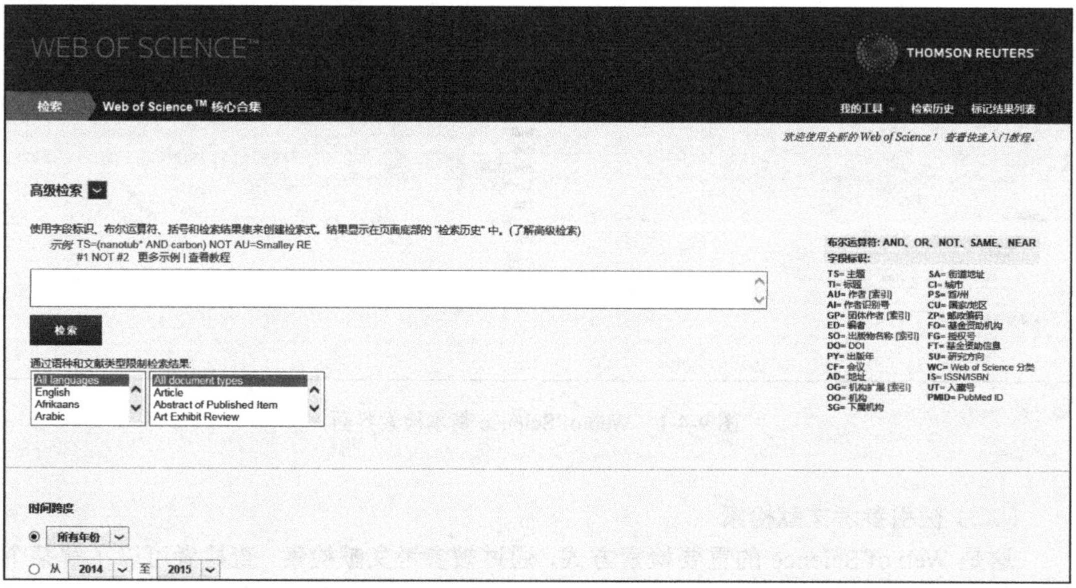

图 9-4-3　Web of Science 高级检索界面

（四）检索历史

可显示检索结果总数及使用过的检索式编号，并按检索时间倒序显示。在检索历史中可以对检索式进行逻辑组配检索，可选择的逻辑符有“AND”和“OR”。

四、检索结果

Web of Science 除了具备强大的引文检索功能，还提供多种管理分析功能，包括检索结果显示与输出、精炼检索结果、分析检索结果、创建引文报告及检索结果全文获取等功能（图 9-4-4）。

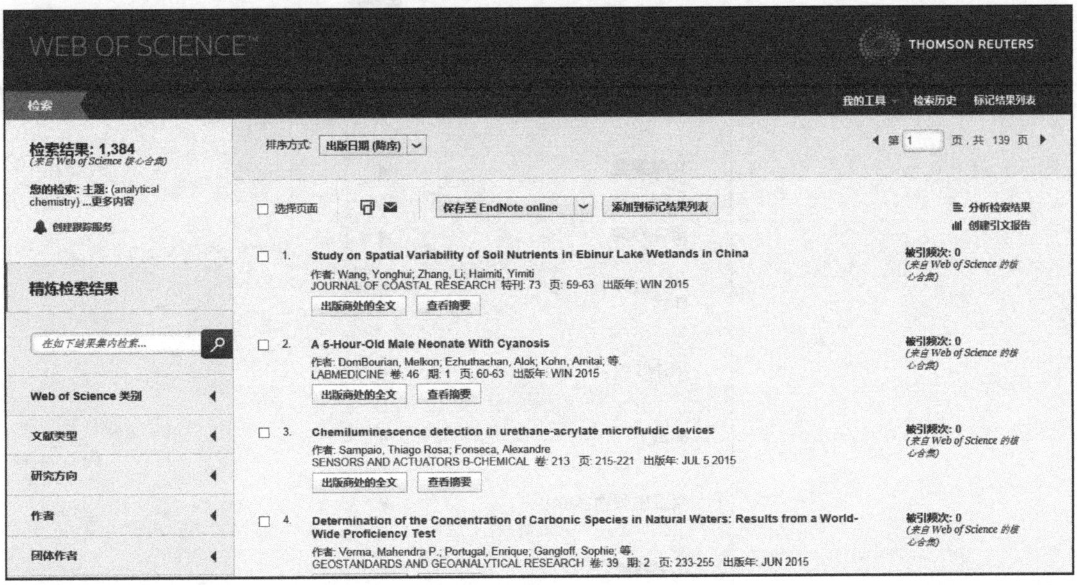

图 9-4-4 Web of Science 检索结果界面

（一）检索结果显示与输出

检索结果界面默认显示文献的题名、作者、来源出版物、出版时间及被引频次等，单击标题可查看单篇文献的详细信息。在检索结果列表下方，系统提供打印、发送电子邮件、或保存到 EndNote Web 文献管理软件和保存到其他文献管理软件中。

（二）精炼检索结果

在检索结果界面左侧，可精炼检索结果，即二次检索。在输入框内输入检索词，系统默认在主题字段检索，并与当前检索结果做“逻辑与”运算。另外通过选择 Web of Science 类别、文献类型、研究方向、作者、出版年、语种等途径进行检索结果的精炼检索（图 9-4-5）。若在检索结果中查找高影响力的文献综述，可在精炼检索结果界面选择文献类型，在下拉菜单中选择“综述（Review）”进行检索，即可在 SCI 中检索到高影响力的文献综述。

（三）分析检索结果

这是 SCI 中非常强大的功能，它能够处理 10 万的记录，并且提供多层次多方面的分析。单击检索结果界面右上方“分析检索结果”功能按钮，就可以从作者、国家/地区、文献类型、机构、语种、出版年、研究方向、SciElo 分类、来源出版物名称多个角度对检索结果进行分析，能按作者角度分析结果（图 9-4-6）。

（四）创建引文报告

从检索结果中勾选所需的文献，并单击检索结果右上方的“创建引文报告”按钮，即可生成一份查检者所需的中文文献的引文报告（图 9-4-7）。

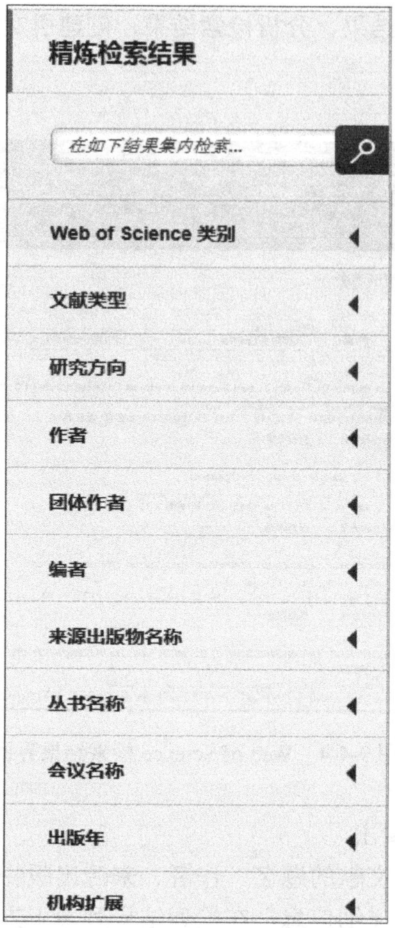

图 9-4-5　精练检索结果界面

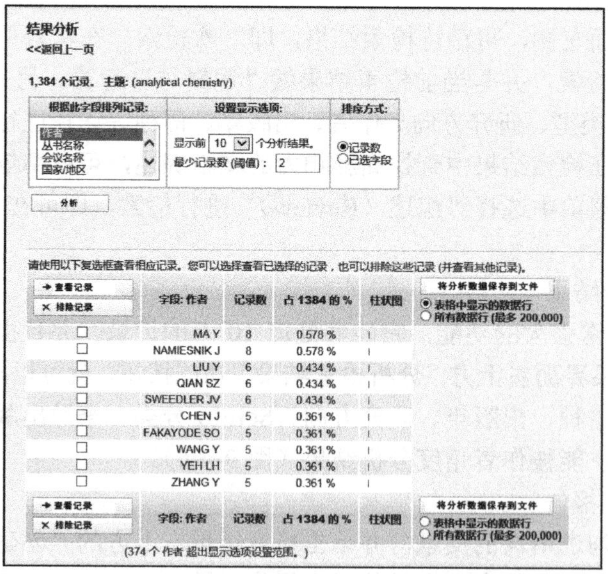

图 9-4-6　Web of Science 检索结果分析界面

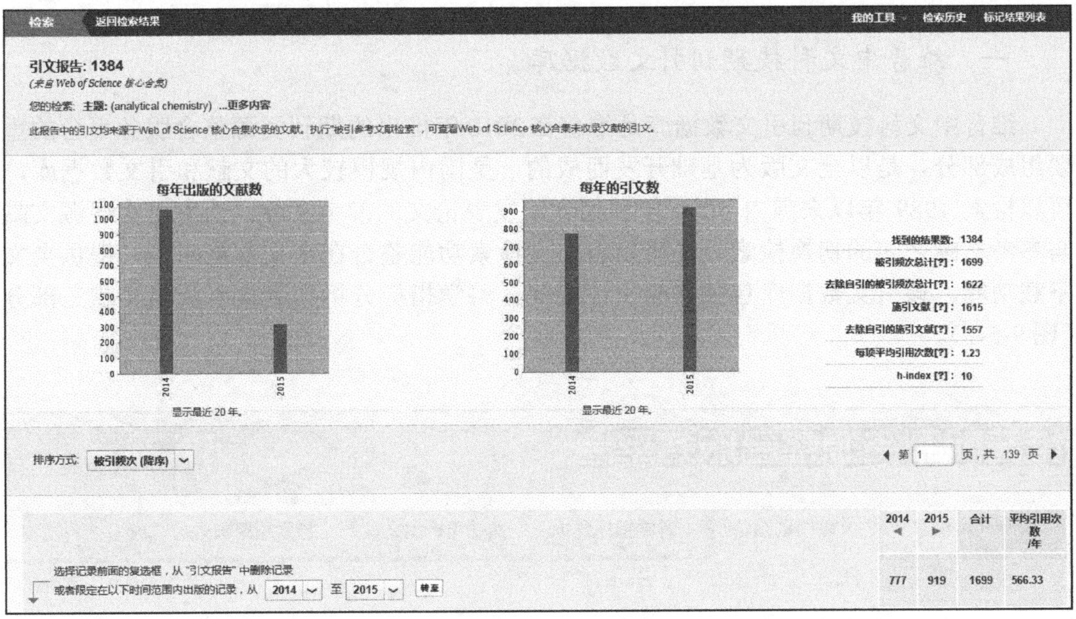

图 9-4-7 Web of Science 引文报告界面

（五）创建定题跟踪服务

（1）通过“检索历史”按钮创建定题跟踪服务，可以定期获得某一课题的最新文献。具体操作步骤是：在检索结果页面（返回检索页面）上单击“检索历史”→在检索历史界面上单击“保存历史/创建跟踪”按钮→登录（非注册用户先注册）→在保存检索历史界面进行保存检索历史的名称、勾选“电子邮件跟踪”选项，选择文献定期发送到电子邮箱的频率（每周或每月）、文献类型、格式等，最后单击“保存”按钮，完成定题跟踪服务的创建。

（2）单击检索结果界面“创建跟踪服务”按钮，其操作步骤与检索历史界面“保存历史、创建跟踪”步骤完全相同。定题跟踪服务创建成功后，所设定的电子邮箱每周或每月会收到与保存的检索式相匹配的新文献。

（六）创建引文跟踪服务

若对某篇特定文献日后被人引用感兴趣，可创建引文跟踪服务，由设定的电子邮箱接收引用文献的信息。

（七）全文获取

Web of Science 是个引文数据库，本身没有收录全文，但查检者可以通过该引文数据库提供的链接功能获取全文。在检索结果显示界面，单击“全文”链接图标可直接查看全文和下载全文。

第五节 其他引文检索工具

查检者检索引文文献，除了使用 CSCD、CCD 和 SCI 等常用引文数据库，还可利用维普中文科技期刊引文数据库、万方中国论文引文分析数据库、读秀学术搜索等进行检索。

一、维普中文科技期刊引文数据库

维普中文科技期刊引文数据库是维普在2010年推出的期刊资源整合服务平台的重要组成部分，是以全文版为基础开发而成的，是国内规模较大的文献和引文数据库，可以检索 1989 年以来国内 5000 多种期刊所发表论文的参考文献。该库可实现源文献与参考文献之间的切换检索，还可以将引文检索功能整合在全文数据库中，提供全文下载功能。该引文数据库包括文献引证追踪、科学指标分析和高被引析出文献三部分（图 9-5-1）。

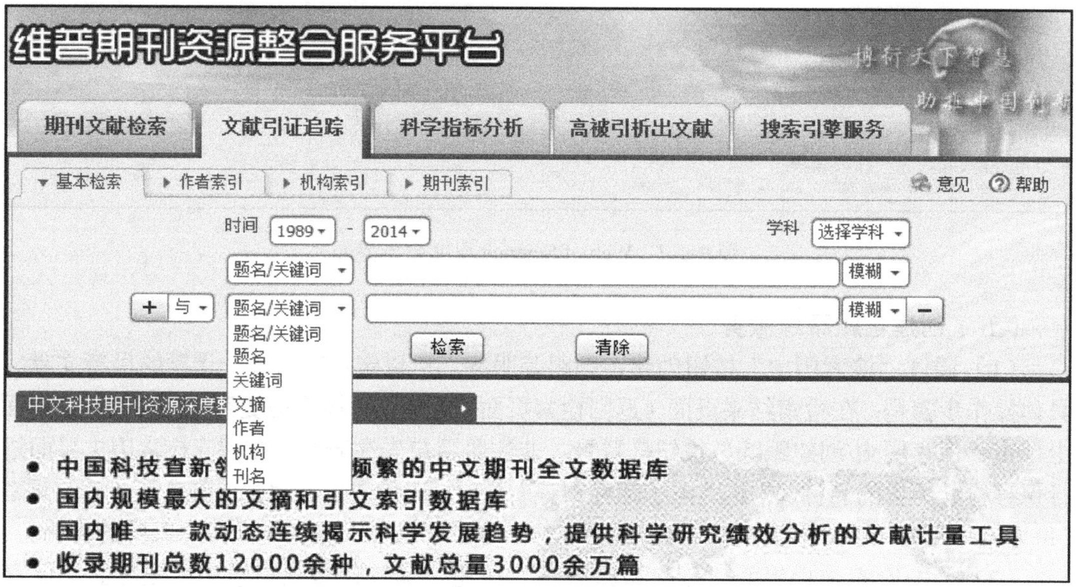

图 9-5-1　维普期刊资源整合服务平台引文检索界面

（一）文献引证追踪

文献引证追踪是维普期刊资源整合服务系统的重要组成部分，包含维普所有的中文科技期刊数据，引文数据回溯加工至 2000 年。该产品采用科学计量学中的引文分析方法，对文献之间的引证关系进行深度数据挖掘，除提供基本的引文检索功能，还提供基于作者、机构、期刊的引用统计分析功能，可广泛用于课题调研、科技查新、项目评估、成果申报、人才选拔、科研管理、期刊投稿等用途。

检索方式有基本检索、作者索引、机构索引和期刊索引。以下以基本检索为例进行说明。基本检索字段中可检索字段有题名/关键词、题名、关键词、文摘、作者、机构、刊名。检索界面支持逻辑组配检索。通过检索可查看引证文献、查看参考文献及引用追踪等，可浏览到该文献的被引用情况及其参考文献，包括被引期刊论文、被引学位论文、被引会议论文、被引专利、被引图书专著、被引标准等。例如，在检索框内输入“中医体质学”，检索字段选“题名/关键词”，进行检索，检索结果见图 9-5-2，检索结果按照文献的被引量来排列。单击检索结果列表中的题名等信息，可查看到详细的文献信息，包括详细的参考文献、引证文献和耦合文献（图 9-5-3）。

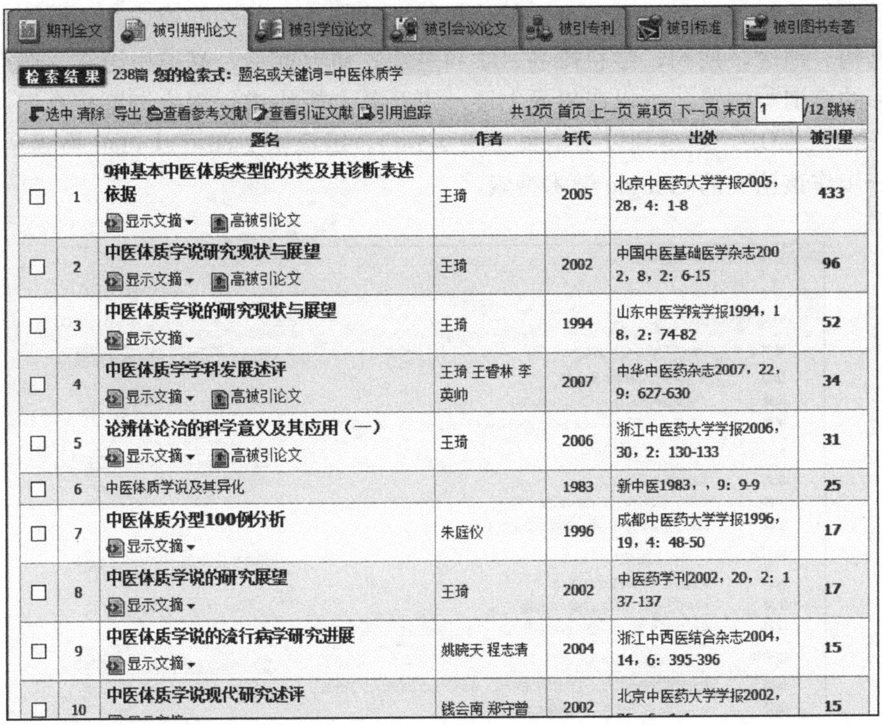

图 9-5-2 维普引文检索结果界面

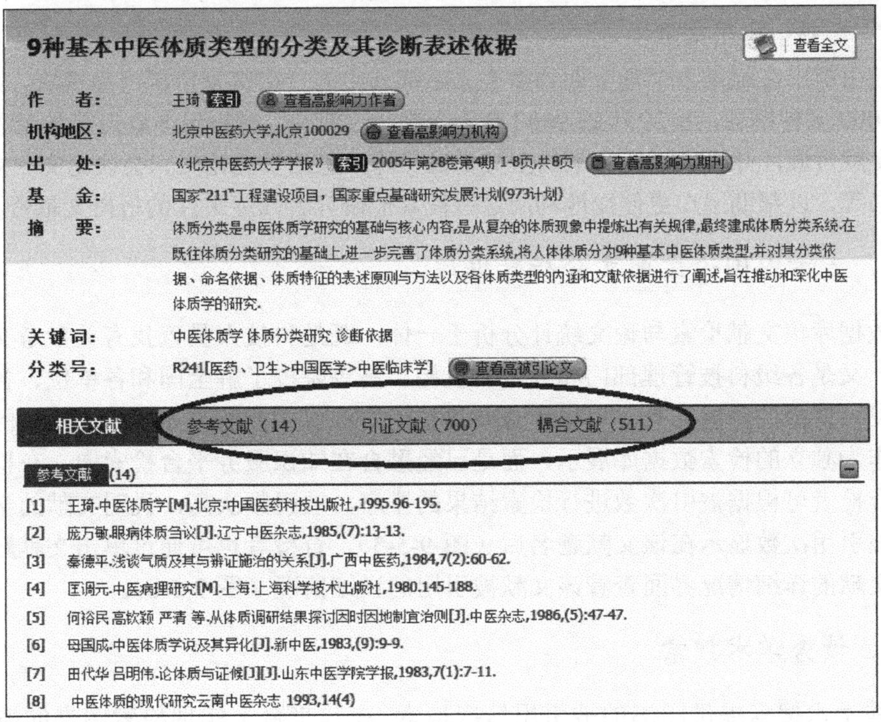

图 9-5-3 维普文献引证追踪界面

（二）科学指标分析

科学指标分析是一个提供三次文献情报加工的知识服务功能模块。该模块主要提供学者、机构、地区、期刊、学科排名、学科基线、研究前沿、高被引论文、热点论文等多项指标的查询与浏览。可以在界面上逐一点开各个模块进行深度浏览和查询，如单击“高被引论文”模块，则得到以下结果（图 9-5-4）。每篇论文都可以 PDF 格式全文下载，还可进一步作该论文的 Google 学术搜索。

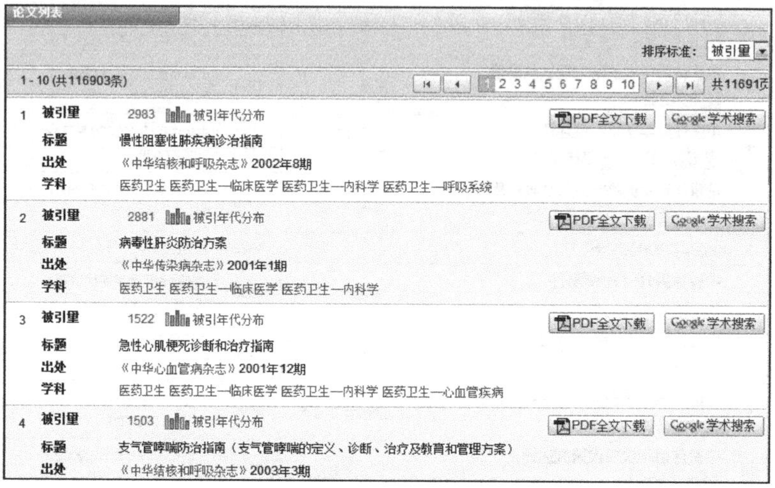

图 9-5-4　维普高被引论文检索结果界面

（三）高被引析出文献

高被引析出文献是一个基于期刊参考文献筛选出的一次文献资源产品模块。从国内出版的 12 000 多种期刊，近 20 年的 9000 余万条参考文献中，解析出 800 万篇各个领域中高被引的文献资源，并提供这些文献的全文资源保障，包括学位论文、会议论文、标准、专利、图书等，以帮助用户更便捷地利用这些被其他研究者高度关注的析出文献资源。

二、万方中国论文引文分析数据库

该数据库集文献检索与论文统计分析于一体，既是科技人员查找有关参考文献的重要依据，又是各级科技管理部门和各科研机构、高等院校了解全国和各单位、各部门科技论文发表情报的重要工具，提供了开展科技论文的引文分析。万方中心网站的引文检索并未作为独立的检索数据库展示，而是已经融合在知识服务平台检索中。在检索结果界面，查检者可根据被引次数进行检索结果的排序，被引频次高，说明文献的学术质量也高。被引用次数显示在该文献题名后（图 9-5-5），查检者也可通过单击文献题名的链接，在文献的详细情况界面查看该文献被引用的详细情况（图 9-5-6）。

三、读秀学术搜索

读秀学术搜索提供图书的被引用情况检索。在该平台上实现检索图书的被引用情况，查检者需要在图书检索的界面下，通过检索到的图书题名链接进入图书详细界

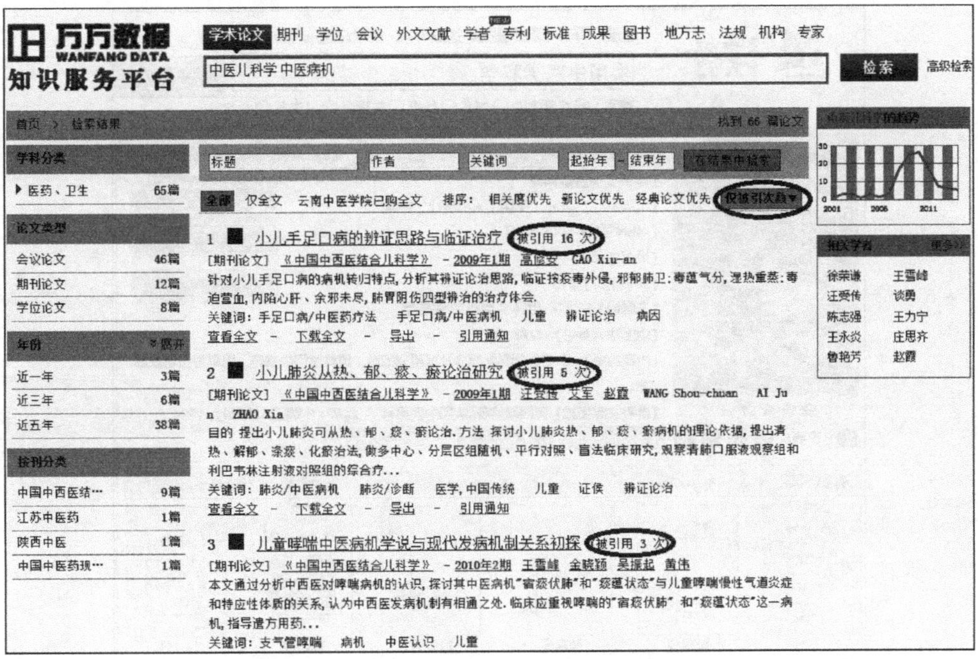

图 9-5-5 万方查看文献被引用次数界面

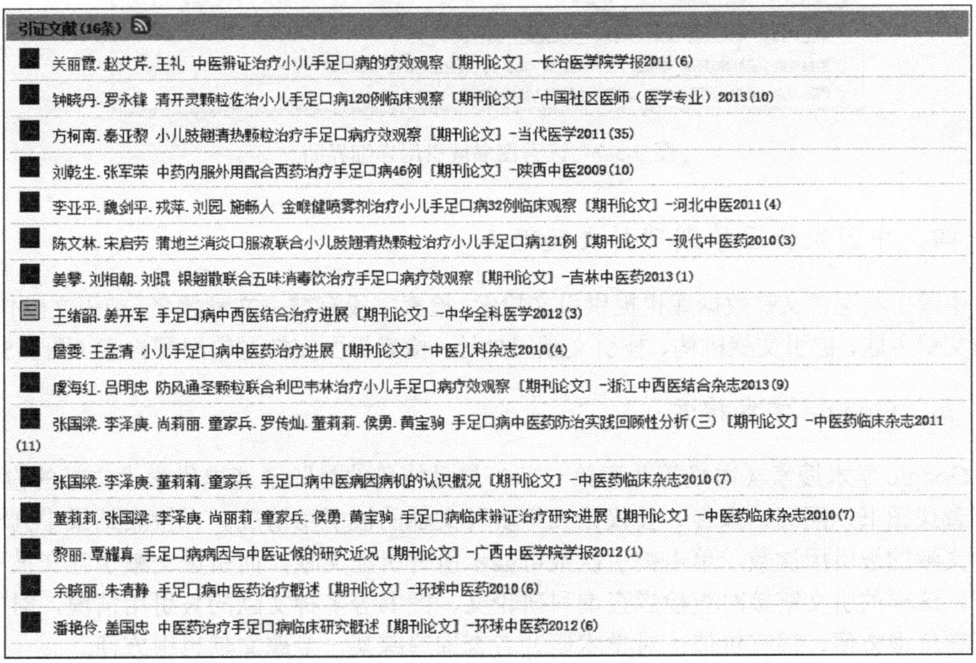

图 9-5-6 万方引证文献详细界面

面查看，在界面右上角可看到被引用指数和被引用次数，在界面中间的“引用图书”（以下图书均引用了本图书）可以看到当前浏览的图书被其他图书引用的详细情况（图 9-5-7）。

图 9-5-7　读秀图书被引用详细界面

四、中国生物医学期刊引文数据库

中国生物医学文献数据库也提供引文检索，检索字段有被引文献题名、被引文献作者、被引文献主题、被引文献机构、被引文献出处等，检索界面支持逻辑组配检索（图 9-5-8）。

五、Google 学术搜索

Google 学术搜索（详见第八章第一节）最具特色的是除了能提供学术文献的检索，还能查找图书、期刊、报告、会议论文等多种文献的被引用情况。在检索结果中列出了来源文献的被引用次数，单击被引次数可显示所有引证文献，而引证文献也存在被引用情况，这样的引文链接对查检者查询科研论文、图书等多种文献的被引用情况，对文献进行评价很方便、很有价值；对学术研究者查询追踪某一专题文献也很方便。

【检索示例】检索饶高雄发表的文献被引用情况。

在检索框中输入作者“饶高雄”，单击“搜索”按钮（或回车键），得到如图 9-5-9 所示的检索结果界面。在检索结果界面中可以看到，在论文题下标注有被引用次数的链接，单击它即可详细查看该论文的引用情况。例如，单击第一篇论文“被引用次数：41”，可以进入详细引证界面，查看引用当前文献的相关文献的被引次数。

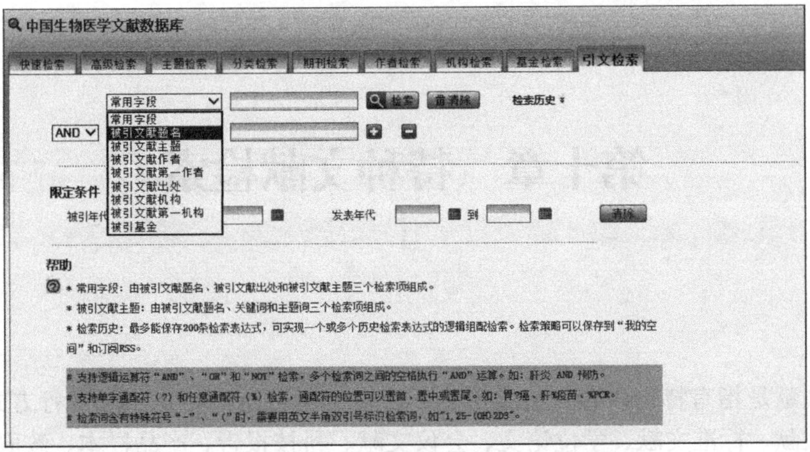

图 9-5-8 中国生物医学期刊引文检索界面

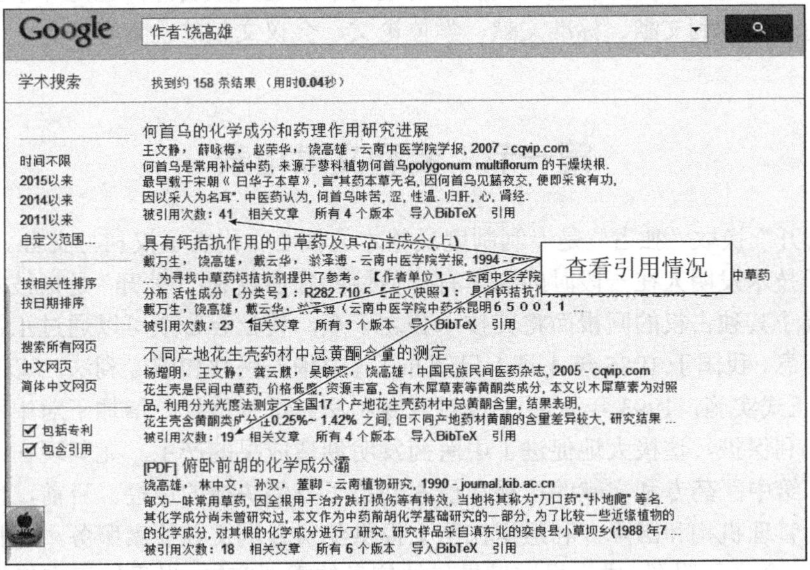

图 9-5-9 Google 学术检索结果界面

思考练习题

1. 何为引文检索？引文检索有哪些独特的作用？

2. 试述 CSCD、SCI 的收录范围及常用检索途径。

3. 能检索图书被引用情况的工具有哪些？请检索《中医儿科学》(汪受传主编，2000 年出版）这本书的被引用情况。

4. 查找“毛小平”为第一作者发表论文的情况，下载其被引频次最高的文章。

5. 一个单位发表论文的被引用情况显示了该单位的科研影响力，请你检索云南中医学院师生 2009 ~ 2013 年发表论文的被引用情况。

第十章　特种文献检索

特种文献是指有特定内容、特定用途、特定读者范围、特定出版发行方式的文献，包括专利文献、标准文献、学位论文、会议文献、科技报告、产品样本、政府出版物等。特种文献从不同角度反映了科学技术的发明创造、最新研究成果和国家法规，对社会生产和科学研究有重要的参考价值，代表当前最高水准的文献资源，也是非常重要的信息源。本章将介绍专利文献、标准文献、学位论文、会议文献的检索方法。

第一节　专利文献检索

以“公开”换取“独占”是专利制度最基本的核心，代表了权利与义务。“独占”是指法律授予技术发明人在一段时间内享有排他性的独占权利；“公开”是指技术发明人作为对法律授予其独占权的回报而将其技术公之于众，使社会公众可以通过正常渠道获得有关专利信息。我国于 1985 年 4 月 1 日颁布了《中华人民共和国专利法》（以下简称《专利法》）并正式实施，1993 年 1 月 1 日对《专利法》进行修订，增加了对中医药领域发明创造的专利保护，这极大地促进了中医药发明创造成果的产生。尤其现在网络技术的快速发展，给中医药专利文献的传播和检索创造了方便快捷的途径。目前，世界上很多国家的专利管理机构和国际专利组织在网上提供免费专利文献检索服务，包括传递专利说明书摘要、全文及附图，成为报道世界科技信息的重要窗口。世界知识产权组织（World Intellectual Property Organization，WIPO）的有关统计资料表明，全世界每年 90%～95%的发明创造成果都可以在专利文献中查到，其中约有 70%的发明成果从未在其他非专利文献上发表过。科研工作中经常查阅专利文献，不仅可以提高科研项目的研究起点和水平，还可以节约 60%左右的研究时间和 40%左右的研究经费。

一、专利概述

（一）定义

专利（patent）源于拉丁语 Litteraepatentes，意为公开的信件或公共文献，是中世纪的君主用来颁布某种特权的证明，后来指英国国王亲自签署的独占权利证书。狭义的专利是指专利权，广义的专利具有三个方面的含义，即专利权、专利技术和专利文献。专利权是指一项发明创造向国家审批机关提出专利申请，经依法审查合格后，向专利申请人授予的在规定时间内对该项发明创造享有的独占实施权。也就是说，专利是受法律保护的新发明。专利技术是指受国家认可并在公开的基础上进行法律保护的专有技术。专利文献是指各国审批机关及国际性专利组织在审批专利过程中产生的官方文件及其出版物的总称，一般包括专利说明书、专利分类表和专利数据库等。

（二）分类

世界上不同国家和地区对专利的分类不尽相同，如部分发达国家将专利分成发明专利和外观设计专利两种。我国《专利法》规定，专利分为发明专利、实用新型专利和外观设计专利三种。

1. 发明专利

我国《专利法》第二条第二款对发明的定义是："发明是指对产品、方法或者其改进所提出的新的技术方案。"所谓产品是指工业上能够制造的各种新制品，包括有一定形状和结构的固体、液体、气体之类的物品，如"一种治疗感冒的中药组合物"；所谓方法是指对原料进行加工，制成各种产品的方法，如"中成药半夏曲的制备方法""一种制备小青龙合剂的方法"。发明专利并不要求它是经过实践证明可以直接应用于工业生产的技术成果，它可以是一项解决技术问题的方案或是一种构思，具有在工业上应用的可能性，但不能将这种技术方案或构思与单纯的提出课题、设想相混同，因为单纯的课题、设想不具备工业上应用的可能性。

2. 实用新型专利

我国《专利法》第二条第三款对实用新型的定义是："实用新型是指对产品的形状、构造或者其结合所提出的适于实用的新的技术方案。"同发明一样，实用新型保护的也是一个技术方案。但实用新型专利保护的范围较窄，它只保护有一定形状或结构的新产品，不保护方法以及没有固定形状的物质。实用新型的技术方案更注重实用性，保护的是比较简单、改进性的技术发明，亦称为"小发明"。另外，授予实用新型专利无需实质审查，因此关于日用品、机械、电器等方面的有形产品的小发明，比较适用于申请实用新型专利。

3. 外观设计专利

我国《专利法》第二条第四款对外观设计的定义是："外观设计是指对产品的形状、图案或其结合以及色彩与形状、图案的结合所作出的富有美感并适于工业应用的新设计。"外观设计专利保护的是产品的装饰性或艺术性外表设计，这种设计可以是平面图案，也可以是立体造型，更常见的是这二者的结合，如"包装盒（保宁半夏颗粒）"。

（三）授予条件

我国《专利法》规定，授予专利权的发明和实用新型，应当具备新颖性、创造性和实用性，而外观设计仅要求具备新颖性。

（1）新颖性：是指在申请日以前没有同样的发明或者实用新型在国内外出版物上公开发表过、在国内公开使用或者以前其他方法为公众所知，也没有同样的发明或者实用新型由他人向专利行政部门提出过申请并且记载在申请日以后公布的专利申请文件中。申请专利的发明创造在申请日以前6个月内，有下列情形之一的不丧失新颖性：在中国政府主办或者承认的国际展览会上首次展出的；在规定的学术会议或者技术会议上首次发表的；他人未经申请人同意而泄露其内容的。

（2）创造性：是指与申请日以前已有的技术相比，具有突出实质性特点和显著进步。实质性特点是指在本质上有一定区别，而且这种差异对所属技术领域的普通技术人员来说是显而易见的。

（3）实用性：是指申请专利的发明或者实用新型能够在工业、林业、畜牧、交通运输等产业上制造或者使用，并且能够产生积极的效果。

我国《专利法》还规定以下几种情况不授予专利权：违反国家法律、社会公德、妨害公共利益的发明创造；科学发现；智力活动的规则和方法；疾病诊断和治疗方法；动物和植物品种；以原子核变换方法获得的物质。

专利具有时效性，即专利权只在一定期限内有效。专利受法律保护的期限的长短由有关国家的专利法或有关国际公约规定。世界各国的专利法对专利的保护期限规定不一。我国专利法规定，发明专利的保护期限为20年，实用新型和外观设计专利的保护期限为10年，均自申请日期起算。

（四）其他相关概念

1. 优先权

优先权原则源于1883年签订的《保护工业产权巴黎公约》（以下简称《巴黎公约》）。所谓优先权是指同一发明首先在一个缔约国正式提出申请后，在一定期限内再向其他缔约国申请专利时，申请人有权要求将第一次提出的申请日期作为后来提出的申请日期。它是公约规定的一项优惠权利，发明和实用新型专利的优先权期限为1年，外观设计专利的优先权期限为6个月。我国于1985年加入《巴黎公约》，因而我国专利申请人向其他缔约国提出专利申请时也享有优先权。

2. 同族专利

同族专利是具有共同优先权的由不同国家或国际专利组织多次申请、多次公布或批准的内容相同或基本相同的一组专利。由至少一个共同优先权联系的一组专利，称一个专利族。在同一专利族中每件专利文献被称为专利族成员，同一专利族中每件专利互为同族专利。在同一专利族中最早优先权的专利称为基本专利。

3. 失效专利

符合下列三种情况之一的即为失效专利：超过专利法定保护期限；专利权人以书面声明放弃其专利权；未按规定缴纳年费。失效专利的技术可以无偿使用，是促进技术创新、开发新产品的宝贵资源。

二、专利文献

（一）概述

记录有关发明创造信息的文献。广义包括专利申请书、专利说明书、专利公报、专利检索工具以及与专利有关的一切资料；狭义仅指各国（地区）专利局出版的专利说明书或发明说明书。专利说明书是专利文献的主体，它是个人或企业为了获得某项发明的专利权，在申请专利时必须向专利局呈交有关该发明的详细技术说明。

专利公报是专利局定期（每周、每月或每季）公布新收到或批准的专利的刊物，一般有发明内容摘要。专利法律文件包括专利法、专利局公布的公告及有关文件。专利检索工具包括专利公报、专利索引和文摘、专利分类法等。

（二）《国际专利分类表》

现有的专利文献分类体系有国际专利分类体系、美国专利分类体系、英国专利分类体系和英国德温特专利文献出版公司分类体系 4 种。目前，世界范围内有 100 多个国家、4 个地区局和 1 个专利组织使用《国际专利分类表》，我国自 1985 年开始使用《国际专利分类表》进行分类。英、美等少数几个国家虽然仍使用自己的专利分类法，但在其专利文献上也都标有国际专利分类号。

《国际专利分类表》（International Patents Classification，IPC）是由世界知识产权组织制定并管理的一种国际通用的专利文献分类工具。它使各国专利文献得以统一，是专利文献检索的必备工具。IPC 每 5 年修订一次，目前使用的是 2011 年修订版。IPC 正式版本用英文和法文出版，两种版本具有相同的权威性，也可以译成中文、捷克文、德文或其他文种印刷出版。我国出版的中译本 IPC 分 9 个分册，其中第 1～8 分册覆盖了可以申请专利的全部技术领域，第 9 分册为 IPC 的《使用指南》。

IPC 采用等级列举式的分类系统，将主要技术主题按递降次序分成不同的等级，即部、分部、大类、小类、大组、小组，形成完整的分类体系。采用层累制与顺序制相结合的编排方法，即大组以上的类目采用层累制，大组以下的类目采用顺序制，并用字母和数字作为标记符号。

IPC 将整个科学技术领域分成 8 个部，部是 IPC 最高一级类目，其类号用字母 A～H 表示。分部只有标题，没有类号，具体参见表 10-1-1。每个部又分成许多大类，大类是 IPC 的二级类目，每个大类的类号由部的类号加上 2 位数字组成，每一类的类名表示该类包括的内容。每个大类包含一个或多个小类，小类是 IPC 的三级类目，每个小类的类号由大类类号后加上 1 个大写字母组成。每个小类又细分成许多大组，大组是 IPC 的四级类目，大组的类号由其所属的小类类号加上 1～3 个数字以及“/00”组成。小组是大组的细分类，第五级以下的类目统称为小组，其类号在大组类号的基础上，将“/”后面的“00”改为至少 2 位的其他数字。具体参见图 10-1-1。

表 10-1-1 《国际专利分类表》的部和分部

部号	部	分部
A	人类生活必需	农业、食品与烟草、个人与家用物品、保健娱乐
B	作业、运输	分离与混合、成型、印刷、交通运输
C	化学、冶金	化学、冶金
D	纺织、造纸	纺织和未列入其他类的柔性原料、造纸
E	固定建筑物	建筑、钻井和采矿
F	机械工程、照明、加热、武器、爆破	发动机与泵、一般工程、照明与加热、武器与爆破
G	物理	仪器、核子
H	电学	不设分部

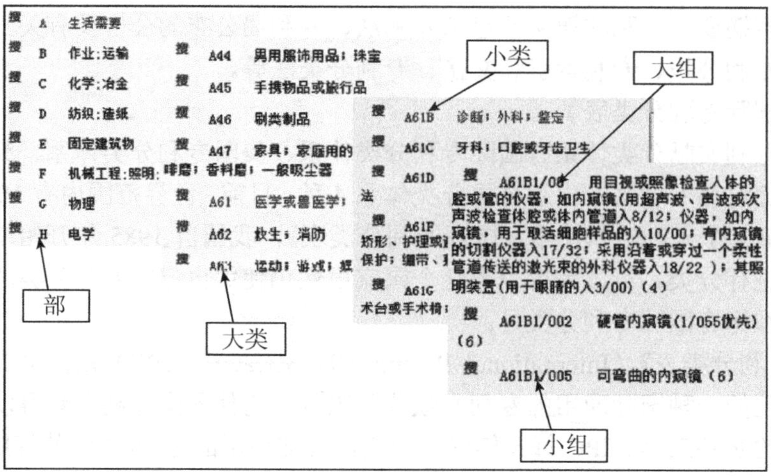

图 10-1-1　国际分类表举例

三、专利文献检索工具

专利文献的检索工具很多，有各国知识产权局网站、专利数据库、专利搜索引擎等，提供一国或多国专利文献的检索与下载服务。各国知识产权局网提供本国专利文献的检索，专利数据库通常分中国专利数据库和国外专利数据库，专利搜索引擎可以检索世界各国专利。

（一）中华人民共和国国家知识产权局网

中华人民共和国国家知识产权局网（http: //www.sipo.gov.cn/）由国家知识产权局知识产权出版社维护，分为专利检索与服务系统（公众部分）、中国专利查询系统、专利公布公告、专利查询四个模块。

（1）专利检索与服务系统（公众部分）：收录中国、美国、日本、韩国、英国、法国、德国、瑞士、俄罗斯等 103 个国家地区和欧洲专利局、世界知识产权等组织的专利。提供专利检索、专利分析及其他个性化服务。中国专利数据每周六更新，国外专利数据每周三更新。系统提供常规检索和表格检索两种检索途径，常规检索可根据需求进行检索要素、申请号、公开（公告）号、申请（专利权）人、发明人、发明名称单字段检索，表格检索可进行申请号、申请日、公开（公告）号、公开（公告）日、发明名称、IPC 分类号、申请（专利权）人、发明人、优先权号、优先权日、摘要、权利要求、说明书、关键词多字段组配检索。系统支持“AND、OR、NOT”以及“( )”等运算功能，但不支持“？”“%”模糊检索。

（2）中国专利查询系统：提供电子注册用户的基本信息、费用信息、审查信息（提供图形文件的查阅、下载）、公布公告信息、专利授权证书信息以及公众用户（申请人、专利权利人、代理机构等）的基本信息、审查信息、公布公告信息。

（3）专利公布公告：提供 1985 年 9 月 10 日至今的中国专利公布公告信息，以及实质审查生效、专利权终止、专利权转移、著录事项变更等事务数据信息。可按照发明公布、发明授权、实用新型和外观设计四种公布公告数据进行查询。每周三更新。

(4) 专利查询：提供每周更新的专利公报信息、法律状态信息、事务性公告信息、缴费信息、专利证书发文信息、通知书发文信息、退信信息，以及代理机构备案信息、年费缴纳与减缓信息。

（二）中国知识产权网

中国知识产权网（http: //www.cnipr.com）是由知识产权出版社于 1999 年 6 月创建的知识产权类专业性网站，研发的《CNIPR 专利信息服务平台》不仅收录 1985 年 9 月以来在中国公开的全部专利信息，还囊括全球 90 余个国家（地区）和组织的专利数据资源，集成了专利检索、分析、预警、信息管理和机器翻译等功能。系统提供快速检索、高级检索、法律状态检索、运营信息检索、失效专利等检索方式，支持“AND、OR、NOT”以及“()”等运算功能，同时还支持同义词检索。

（三）美国专利与商标局专利数据库

美国专利与商标局专利数据库（http: //patft.uspto.gov）由美国专利与商标局（United States Patent and Trademark Office，USPTO）创建，收录 1790 年至今美国全部授权专利及 2001 年 3 月之后的公开专利申请，每周更新一次。由于美国的技术和经济都处于世界领先地位，其他国家和地区的发明创造通常都会在美国申请专利，所以美国专利基本上可以覆盖世界上大部分重要的专利。该数据库包括两部分：授权专利数据库（Patents，简称 PatFT）和公开专利申请数据库（Applications，简称 AppFT），授权专利数据库提供 1790 年以来美国授权的所有专利文献，其中 1976 年以前的只有全文图像页，检索入口只有授权日、专利号和美国专利分类号，1976 年以后的除全文图像页，还有专利题录、文摘、说明书全文；公开专利申请数据库提供 2001 年 3 月以后美国最新专利申请公告的全文和图像以及美国专利申请的题录、文摘、公开的美国专利申请说明书的全文。两个数据库均提供快速检索、高级检索、专利号检索。支持“AND、OR、NOT”以及“()”等运算功能，支持“？”“%”模糊检索。

（四）欧洲专利局专利数据库

欧洲专利局专利数据库（http: //ep.espacenet.com）是由欧洲专利局（The European Patent Office，EPO）和专利组织成员国专利局基于 esp@cenet 向世界各国免费提供专利文献数据库的检索系统。该专利数据库包括世界专利（World Wide）数据库、欧洲专利组织（EP）数据库、世界知识产权组织（WO）数据库，其中世界专利数据库用英文文摘报道 90 多个国家和地区的专利文献，并且可浏览多个国家专利全文说明书；EP 专利数据库提供近 24 个月内公布的专利申请，包括著录数据、文摘和全文说明书，每周更新；WO 数据库收录最近两年由世界知识产权组织公布的 PCT 国际申请的专利著录数据、文摘和全文说明书，每周更新。数据库提供智能检索（smart search）、高级检索（advanced search）、分类检索（classification search）。

（五）SooPAT 专利搜索

SooPAT 专利搜索（http: //www.soopat.com）是一个完全免费的专利数据搜索引擎，它并不提供数据，而是将所有互联网上免费的专利数据库进行链接、整合，并致力于专利信息数据的深度挖掘。收录 99 个国家和地区，超过 8500 万的专利文献，时间跨度超过 350 年，提供专利信息、目前专利所处状态（有权、实审、无效等）、法律状态、同类专利等查询以及专利分析。分中国专利和世界专利两个检索模块，中国专利检索提供快速检索、表格检索、IPC 分类检索，世界专利提供快速检索、高级检索、IPC 分类检索。

（六）百度专利搜索引擎

百度专利搜索引擎（http: //zhuanli.baidu.com/）是由百度与中国专利信息中心合作推出的针对中国专利数据的专业搜索，专利数据目前主要是由国家知识产权局中国专利信息中心提供，包括所有登记备案的中国专利信息。系统提供发明名称、全文字段的简单检索，可查询专利的著录信息（如专利的名称、申请号、摘要、申请日、公开日、申请人/专利权人、发明设计人、专利代理机构、专利类型等）、法律状态、PDF 图像、同族专利等数据。

（七）CNKI 中国专利数据库

CNKI 中国专利数据库（http: //www.cnki.net）收录了 1985 年 9 月以来的所有专利，专利的内容来源于国家知识产权局知识产权出版社，相关的文献、成果等信息来源于 CNKI 各大数据库。每两周更新。

（八）万方中外专利数据库

万方中外专利数据库（http: //c.wanfangdata.com.cn/Patent.aspx）收录了国内外的发明、实用新型及外观设计等专利 4300 余万项，内容涉及自然科学各个学科领域，每年增加约 25 万条，中国专利每两周更新一次，国外专利每季度更新一次。

（九）德温特专利数据库

德温特专利数据库（http: //www.webofknowledge.com/）信息来源于全球 40 多个专利机构，详细记载了超过 1100 万项基本发明专利的信息，2000 多万条专利信息，资料回溯至 1963 年。每条记录除了包含相关的同族专利信息，还包括由各个行业的技术专家进行重新编写的专利信息，如描述性的标题和摘要、新颖性、技术关键、优点等。还可查找专利引用情况，建立专利与相关文献之间的链接。

（十）日本专利数据库

日本专利数据库（http: //www.jpo.go.jp）提供自 1885 年以来公布的所有日本专利、实用新型和外观设计电子文献，有日文和英文两种界面。

（十一）Google 专利搜索

Google 专利搜索（www.google.com/patents）涵盖所有来自美国专利局（USPTO）和欧洲专利局（EPO）的已授权专利和专利应用，美国专利应用可追溯至 1790 年，EPO 专利应用可追溯至 1978 年。提供原始专利文件扫描图像的查看及下载。

四、专利检索举例

【检索示例】查找云南中医学院申请的有关中医药方面的专利。

案例分析：中医药不是具体检索词语，包括中药、中草药、中成药、中医等，所以检索词中医药需进行扩展，检索表达式应为“中医 or 中药 or 中草药 or 中成药”。

检索步骤：下面以中华人民共和国国家知识产权局网为例介绍其检索步骤。

（1）进入国家知识产权局网，单击服务栏的“专利检索与查询”，选择“专利检索与服务系统（公众部分）”进入专利检索的界面，见图 10-1-2。

图 10-1-2　专利检索与服务系统检索界面

（2）进入表格检索界面，在“发明名称”后的检索框内输入“中医 or 中药 or 中草药 or 中成药”，在“申请（专利权）人”后的检索框内输入“云南中医学院”，单击下方的“检索”按钮即完成，见图 10-1-3。

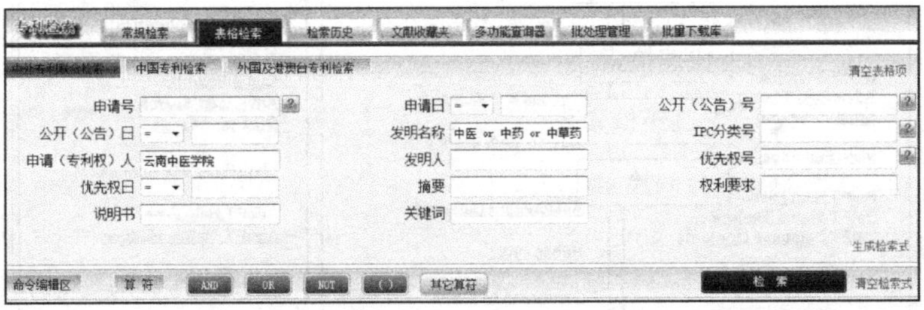

图 10-1-3　国家知识产权局网专利检索策略

（3）查看结果，有 9 条发明专利符合条件（图 10-1-4）。单击每条专利下方的“查看

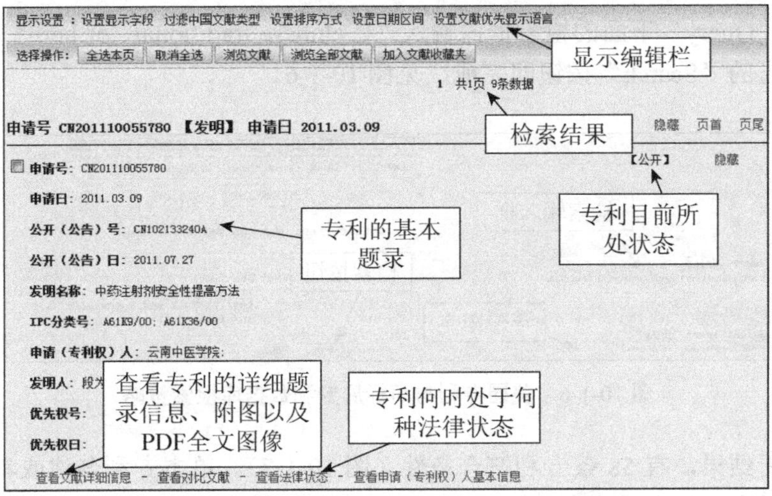

图 10-1-4　国家知识产权局网专利检索结果

文献详细信息”可显示该专利的详细题录信息、附图以及 PDF 全文图像。单击“查看法律状态”可获知专利何时处于何种状态。此外，网站还提供专利说明书的打印与保存服务。

【检索示例】检索在美国授权的有关中药治疗艾滋病方面的专利。

案例分析：中药的英译有 chinese traditional medicine、herbal medicine、chinese traditional medicine、herbal medicament 等，综合考虑，可使用通配符进行模糊检索，表达式为“(″chinese traditional″ or herb*) and aids”。

检索步骤：下面以美国专利与商标局专利数据库为例介绍其检索步骤。

（1）输入 http: //patft.uspto.gov 进入美国专利与商标局专利数据库（图 10-1-5），单击“授权专利数据库（Patents，简称 PatFT）”中的“高级检索（Advanced Search）”进行检索。

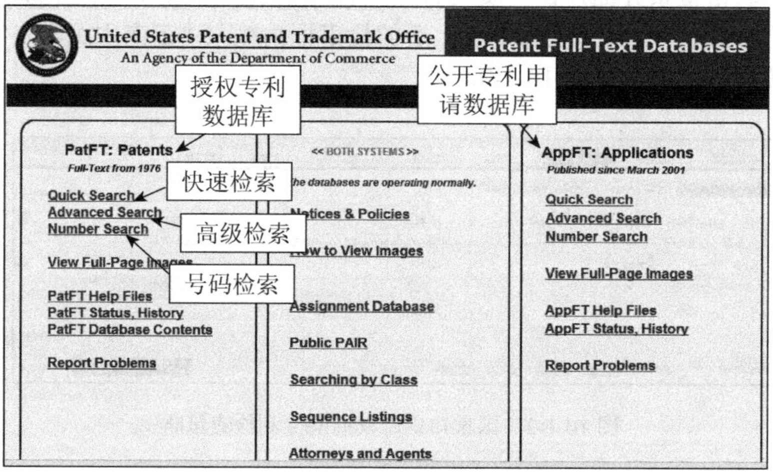

图 10-1-5　美国专利与商标局专利数据库检索界面

（2）在“Query”下面的检索框内输入“(″chinese traditional″ or herb*) and aids”，然后单击下方的“Search”按钮即完成，见图 10-1-6。

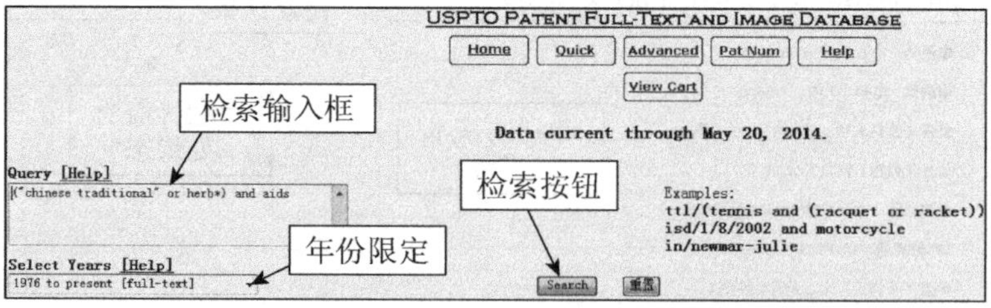

图 10-1-6　美国专利与商标局专利数据库检索策略

（3）查看结果，有 58 条专利符合条件（图 10-1-7）。单击专利名称或者专利号，可以看到该记录详细的全文信息。打开 IE 浏览器中的“File”下拉菜单，选择“Save”或“Print”，可实现对记录全文的存盘或打印。

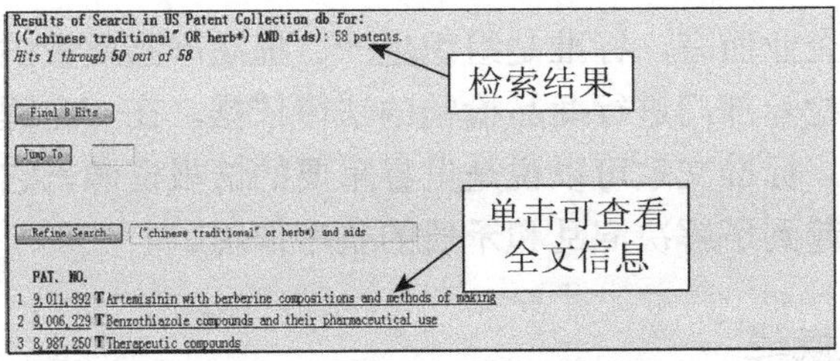

图 10-1-7 美国专利与商标局专利数据库结果显示界面

【检索示例】 利用专利搜索引擎检索有关六味地黄丸的相关中国专利。

案例分析：检索六味地黄丸的发明、实用新型、外观设计三种专利。

检索步骤：下面以 SooPAT 专利搜索引擎为例介绍其检索步骤。

（1）输入 http: //www.soopat.com 进入 SooPAT 专利搜索引擎的检索界面，在中国专利后的检索框内输入“六味地黄丸”，单击“SooPAT 搜索”按钮即完成，见图 10-1-8。

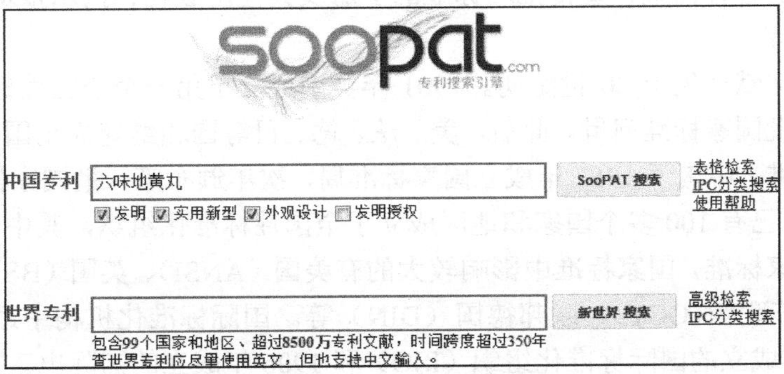

图 10-1-8 SooPAT 专利搜索界面

（2）查看结果，有 137 条专利符合条件。每个结果后显示目前的状态（有权、实审、无效等），还提供阅读、下载以及法律状态、同类专利的查询，见图 10-1-9。

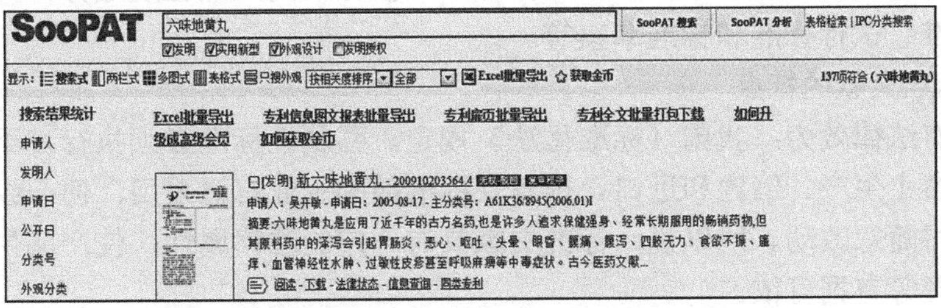

图 10-1-9 SooPAT 专利搜索的结果显示界面

第二节 标准文献检索

对国家而言，标准文献可以反映本国的经济政策、技术政策、生产水平、标准化水平、资源情况等；对企业而言，标准是组织生产、提高产品质量的必备技术文献，也是技术监督部门、商品检验部门进行商品检验的法律依据，在一定程度上，技术标准甚至比技术本身更为重要。标准文献可以说是世界重要的情报资源，它为整个社会提供了协调统一的标准规范，起到了解决混乱和矛盾的整序作用。

一、标准文献概述

（一）定义

标准（standard）是对需要协调统一的技术、概念或重复性的事物所做出的统一规定。它以科学技术和实践经验的综合成果为基础，经有关方面协商同意，由公认的机构批准，以特定形式发布，其目的是获得最佳秩序和社会效益。标准文献狭义指按规定程序制定，经公认权威机构（主管机关）批准的一整套在特定范围（领域）内必须执行的规格、规则、技术要求等规范性文献，简称标准。广义指与标准化工作有关的一切文献，包括标准形成过程中的各种档案、宣传推广标准的手册及其他出版物、揭示报道标准文献信息的目录、索引等。

现代标准文献产生于 20 世纪初。1901 年英国成立了第一个全国性标准化机构，同年世界上第一批国家标准问世。此后，美、法、德、日等国相继建立全国性标准化机构，出版各自的标准。中国于 1957 年成立国家标准局，次年颁布第一批国家标准（GB）。20 世纪 80 年代，已有 100 多个国家和地区成立了全国性标准化组织，其中 90 多个国家和地区制定了国家标准，国家标准中影响较大的有美国（ANSI）、英国（BS）、日本（JIS）、法国（NF）、苏联（TOCT）、联邦德国（DIN）等。国际标准化机构中最重要、影响最大的是 1947 年成立的国际标准化组织（ISO）和 1906 年成立的国际电工委员会（IEC），它们制定或批准的标准具有广泛的国际影响。《中华人民共和国标准化法》自 1989 年 4 月 1 日起施行。

标准文献按其适用范围可以分为不同的层次，即通常所说的标准的级别。按使用范围划分，可分为国际标准、区域标准、国家标准、行业标准、企业标准。按标准的性质划分，可分为技术标准、管理标准、工作标准。按标准的成熟程度划分，可分为法定标准、推荐标准、试行标准和标准草案等。

（二）标准文献的特点

（1）具有法律效力：我国《标准化法》规定，强制性标准必须执行，不符合强制性标准的产品禁止生产、销售和进口。推荐性标准鼓励企业自愿采用，但一经采用就应严格执行，不得随意改动。所以说，标准文献具有一定的法律属性，使产品生产、工程建设、组织管理等有据可依。

（2）有很强的时效性：标准实施后，根据科技发展和经济建设需要，由标准的主管部门组织有关单位适时进行复审，复审周期一般不超过 5 年。

（3）自成体系：标准文献无论是从体裁格式、描述内容、遣词用字上，还是在审批程序、管理办法以及使用范围等方面都有别于其他文献。同时标准文献还具有特有的标志，即标准号，一件标准对应一个标准号，一件标准只解决一个问题。

（4）交叉重复，相互引用：许多国家的国家标准是由有代表性的行业标准或企业标准转化而来的，所以在内容上有许多重复交叉的现象，且各国之间直接相互引用有关标准也屡见不鲜。故判断标准的水平不能简单地以使用范围来评价，而应以具体的技术参数和具体内容为依据。

（三）标准文献的作用

标准化的目的是对在经济、技术、科学管理等实践中重复事情和概念通过制定、发布和实施标准，达到统一，以获得最佳秩序和社会效益。在依赖技术的现代经济中，标准构成了重要的技术基础，对经济有着重大而复杂的影响。标准文献主要有以下几个方面的作用：通过标准文献可了解各国经济政策、技术政策、生产水平、资源状况和标准水平；在科研、工程设计、工业生产、企业管理、技术转让、商品流通中，采用标准化的概念、术语、符号、公式、量值、频率等有助于克服技术交流的障碍；国内外先进的标准可作为推广研究，改进新产品，提高新工艺和技术水平的依据；标准文献是鉴定工程质量、校验产品、控制指标和统一试验方法的技术依据；可以简化设计、缩短时间、节省人力、减少不必要的试验、计算，能够保证质量，减少成本；进口设备可按标准文献进行装备、维修配制某些零件；有利于企业或生产机构经营管理活动的统一化、制度化、科学化和文明化。

二、中国标准检索

（一）中国标准的检索工具

1. 中国标准服务网

中国标准服务网（http: //www.cssn.net.cn）由中国标准化研究院建设维护，其标准信息主要依托于国家标准化管理委员会、中国标准化研究院标准馆及院属科研部门、地方标准化研究所（院）及国内外相关标准化机构，提供中国国家标准、行业标准、地方标准以及 60 多个国家、70 多个国际和区域性标准化组织、450 多个专业协（学）会的标准查询。注册并登录后可以全面使用 CSSN 的标准信息更新、标准全文和专题咨询等服务，其中检索中外标准及阅读强制性国家标准免费，全文传递需付费。中国标准服务网提供包括标准、技术法规、期刊、专著的资源检索及包括 ASTM 标准、内容指标强制国标的专类检索，检索途径有简单检索、高级检索、专业检索、分类检索四种。

2. CNKI 标准数据库

CNKI（http: //www.cnki.net）标准系列产品包括国家标准全文数据库、中国行业标准全文数据库、国内外标准题录。其中国家标准全文数据库收录了由中国标准出版社出版的，国家标准化管理委员会发布的所有国家标准，占国家标准总量的 90%以上。标准的内容来源于中国标准出版社，相关的文献、专利、成果等信息来源于 CNKI 各大数据库。中国行业标准全文数据库收录了现行、废止、被代替以及即将实施的行业标准，全部标准均获得权利人的合法授权。两个数据库均提供一般检索、高级检索、专业检索三种检索途径，可以通过标准号、中文标准名称、起草单位、起草人、采用标准号、发布日期、中国标准分类号、国际标准分类号等检索项进行检索。

3. 国家标准化管理委员会网站

国家标准化管理委员会网站（http: //www.sac.gov.cn）由国家标准化管理委员和 ISO/IEC 国家委员会秘书处主办，通过该网站可以及时准确地了解国内外标准化信息，免费检索国家标准目录以及在线阅读国家强制性标准全文。单击[国标目录查询]进入国家标准查询界面，可查询现行有效的国家标准 2.7 万条和已经废止的国家标准 1 万多条。可检索字段包括标准号、中文标准名称、英文标准名称、国际标准分类号、中国标准分类号、发布日期、主管部门、起草单位等，支持模糊检索。检索结果以列表方式显示题录信息和详细信息。

4. 万方数据知识服务平台“中外标准数据库”

万方中外标准数据库（http: //www.wanfangdata.com.cn/Standard.aspx）来源于国家质量监督局，收录了 1964 年以来发布的全部中国国家标准，还收录了英、德、法、日四国的国家标准、2 个国际标准化组织（ISO、IEC）、国内外行业标准以及一些协会制定的共 14 个国内外标准数据库。

（二）中国标准的检索举例

【检索示例】检索有关西洋参质量的国家标准。

下面以 CNKI 标准数据库为例。

（1）输入网址 http: //www.cnki.net，登录 CNKI 标准数据库，选择“国家标准全文数据库”进入标准的检索界面。

（2）选择检索字段“标准名称”，检索框内输入“西洋参”，单击“检索”按钮即完成，见图 10-2-1。

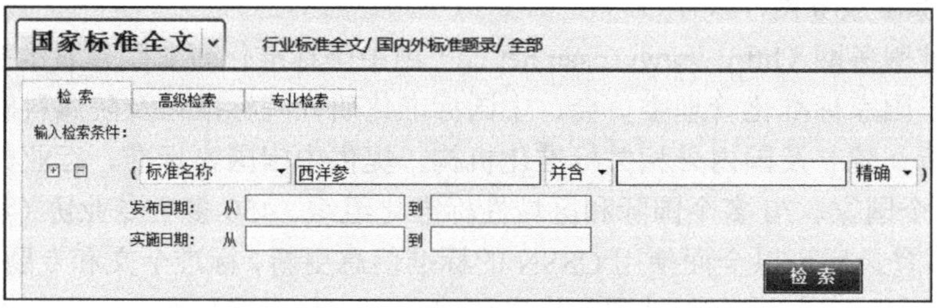

图 10-2-1　CNKI 标准数据库的检索策略

（3）检索出 5 条命中结果（图 10-2-2），单击标准的名称可查看该标准的详细信息及 PDF 全文下载（图 10-2-3）。

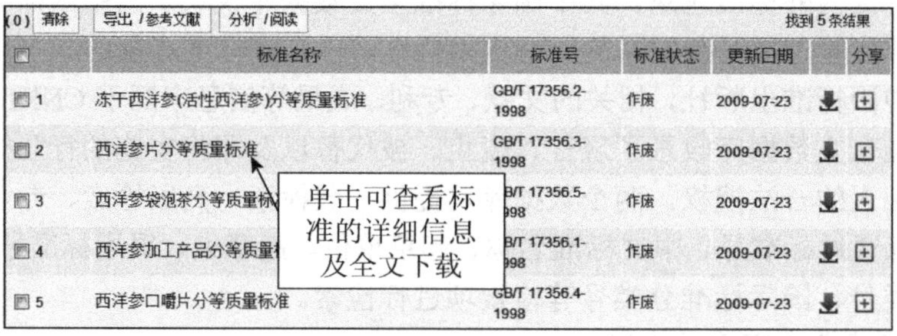

图 10-2-2　CNKI 标准数据库的结果显示界面

西洋参片分等质量标准	
【英文标准名称】	Grade and quality standards of American ginseng chips
【中文标准名称】	西洋参片分等质量标准
【标准号】	GB/T 17356.3-1998
【标准状态】	作废
【发布日期】	1998-05-07
【实施日期】	1998-12-01
【发布部门】	国家质量技术监督局
【起草单位】	上海市药材有限公司神象参茸分公司;北京福斯特西洋参研究开发中心
【起草人】	张聪;付建国;李跃雄;刘文芝;金德庄;张雪松;张晶;郭清伍
【标准技术委员会】	国家中医药管理局
【中国标准分类号】	C23
【国际标准分类号】	11_120_10
【摘要】	本标准规定了西洋参片的技术要求、试验方法、检验规则、标志、包装、运输和贮存。 本标准适用于西洋参片的生产、加工、检验和经营。
【总页数】	8
【纸质版定价】	8元
	下载PDF版全文

图 10-2-3 CNKI 标准数据库的专利详细信息界面

三、国际标准检索

国际标准（International Standard）是指由国际性组织所制定的各种标准。其中最重要的是由国际标准化组织（International Organization for Standardization）制定的 ISO 标准、国际电工委员会（International Electrotechnical Commission）制定的 IEC 标准（信息技术领域工作由 ISO/IEC 联合技术委员会负责）和国际电信联盟（International Telecommunication Union）制定的 ITU 标准。其他的如联合国粮农组织（FAO）和世界卫生组织（WHO）也颁布有关化学产品、食品科学、卫生法规、饮水标准等方面的标准。

（一）国际标准的检索工具

1. ISO 国际标准化组织在线

ISO 国际标准化组织在线（http: //www.iso.org）详细提供了 ISO 的组织、机构、中心机制、年度报告、在线指导等内容。ISO 主页提供了以下链接：ISO 介绍、ISO 各成员国、ISO 技术工作、标准和世界贸易、ISO 分类、ISO9000、ISO9001 和 ISO14000、新闻、世界标准服务网络、ISO 服务等。ISO 提供简单检索和扩展检索两种检索模式。简单检索主要可以标准、其他出版机构和站点检索三种方式进行检索，可以利用 ISO 号和关键词快速查找标准题名或 ISO 的在线信息网页。检索中可通过标题栏、ISO 目录、协会、ICS 等入口检索，同时可对检索结果进行 ISO 号、协会、ICS 等设置。在 ISO 目录不能查找到合适的公开标准时，ISO 的扩展检索将在内部搜索。该网站具有国际标准数据库的全文检索和标准号检索功能，同时可提供国际标准的分类目录浏览，是世界上最大的非政府性标准化专门机构，它在国际标准化中占主导地位。

2. IEC 国际电工技术委员会（瑞士）网站

IEC 是电工技术的国际标准与合格评定委员会。该网站（http: //www.iec.ch）提供电工标准出版物的多功能检索界面，包括标准、出版号码、全文等，并提供布尔逻辑检索功能。

3. 美国国家标准系统网络（NSSN）

NSSN（http: //www.nssn.org）是一个基于 Web 的网络系统，提供来自标准开发者的各类标准信息。这些标准开发者包括美国国家标准协会、美国各私营标准组织、政府机构、国际标准组织等。它的核心是一个包括 1 万多个标准的集成分类数据库，该主页主要有四个超链接：基本服务、高级服务、NSSN 介绍、反馈，基本服务是免费的，用户进入后，利用查询界面可查询上述数据库，查询结果包括标准开发者、文件号、名称及订购信息，但其高级服务是收费的。

（二）国际标准的检索举例

【检索示例】检索有关西洋参质量的国际标准。

下面以美国国家标准系统网络为例。

（1）输入网址 http: //www.nssn.org，进入美国国家标准系统网络的检索界面，见图 10-2-4。

图 10-2-4 美国国家标准系统网络的检索界面

（2）在检索框内输入“panax”（西洋参），选择“FIND TITLE，ABSTRACT OR KEYWORD”，单击“GO FIND IT”按钮即完成，检索出十条命中结果，见图 10-2-5。

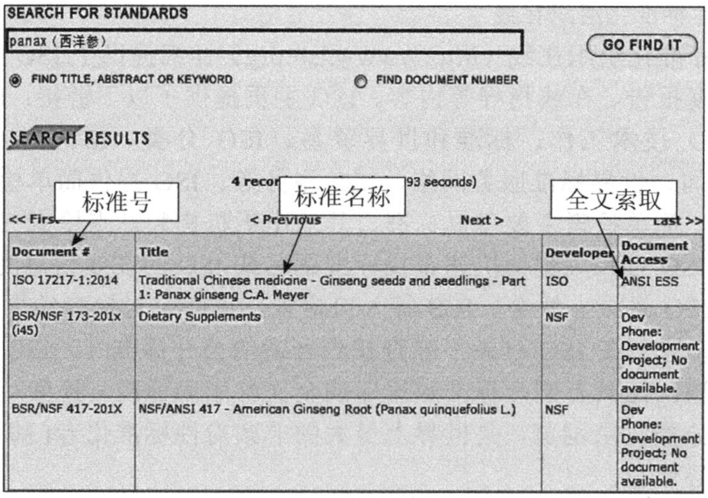

图 10-2-5 美国国家标准系统网络的结果显示界面

（3）单击标准号可查看标准的详细信息（图 10-2-6），如 Document #（标准号）、Scope（适用范围）、Committee（委会员）、SDO Approval Date（SDO 批准日期）、ANSI Approval Date（ANSI 批准日期）、Date File Updated in Database（入库日期）、Document Access（文

件存放）等。单击“Document Access”中第一行的地址可索取标准的全文，但需收费。

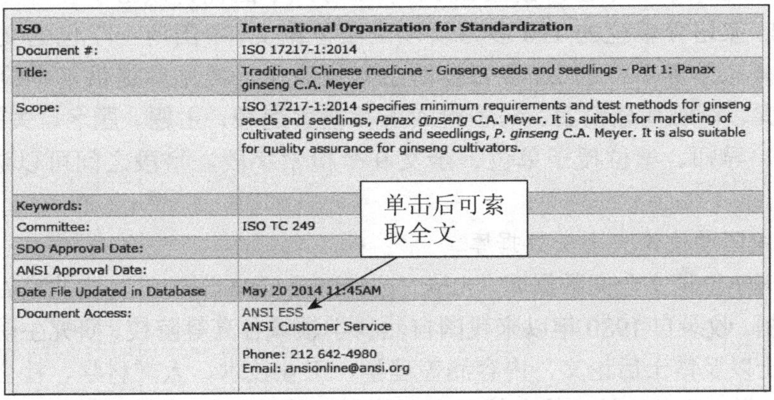

ISO	International Organization for Standardization
Document #:	ISO 17217-1:2014
Title:	Traditional Chinese medicine - Ginseng seeds and seedlings - Part 1: Panax ginseng C.A. Meyer
Scope:	ISO 17217-1:2014 specifies minimum requirements and test methods for ginseng seeds and seedlings, *Panax ginseng* C.A. Meyer. It is suitable for marketing of cultivated ginseng seeds and seedlings, *P. ginseng* C.A. Meyer. It is also suitable for quality assurance for ginseng cultivators.
Keywords:	
Committee:	ISO TC 249
SDO Approval Date:	
ANSI Approval Date:	
Date File Updated in Database	May 20 2014 11:45AM
Document Access:	ANSI ESS ANSI Customer Service Phone: 212 642-4980 Email: ansionline@ansi.org

图 10-2-6　美国国家标准系统网络的标准详细信息

第三节　学位论文检索

近年来随着研究生教育与技术的发展，各种学位论文全文数据库相继出现，这极大地扩大了学位论文的使用范围，为用户提供了学位论文信息、资源，对高校的教学与科研产生了很大的影响。

一、学位论文概述

学位论文是为获得学位，高等院校或科研单位的毕业生呈交的体现其研究水平并供审查答辩用的学术性研究论文。学位论文分为学士论文、硕士论文、博士论文三种，学士论文表明作者较好地掌握了本门学科的基础理论、专门知识和基础技能，并具有从事科学研究工作或承担专门技术工作的初步能力；硕士论文表明作者在本门学科上掌握了坚实的基础理论和系统的专业知识，对所研究课题有新的见解，并具有从事科学研究工作或独立承担专门技术工作的能力；博士论文表明作者在本门学科上掌握了坚实宽广的基础理论和系统深入的专门知识，在科学和专门技术上作出了创造性的成果，并具有独立从事创新科学研究工作或独立承担专门技术开发工作的能力。在检索意义上一般指博士和硕士学位论文。

二、学位论文检索工具

1. CNKI 学位论文全文数据库

CNKI 学位论文全文数据库（http: //www.cnki.net/）由中国学术期刊（光盘版）电子杂志社出版，包括中国优秀硕士学位论文全文数据库、中国博士学位论文全文数据库，以全文数据库的形式连续、动态出版我国博士、硕士学位论文。CNKI 学位论文全文数据库收录了 1984 年至今的博、硕士学位论文，重点收录 985、211 高校、中国科学院、社会科学院等重点院校的优秀博硕士论文、重要特色学科，覆盖基础科学、工程技术、农业、医学、哲学、人文、社会科学等各个领域，学科分为十大专辑，十大专辑下又分为 168 个专题。截至 2014 年 4 月，中国优秀硕士学位论文全文数据库收录来自 645 家培养单位的 190 多万篇硕士学位论文，中国博士学位论文全文数据库收录来自 414 家培养单位的 22 多万篇博士学位论文。数据库提供基本检索、高级检索、专业检索、科研基金检索、句子检索五种检索途径，主题、题名、关键词、摘要、目录、作者、导师、学位授予单位、全文 9 个检索字段，字段之间可以进行逻辑与、或、非组配。

2. 万方中国学位论文全文数据库

万方中国学位论文全文数据库（http: //g.wanfangdata.com.cn/）由北京万方数据股份有限公司研制。收录自 1980 年以来我国自然科学领域各高等院校、研究生院以及研究所的硕士、博士以及博士后论文，内容涵盖理学、工业技术、人文科学、社会科学、医药卫生、农业科学、交通运输、航空航天和环境科学等各学科领域。截至 2014 年 4 月，共收录 290 多万篇学位论文，是我国收录数量最多的学位论文全文数据库。数据库只提供一般检索和高级检索两种检索途径，支技字段限定和逻辑组配检索。

3. CALIS 高校学位论文数据库

中国高等教育文献保障系统（CALIS）的学位论文数据库（http: //etd.calis.edu.cn）是由 CALIS 全国工程文献中心——清华大学图书馆牵头组织，协调高校合作建设的文摘与全文数据库，收录包括北京大学、清华大学等全国著名大学在内的 83 个 CALIS 成员馆的 1995 年至今的博硕士论文，内容涵盖自然科学、社会科学、医学等各个学科领域。数据库提供国内外大量学位论文的在线浏览全文或者在线浏览前 16 页论文的服务，对无法在线获取的全文，系统提供全文传递联合保障服务。数据库采用 e 读搜索引擎，提供简单检索和高级检索功能，可进行多字段组配检索，也可从资源类型、检索范围、时间、语种、论文来源等多角度进行限定检索。截至 2014 年 4 月，博硕士学位论文数据达 470 多万条，其中中文数据 240 多万条，英德法等外文数据 230 多万条，数据持续增长中。

4. ProQuest 学位论文全文检索系统

ProQuest（http: //proquest.calis. edu. Cn/）是美国 ProQuest Information and Learning（UMI）公司的全球性检索和传送系统。其中的 ProQuest Dissertations & Theses（PQDT，原名 PQDD）是世界著名的学位论文数据库，收录 1861 年以来欧美 1000 余所大学文、理、医、农、工等领域的学位论文摘要，1997 年以来的部分论文不但能看到文摘索引信息，还可以看到前 24 页的论文原文，同时提供大部分论文的全文订购服务。从 2002 年开始，为满足国内对博士论文全文的广泛需求，由 CALIS 负责组织国内各高等院校、学术研究单位以及公共图书馆共同采购国外优秀博硕士论文，建立了 ProQuest 博士论文全文数据库，在 CALIS 建立了 PQDT 本地服务网，实现了学位论文的网络共享。

三、检索举例

【检索示例】查找 2010 年以来杨勇老师指导由云南大学授予的博硕士论文。

下面以 CNKI 学位论文全文数据库为例介绍。

（1）输入网址 http: //www.cnki.net/，进入检索界面。

（2）限定年限：2010～2014，选择字段“学位授予单位”，输入框输入“云南大学”，再单击左侧的⊞按钮增加一个输入框，选择字段“导师”，输入“杨勇”，均选择精确检索，见图 10-3-1。

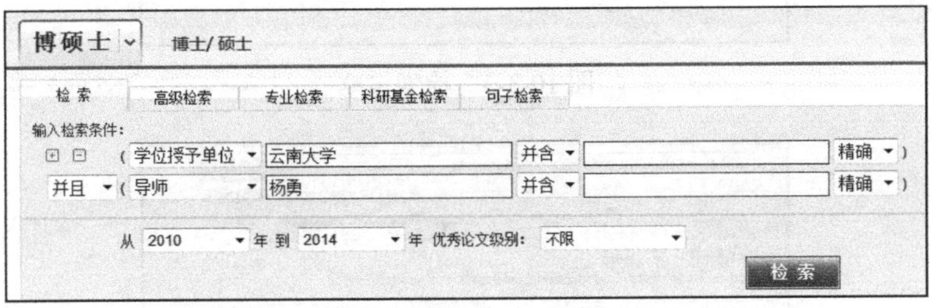

图 10-3-1　检索策略

（3）单击“检索”按钮完成检索。结果只显示中文题名、作者、授予单位及年度、下载、被引次数等简要信息。单击论文题名进入可查看详细信息及全文整本、分页、分章下载，也可在线网页阅读（图 10-3-2）。

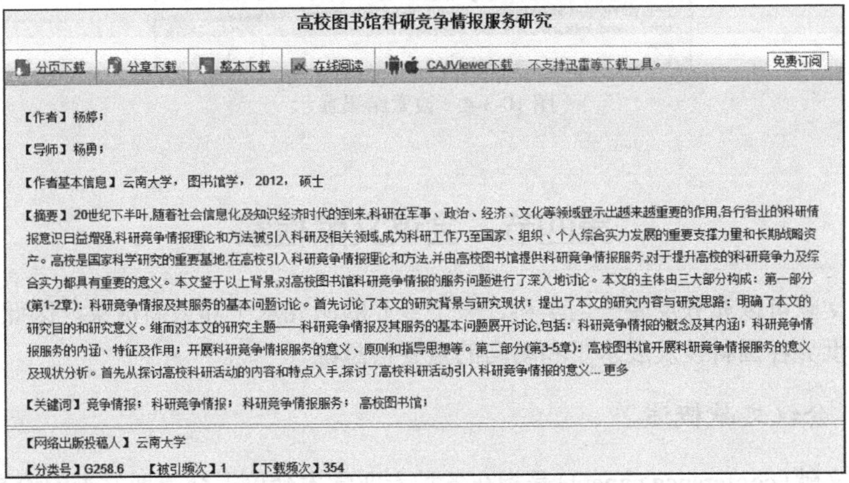

图 10-3-2　论文详细结果页面显示

【检索示例】查找近 50 年来哈佛大学研究中国文化的博硕士论文。

下面以 PQDT 为例。

（1）输入网址 http: //proquest. calis. edu. cn/，选择高级检索。

（2）依次输入“China、culture、Harvard University”，并选择相对应的“标题、摘要、学校”字段，限定年限：1965～2015，见图 10-3-3。

（3）单击“检索”按钮完成检索，结果显示包括题名、作者、授予单位、时间等信息，单击标题可转入详细格式，单击“查看 PDF 全文”可浏览或下载全文，页面左边还可对检索结果按学科分类浏览，见图 10-3-4。

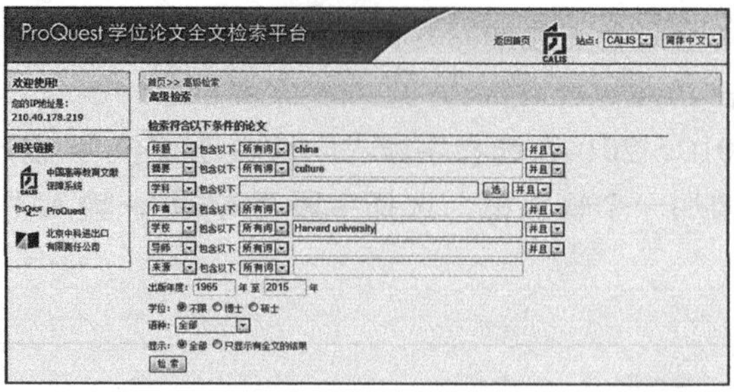

图 10-3-3　检索策略

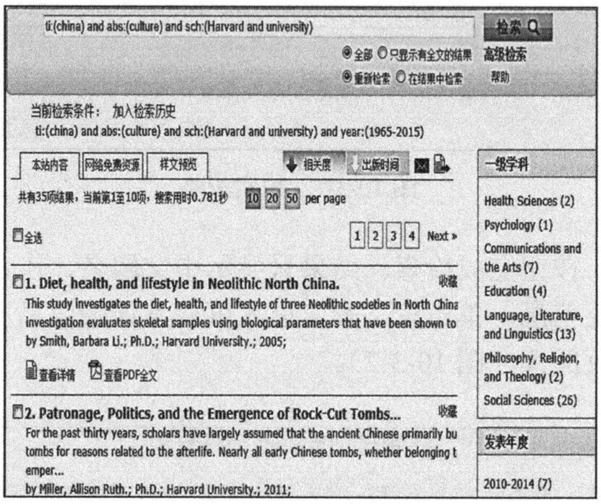

图 10-3-4　检索结果显示

第四节　会议文献检索

会议文献可以充分反映一门学科、一个专业的研究水平和最新成果，因此，会议文献是了解世界各国科技发展水平和动向的重要信息源。

一、会议文献概述

会议文献（conference papers）是指在各种专业学术会议上交流或发表的论文和报告，具有学术性强、内容新颖、质量高等特点，许多重大发现往往在学术会议上公布于众。据美国科学情报所（ISI）统计，全世界每年召开的学术会议约 1 万场次，正式发行的各种专业会议文献 5000 多种。学术会议按其组织形式和规模区分，一般可分为五大类：国际性会议、地区性会议、全国性会议、学会或协会会议和同行业联合会议。

会议文献按会议召开时间先后，可分为会前文献、会间文献、会后文献。会前文献是指在会议进行之前预先印发给与会代表的论文、论文摘要或论文目录；会间文献是指会议产生的临时性材料、交流论文及报告等，包括开幕词、讲演词等；会后文献主要指会议结束后正式发表的会议论文集。

大多数会议文献都是以图书形式出版的，称为会议录或会议论文集；也有不少会议文献发表在期刊上，大多发表在其相关学会的刊物上，以特辑、专刊、增刊、专栏等形式发表；还有些会议文献以科技报告的形式出版。如果会议录等出版进程较慢，国外有些学术会议直接将开会期间的录音、录像视听资料在会后发售，以便快速报告。

二、会议文献检索工具

（一）会议文献检索

1. 中文会议文献检索

中文会议文献检索主要利用中文综合性检索系统，如万方数据知识服务平台、中国知网等的会议论文全文数据库以及读秀中文学术搜索，具体检索参见相关章节。

2. Web of Science 的 CPCI

Conference Proceedings Citation Index（CPCI）数据库是 Web of Science 中的会议论文引文索引子库，由 CPCI.S 和 CPCI.SSH 组成。ISTP（Index to Scientific&Technical Proceedings）和 ISSHP（Index to Social Science&Humanities Proceedings）是 CPCI 的前身。CPCI 汇集了世界上最新出版的会议录资料，包括专著、丛书、预印本以及来源于期刊的会议论文，提供了全面、多学科的会议论文资料。该数据库收录了来自 60 000 多个会议的 350 多万条记录，每年增加 260 000 条记录，其中 66%是以图书形式出版的会议录，其他 34%来自期刊，同时还收录了自 1999 年至今的文后参考文献。数据最早可回溯至 1990 年，每周更新，内容涉及自然科学、社会科学艺术与人文科学的各个领域，数据每周更新。ISTP 与 SCI 数据库位于同一平台，具体检索方法、操作方法与 SCI 数据库基本相同，注意在检索时，勾选“Conference Proceedings Citation Index—Science（CPCI—S）--1996 至今”后就可以进行检索了。

3. Papers First 和 Proceedings

Papers First 和 Proceedings 是 OCLC First Search 系统的两个会议文献数据库，前者为会议论文索引库，收录 1993 年以来世界各国的国会、研讨会、博览会、研究讲习会等的会议论文，每月更新两次；后者为会议文集索引库，收录 1993 年以来世界各国的国会、研讨会、博览会、研究讲习会等的会议文集，每周更新两次。这两个库的数据均来源于大英图书馆文献供应中心（BLDSC）。

4. El Village 平台

在 El Village 平台上可以检索会议文献，查询时只要在 Document type（文献类型）处限定为 Conference article 和 Conference proceeding 即可查出相关的会议文献。

（二）会议信息检索

1. 中国学术会议在线

中国学术会议在线（http: //www.meeting.edu.cn/）是由教育部科技发展中心主办，面向广大科技人员的科学研究与学术交流信息服务平台，有国内外学术会议预报、会议评述、报告视频、经验交流等，提供模糊检索、会议检索、视频检索、会议论文摘要检索等，或者按学科分类查询相关专业的学术会议。查询结果包括会议所属学科、会议名称、会期、会址、论文拟被收录情况、论文摘要截止时间等，记录的详细信息还有会议主办单位、协办单位、承办单位、会议主席、组委会、嘉宾、全文截稿日期、联系人、联系电话、会议注册费、会议网站、会议背景介绍、征文范围及要求、会议视频、相关资料下载等。

2. 中国学术会议网

中国学术会议网（http: //conf.cnki.net/index.aspx）是由 CNKI 主办，为会议主办方、作者、参会者提供免费服务的网络学术会议平台，提供创建会议网站、在线投稿审稿、在线注册参会等功能，提供初级检索和高级检索两种查询方式，也可以按学科浏览相关的会议信息。查询结果显示会议名称、论文集收录情况、召开地点、会议开始时间，记录的详细信息还包括主办单位、会址、会期、会议语言、会议主题、会议组织机构、会议出版物、重要日期、投稿要求、版面费、会务联系方式等。

3. 香山科学会议

香山科学会议（http: /159.226.97.16/）由国家科技部发起，在科技部和中国科学院的共同支持下于 1993 年正式创办。其宗旨是创造宽松学术交流环境，弘扬学术民主风气，启迪创新思维，促进知识创新。香山科学会议每年分两次公布全年的会议安排，每年 1 月 1 日发布上半年的会议安排计划，7 月 1 日发布下半年的会议安排计划。在该网站可以按关键词查询相关的会议，也可以单击网页上部导航条的“历次会议”链接浏览相关信息。

4. 医生指南——会议资源中心

医生指南——会议资源中心（Doctor Guide：Congress Resource Center，CRC）（http: //www.docguide.com）是著名医学网站的一个预报医学会议信息的栏目，提供 83 个国家 5000 余条医学会议信息。CRC 的检索界面有基本检索和高级检索，可输入关键词进行全文信息检索，还可通过专业分类（By Specialty）、会议日期（By Date）、会议地点（By Location）进入浏览检索。检索结果主要包括会议名称、开会日期、会议地点、联系人、电话及 E-mail 等。

5. 学术会议网医学会议预报

学术会议网医学会议预报（http: //theconferencewebsite.com/）提供免费查询国际上医学会议信息及继续医学教育课程。系统设有简单检索和高级检索方式，检索字段包括关键词（Keyword）、会议名称（Title）、会议地点（Location）等。

思考练习题

1. 什么叫专利权？有何特权？授予专利权的专利需满足哪些条件？
2. 检索更昔洛韦凝胶在我国申请专利的情况。
3. 检索申请号 CN02128139.4 的法律状态。
4. 检索有关“医疗废物处理”方面的中外标准。
5. 检索有关“护理心理学”方面的学位论文。

第十一章 中医药古籍检索和中医药事实检索

中医药历史源远流长，中医药古籍记载了历代医家研究总结中医药学理、法、方、药的成果，积淀了大量的文献资源，是中医药学传承发展的保障。对具有悠久历史和渊源的中医药学科来说，古籍是它的本底资料，反映了中医药科学的历史、现状和发展趋势，是科研和临床实践借鉴、交流的重要载体，是当代医家学习与研究中医药学的文献宝库，对它们的发掘和研究，使中医药学科的发展保持和发扬了优势与特色。中医药文献信息资源成为了中医药文献信息检索有别于西医文献信息检索的特色内容。检索利用中医药古籍，利用好中医药事实数据，能够促进医学科研成果的交流，是提高医疗技术、科学研究水平的重要工具。

第一节 中医药古籍检索

中医药古籍指 1911 年以前（含 1911 年）撰写、刻印或抄录的中医药著作。中医药古籍在长期流传过程中存在许多复杂现象，如散佚、伪托、讹误以及内容增删、书名变化等。检索中医药古籍的源流、存佚、版本、馆藏、内容提要和学术价值，主要通过检索目录来实现。由于古籍全文数据库的开发，使得古籍检索既可以查到书目线索信息，又可以直接查看古籍原文，大大方便了中医药古籍的检索利用。对中医药古籍检索不能完全依赖计算机检索，同时还需要利用一些古籍研究的手工检索工具。

一、中医药古籍的计算机检索

中医药古籍的检索可通过数字化的古籍全文数据库、古籍馆藏目录进行查找。

（一）古籍全文数据库检索

古籍全文数据库实质上是古籍电子化后的电子书数据库，因其存储和检索都通过计算机实现，检索方便、海量、高效，随着古籍数字化技术的发展，古籍全文检索系统存储信息、检索功能日趋完善，将成为古籍全文检索的主要方式。常用的古籍全文数据库有中华医典、中医中药古籍大系全文库、中国基本古籍库、文渊阁四库全书文本数据光盘、中国中医药光盘图书馆·针灸全录光盘等。同时，各中医药院校图书馆相继建立馆藏古籍全文数据库。超星数字图书馆和读秀学术搜索也收录了部分中医药古籍的全文。

1. 中华医典

中华医典由中国中医药学会、湖南电子音像出版社等联合编制，是“九五”国家重点电子出版规划项目。经过对中医古籍全面系统整理、字体简化、文字标点，制成全文数据库，收录了新中国成立前的中国历代医学古籍 1000 部，卷帙上万，4 亿字，其中不乏罕见的抄本和孤本。中华医典将收入的 1000 部历代中医古籍分为医经、诊法、本草、方书、针灸推拿、伤寒金匮、温病、综合医书、临证各科、养生食疗外治、医论医案和其他 12 个大类，条理清晰、经纬分明，涉及中医学的所有学科。中华医典设置了内容丰富的辞典，由名医、名言、名词、名著、名药、名方六个部分组成，收录了 200 多位古今名医的生平业绩、2500 多条中医名言、6000 多个中医名词术语、800 多部名著、1200 多味中草药生态功用及彩色图谱、1000 多种临床广泛应用的中成药药方及 1000 多个常用方剂。

检索方法：包括书籍检索、目录检索、内容检索。其中书籍检索指用书名作为关键词检索一本书；目录检索指在目录区查找关键词；内容检索在古籍正文中查找关键词。另外，如要对某一图书类别或某一本图书进行检索，通过系统的目录区按照图书分类进行分类检索；如要对某本书的章节进行检索，通过系统的目录区图书目录打开相应章节进行章节检索。

2. 爱如生系列全文检索版古籍数据库

爱如生系列全文检索版古籍数据库由北京爱如生数字化技术研究中心自主研发，包含十余项古籍数字化软件，独立创编了百余种古籍数字化产品，其中的 15 个大型数据库，总共收录历代典籍 10 万种、敦煌汉文文献 3 万件、金石拓片 20 万件、明清档案 100 万件、近代报刊 3000 种、外国涉华历史文献数千件，基本上构建起涵盖全部中国历史与文化的数字源。现重点介绍如下数据库。

（1）中国基本古籍库：共收录自先秦至民国（公元前 11 世纪至公元 20 世纪初）历代典籍及各学科的基本文献 1 万种、16 万余卷，12 500 个版本、20 万余卷，其中中医药古籍 500 余种。每种典籍均制成数码全文，并附所据版本及其他重要版本之原版影像。合计全文 17 亿字、影像 1000 万页，数据总量约 320G。其内容包括哲科库（下设医学类）、史地库、艺文库、综合库等。该库提供分类检索、条目检索、全文检索、高级检索四个检索途径，可进行全方位的快速海量检索，并可运用版本对照、字体转换、标点批注、分类收集、下载编辑、原文打印等 10 个研读功能。

（2）中国丛书库：精选 1000 部最具文献价值和版本价值的综合类、辑佚类、专门类及地域类丛书，从中采录罕见和实用的历代典籍 1 万种。每种据善本制成数字化全文，附以原版影像，总计全文超过 15 亿字，影像超过 1000 万页，数据总量超过 300G；同时配备强大的检索系统和完备的功能平台，可进行快速海量检索和全电子化的整理研究作业。检索途径有分类检索、条目检索（丛书名、典籍名、丛书作者、典籍作者、时代、版本）、全文检索（字、词、字符串）、高级检索（二次、逻辑、关联）等。

（3）中国类书库：收录魏晋以来直至清末民初的类书 800 余部，包括最早的类书《皇览》、最大的类书《古今图书集成》、文化奇珍《永乐大典》和稀世秘籍明代日用类书等。每书取首刊母本或晚出精刻精抄本为底本，采用数字再造技术制作，还原式页面，左图右文逐页对照，两截版、三截版及眉批、夹注、图表、标记等无障碍显示，毫秒级全文检索，可编辑、下载和打印。总计全文约8亿字，影像约300万页，数据总量约200G。

3. 书同文古籍数据库

书同文古籍数据库（http: //guji.unihan.com.cn/Permit/）由北京书同文公司制作，包括《中医中药古籍大系全文库》、《四部丛刊》、《十通》等。其中《中医中药古籍大系全文库》共汇集历朝各代经典中医中药著作104部，约2200万字。古籍全文按原书原版本格式进行电子编排，保留原书体例、字体、竖排形式。书同文古籍数据库获得用户授权后，可以直接通过IE浏览器访问其网站进行检索。书同文古籍数据库各个分辑可以独立检索，也可跨库检索，实现字字可查、句句可检的全文检索功能；检索界面和检索结果可以通过网络浏览器直接进行浏览和阅读；支持键盘输入和手写输入；在线工具包括任意字词复制、选词检索、图文放大镜、跳转等，方便使用。

检索方法：关键词检索，仅支持所选数据库内的关键词检索；跨库检索，支持同一个关键词在各库的跨库检索；当前书目检索，预先选择某一种书，如《针灸甲乙经》，输入的关键词仅限于本书的内容查找。

4. 汉籍数字图书馆

汉籍数字图书馆是陕西师范大学出版总社正式出版的大型数字化古籍文献，收入中文古籍文献近9万种（含不同版本），120余万卷册，总页数达1622万页，目录系统文字达861万字，数据量达1814GB。汉籍数字图书馆由目录系统和文献库两部分组成。目录部分采用文本格式，方便检索查寻；文献库采用PDF图形格式，原版原式、忠实原貌，确保了古籍文献的准确和应用价值。目录系统全面收录古籍的各种相关信息，如文献名、子目、时代、作者、分类、版本等，并可通过四部分类、时代分类、作者姓名分类等方式了解相关文献总体情况。查检者可利用多种信息对文献进行准确或模糊检索。

5. 中国中医药光盘图书馆·针灸全录光盘

这套光盘系统共18张，收录了先秦至1966年的针灸图书共计800余本，约3亿字。整套光盘的分类依据《全国中医图书联合目录》，并参考现代科学分为针灸通论、经络孔穴、针灸方法（包括针法灸法通论、毫针刺法、灸法、三棱针、皮肤针、火针、芒针、挑刺、电针、水针、头针、耳针、眼针、手针、腕踝针、穴位疗法）、针灸临床（包括治疗通论、临床各科、子午流注、灵龟八法、针刺麻醉等）、针灸医案和文献、针灸现代研究等。

（二）中医古籍目录的检索

中国中医科学院图书馆“馆藏中医古籍目录数据库”（http: //lib.cintcm.ac.cn：8001/），中国中医科学院图书馆是全国馆藏中医古籍最为丰富的单位之一，现藏有中医古籍5000余种、6万余册，馆藏中医古籍目录数据库著录了其所藏中医古籍的书名、作者、卷数、册数、版本等信息。

此外，还可以利用各级公共图书馆或大学图书馆网站检索其馆藏古籍，如国家图书馆、安徽省图书馆、浙江大学图书馆提供馆藏古籍书目查询，但并不是所有这类机构都对外提供这项服务。

二、中医药古籍的手工检索

手工检索中医药古籍主要利用书目达到查找中医药古籍源流、存佚、版本、馆藏、内容提要、学术价值等信息的目的，可选用中医专科书目、综合性书目和馆藏目录等进行检索。在手工检索中医古籍相关书目未数字化之前，或已有数字化产品，因未购买无法使用时，可选用以下介绍的印刷型检索工具。

（1）利用中医药古籍专科书目检索（表 11-1-1）。

表 11-1-1　检索中医药古籍信息的专科书目

书名	编者	出版情况
中国医籍提要	余瀛鳌、傅景华主编	1992 年中医古籍出版社
中国医籍大辞典	裘沛然主编	2002 年上海科学技术出版社
中国古医籍书目提要	王瑞祥主编	2009 年中医古籍出版社
中国分省医籍考	郭霭春主编	1984～1987 年天津科学技术出版社
中国医籍通考	严世芸主编	1990～1994 年上海中医学院出版社
宋以前医籍考	（日本）冈西为人编	1958 年人民卫生出版社
中国医籍考（医籍考）	（日本）丹波元胤编	1956 年人民卫生出版社
历代史志书目著录医籍汇考	李茂如等编著	1994 年人民卫生出版社
三百种医籍录	贾维成编	1982 年山西人民出版社
四部总录医药编	丁福保、周云青编	1955 年商务印书馆
中国医学大成总目提要	清・曹炳章编	1936 年上海大东书局
中医古籍珍本提要	余瀛鳌、傅景华主编	1992 年中医古籍出版社
四库及续修四库医书总目	刘时觉编著	2005 年中国中医药出版社
历代中药文献精华	尚志钧等著	1989 年科学技术文献出版社

（2）利用综合性书目检索（表 11-1-2）。

表 11-1-2　检索中医药古籍信息的综合性书目

书名	编者	出版情况
四库全书总目提要	清・纪昀等编纂	1965 年中华书局
中国丛书综录	上海图书馆编	1959～1962 年中华书局
中国丛书广录	阳海清编撰	1999 年湖北人民出版社

此外，可用《民国时期总书目》查找 1911～1949 年出版的中医药图书。

（3）利用馆藏目录检索（表 11-1-3）。

表 11-1-3　检索中医药古籍信息的馆藏目录

书名	编者	出版情况
中国中医古籍总目	薛清录主编	2007 年上海辞书出版社
全国中医图书联合目录	薛清录主编	1991 年中医古籍出版社
中国中医研究院图书馆馆藏中医线装书目	中国中医研究院图书馆编	1986 年中医古籍出版社

（4）利用医书附见书目检索：一些卷帙较大的医书，如方书、全书、类书等，往往附有参考引用书目，这种书目称为医书附见书目，它起到中医专科书目的作用。例如，明代徐春甫的《古今医统大全》卷一附录所列古代医书及有关古书简介，计医经 11 家，医方 256 部，医术 229 部。《医方类聚》中书前附“引用诸书”目录，计 153 种，绝大多数是方书。明·李时珍撰《本草纲目》在书中序例、附录所引书目，计经史百家 440 种，本草 41 种，医书 277 种。此外，《张氏医通》、《古今图书集成医部全录》、《杂病广要》、《三三医书》等均附有引用目录可供参考。

第二节　中医药事实检索

中医药事实检索一般包括中医药疑难字检索，中医药专业术语、名词如中医病证名、中药、方剂、针灸、养生等词语的检索，中医药人物和机构检索，中医药图谱检索等。这类检索主要通过记载有中医药知识的参考工具书和网络型的参考工具类数据库实现。一些专题资料的检索，如某一中医术语的解释、病因病机的阐释、历代医家对某一疾病的诊疗方法、临证经验等，可利用综合性或专科性类书及一些特定的中医专著查找。随着计算机技术的逐渐渗透和网络检索的日益普及，数字化参考工具书如网络词典、维基百科、百度百科、CNKI 工具书库以及中医药事实型数据库等也越来越多，由于它们具有存储容量大、内容更新及时、查询速度快、检索途径多，且部分兼有音频、视频等多媒体效果的特点，越来越被频繁地使用。

一、中医药事实的计算机检索

检索中医药事实可以利用各类数字化参考工具书构成的中医药事实型数据库来实现。

（一）中国中医药数据库检索系统

中国中医药数据库检索系统（http: //cowork.cintcm.com/engine/windex.jsp）是由中国中医科学院中医药信息研究所研发的“中医药在线”（www.cintcm.com）多库融合检索平台，汇集了多个数字化的中医药参考工具构成的事实型数据库。中国中医科学院中医药信息研究所自 1984 年开始进行中医药学大型数据库的建设，目前数据库总数 40 余个，数据总量约 110 万条，包括中医药期刊文献数据库、疾病诊疗数据库、各类中药数据库、方剂数据库、民族医药数据库、药品企业数据库、各类国家标准数据库（中医证候治则疾病、药物、方剂）等相关数据库。可从全部数据库、期刊文献类、中药类、方剂类、药品类、不良反应类、疾病类、机构类、标准类及其他等类目分类导航。

中国中医药数据库检索系统是一个多类型的中医药数据库，所有的数据库都可以通过中医药数据库检索系统提供中文（简体、繁体）版联网使用，部分数据提供英文版，所有数据库还可以获取光盘版。中医药数据库检索系统可以实现单库与多库选择查询。单库检索可选择最专指的一个数据库进行相应字段的检索。多库可以进行跨库、多类检索。以下着重介绍其中的几个中医药事实型数据库。

1. 中药类数据库——中国中药数据库

该数据库收录中药约 8173 种，综合参考《中华人民共和国药典》、《中药大辞典》、《中华药海》、《中国药材学》、《常用中药成分与药理手册》、《中华本草》等权威工具书及专著，对每味中药进行了性味、归经、功效、主治、用法用量、产地、化学成分、药理作用、毒理学、炮制方法、药材鉴别等多方面描述。可通过中药的品名、汉语拼音名、英译名、拉丁名、功效、主治、产地、药理作用、化学成分、药材基原、毒理学、用法用量、服用禁忌等途径进行检索。

此外，中国中医药数据库检索系统还有中国中药药对数据库、中国中药化学成分数据库、中国藏药数据库、蒙药数据库、维吾尔药数据库、苗药数据库、傣药数据库、瑶药数据库等中药类数据库。

2. 方剂类数据库——中国方剂数据库

该数据库共收录了来自 710 余种古籍及现代文献中的古今中药方剂 85 989 首，分别介绍每一方剂的不同名称、处方来源、药物组成、功效、主治、用药禁忌、药理作用、制备方法等方面信息。可通过方名、别名、处方来源、药物组成、功效、主治、用药禁忌、药理作用等途径来查询所需的方剂。

此外，中国中医药数据库检索系统还有方剂现代应用数据库。

3. 药品类数据库——中国中药新药品种数据库

中国中药新药品种数据库收录了自 1985 年以来国家批准的中药新药品种 3412 种，对每一种中药新药的介绍，包括其正式名称、药品类型、药物组成、剂型、研究单位、所属省份、生产单位、生产单位省份、申请编号、申请日期、新药证书编号、批准文号、批准号、保护期、批件号、功效、主治、用法用量、不良反应、用药禁忌、注意事项、储藏、有效期、制备方法、鉴别、检查、含量测定等内容。可分别从正式品名、药品类型、药物组成、剂型、研究单位、所属单位、生产单位、生产单位省份、新药证书编号、批准文号、标准号、批件号、批准日期、功效、主治等途径进行查询。

此外，中国中医药数据库检索系统还有临床用药配伍指南数据库、中药非处方药数据库、中国药典数据库、中国国家基本药物数据库等药品类数据库。

4. 疾病诊疗数据库

疾病诊疗数据库是全面介绍疾病的中西医诊断治疗信息的数据库，共收录疾病 3776 种。疾病诊疗数据库以多种中西医学权威著作制作而成，从中、西医学两种角度详述疾病的临床诊疗和基础研究，内容包含疾病的中英文名称、定义、中西医病因、病机、诊断、鉴别诊断和治疗等。可通过疾病的中英文病名、汉语拼音、别名、西医疾病分类代码、中医疾病分类代码、西医病因、中医病因、中医诊断标准、西医诊断标准、症状、体征、并发症、中医治疗、西医治疗等途径进行检索。

5. 机构类数据库——中国医药企业数据库

中国医药企业数据库共收录国内 4044 家医药企业（以制药工业、中成药工业与中药饮片工业为主）的主要信息，其中经济指标以国家经贸委发布的信息为主。可通过企业名称、工业分类、企业规模、地址、省市、企业登记注册类型等途径进行查询。

此外，还有中国 GMP 认证企业数据库、国外传统医学机构数据库等机构类数据库。

（二）CNKI 中国工具书网络出版总库

CNKI 中国工具书网络出版总库（http: //gongjushu.cnki.net/refbook/default.aspx）是中国知网系列产品之一。知网工具书库集成了近 200 家知名出版社的近 7000 册工具书，类型包括语文词典、双语词典、专科辞典、百科全书、图录、表谱、传记、语录、手册等，约 2000 万个条目，100 万张图片，所有条目均由专业人士撰写，内容涵盖哲学、文学艺术、社会科学、文化教育、自然科学、工程技术、医学等各个领域。知网工具书库是传统工具书的数字化集成整合，按学科分为 10 大专辑 168 个专题，不但保留了纸本工具书的科学性、权威性和内容特色，而且配置了强大的全文检索系统，大大突破了传统工具书在检索方面的局限性；同时通过超文本技术建立了知识之间的链接和相关条目之间的跳转阅读，使读者在一个平台上能够非常方便地获取分散在不同工具书里的、具有相关性的知识信息。知网工具书库除了实现了库内知识条目之间的关联，每一个条目后面还链接了相关的学术期刊文献、博硕士学位论文、会议论文、报纸、年鉴、专利、知识元等，帮助人们了解最新进展，发现新知，开阔视野。它是检索中西医学参考工具书首要考虑的数据库，利用该库可以查字、词、句以及诗词的典故、出处、来源等。该库提供多种检索入口（词目、词条、书名、出版者、作者）、多种匹配方式（精确、模糊、通配符）和多种排序方式（文字量、相关度、下载量、出版时间），可进行检索范围的限制（可在单本书内检索，也可跨书、跨学科检索）。检索方式有：词条检索，又称条目，指工具书的正文部分，由词目和释文两部分组成，不支持通配符的使用；词目检索，又称词头、条头，指工具书中所汇集的每一个被注释的对象，充当词目的主要是词、固定词组、句子、术语、人名、地名、事件、事实等。支持通配符的使用，其中“？”表示一个字符，“*” 表示多个字符和零个字符，“*”和“？”可以放在任意位置。

（三）万方数据系列产品

1. 万方数据知识服务平台之事实型数据库

机构信息系统：收录了 20 多万家企业机构、科研机构、信息机构和教育机构的详尽信息，该系统由中国企业、公司及产品数据库，中国科研机构数据库，中国科技信息机构数据库，中国中高等教育机构数据库四个数据库组成。分别针对各类机构的特点进行分类导航，并整合了各类机构的科研产出（包括发表论文、承担科技成果、申请专利、起草标准）和媒体报道情况，对获取、了解与分析相关机构的社会信用、科研能力、经营状况、发展方向等情况，可以起到重要的作用。

中国专家数据库：主要收录了国内自然科学技术、工程技术、农业、医药卫生、人文社会科学领域的专家名人信息，包括两院院士、高校博导、高产作者及其他科技专家。介绍各专家的基本信息、受教育情况及其在相关研究领域内的研究内容和所获得的荣誉，提供姓名、性别、工作单位、工作职务、教育背景、专业领域与研究方向、国内外学术或专业团体任职情况、专家荣誉等 30 多个字段，为国内外相关研究人员提供检索服务。

2. 万方中医药知识系统

万方中医药知识系统（http: //tcm.wanfangdata.com.hk/Introduce.aspx）是万方数据的产品之一。中医药知识系统数据量大，包括 91 019 个常用方剂和加减方，以及 84 059

个其他方剂、1943 个经典方、8808 种中药、1591 种疾病等相关知识内容。能够从症状、体征和证候检索到其与什么疾病相关，能够查找治疗某种疾病的方剂群，查找同时包含几味中药的方剂群，查找具有某种功效、性味、归经、药理作用的中药，检索结果中的疾病名称、方剂名称、中药名称等可以与万方数据医药信息系统中相关全文文献和其他文摘文献链接，方便用户直接追踪文献。

二、中医药事实的手工检索

中医药事实的手工检索主要通过中医药字、词（辞）典、百科全书、年鉴、手册、图表、名录、类书等印刷型参考工具书查检。查找某些古代中医药专题内容知识，则需要参考本草、方剂、医案等特定的古代医学专著。由于很多中医药事实检索的手工检索工具，特别是中医药类的专业字词典没有被数字化，这些手工检索工具仍然是检索中医药事实和知识的重要工具。

（一）中医药字词术语检索（表 11-2-1）。

表 11-2-1　检索中医药字词术语的工具书

书名	编者	出版情况
中国医学大辞典	谢观编	1954 年商务印书馆
中国中医药学术语集成	曹洪欣、刘保延总编	2006 年中医古籍出版社
中国医籍字典	上海中医学院中医文献研究所编	1989 年江西科学技术出版社
实用中医字典	王晓龙主编	2001 年学苑出版社
简明中医字典	杨华森等编	2002 年贵州人民出版社
中国医学百科全书	该书编委会编	1981 年上海科学技术出版社
简明中医语词辞典	达美君主编	2004 年上海科学技术出版社
中医辞海	袁钟等主编	1999 年中国医药科技出版社
实用中医词典	朱文峰主编	1992 年陕西科学技术出版社
中医经典字典	刘世昌等编著	1990 年重庆出版社
中医难字字典	李戎主编	2001 年四川科技出版社

（二）中药知识检索

（1）利用中药类辞典检索（表 11-2-2）。

表 11-2-2　检索中药知识的工具书

书名	编者	出版情况
中药大辞典	原江苏新医学院编	1977～1979 年上海科学技术出版社
中华本草	本书编委会编	1999 年上海科学技术出版社
中药志	中国医学科学院药物研究所等编	1959 年人民卫生出版社
新编中药志	肖培根主编	2002 年化学工业出版社
中国民族药志	中国药品生物制品检定所等编著	1984 年、1990 年人民卫生出版社
全国中草药汇编	本书编写组编	1975～1978 年人民卫生出版社

续表

书名	编者	出版情况
中药别名速查大辞典	李顺保主编	1997 年学苑出版社
现代中药学大辞典	宋立人等编著	2001 年人民卫生出版社
中药形态名词术语图解	周光治、阮耕夫编著	1989 年人民卫生出版社
全国中成药产品集	张洪魁主编	1989 年山西科学教育出版社
中国药物大全	胡熙明、张立平主编	1991 年人民卫生出版社
有毒中草药大全	郭晓庄主编	1992 年天津科技翻译出版公司
中华药海	冉先德主编	1993 年哈尔滨出版社
中药辞海	中国药科大学、中国医药科技出版社主编	1993～1998 年中国医药科技出版社

（2）利用古代本草类药物专著查找（表 11-2-3）。

表 11-2-3　古代本草类专著

书名	编者	出版情况
经史证类备急本草	宋·唐慎微撰	1958 年人民卫生出版社影印
本草纲目	明·李时珍撰	1982 年人民卫生出版社
珍本医书集成（第二册）·本草类	裘吉生编	1985 年上海科学技术出版社
应用本草分类辑要	华实孚编	1951 年中华书局
图经本草	宋·苏颂编撰	1988 福建科学技术出版社
本草品汇精要	明·刘文泰等编撰	2005 年上海科学技术出版社
本经疏证	清·邹澍撰	2009 年海南出版社

（三）中医基础理论和临证资料检索

（1）利用中医经典词典和文句索引检索（表 11-2-4）。

表 11-2-4　检索中医经典的工具书

书名	编者	出版情况
黄帝内经章句索引	任应秋主编	1986 年人民卫生出版社
黄帝内经词典	郭霭春主编	1991 年天津科学技术出版社
内经辞典	张登本、武长春主编	1990 年人民卫生出版社
中医经典索引	顾植山主编	1988 年安徽科学技术出版社
伤寒论研究大辞典	傅延龄主编	1994 年山东科学技术出版社
伤寒杂病论字词句大辞典	王付编著	2005 年学苑出版社
伤寒论辞典	刘渡舟主编	1988 年解放军出版社
温病学辞典	李湘云主编	1991 年中医古籍出版社
中医百家医论荟萃	黄自力编撰	1988 年重庆出版社

（2）利用古代类书和中医专著查找（表 11-2-5）。

表 11-2-5 查找中医基础理论和临证资料的类书和中医专著

书名	编者	出版情况
永乐大典医药集	萧源等辑	1986 年人民卫生出版社
古今医统大全	明·徐春甫辑	1995 年安徽科学技术出版社
古今图书集成·医部全录	清·陈梦雷等编	1959 年人民卫生出版社
中国医药汇海	蔡陆仙编辑	1937 年中华书局
医学纲目	明·楼英辑	1957 年世界书局
证治准绳	明·王肯堂编撰	1957 年上海卫生出版社
类经	明·张介宾编	1965 年人民卫生出版社
类证治裁	清·林佩琴编著	1959 年上海科技出版社
杂病源流犀烛	清代沈金鳌编著	1962 年上海科学技术出版社
备急千金要方、千金翼方	唐·孙思邈著	1955 年人民卫生出版社
医心方	（日本）丹波康赖撰	1955 年人民卫生出版社
杂病广要	（日本）丹波元坚编	1958 年人民卫生出版社
东医宝鉴	（朝鲜）许浚等编著	1982 年人民卫生出版社
诸病源候论	隋·巢元方著	1955 年人民卫生出版社

（四）医案医话检索

（1）利用古代医案医话整理汇编资料检索（表 11-2-6）。

表 11-2-6 古代医案医话整理汇编资料

书名	编者	出版情况
二续名医类案	鲁兆麟主编	1996 年辽宁科技出版社
中国古今医案类编	鲁兆麟、严季澜、王新佩主编	2001 年中国建材工业出版社
宋元明清名医类案	徐衡之、姚若琴主编	2006 年湖南科学技术出版社
清代名医医案精华	秦伯未撰辑	1981 年上海科学技术出版社
全国名医验案类编	何廉臣辑	1959 年上海科学技术出版社
历代针灸名家医案选注	李复峰编	1985 年黑龙江科学技术出版社
历代儿科医案集成	何世英等主编	1985 年天津科学技术出版社
伤寒论医案集成	孙溥泉编著	1986 年陕西科学技术出版社
清宫医案研究	陈可冀主编	1990 年中医古籍出版社
中医古今医案精粹选评	彭建中主编	1998 年学苑出版社
清代名医医话精华	秦伯未撰辑	1958 年人民卫生出版社
中医历代医话精选	王新华、潘秋翔编	1998 年江苏科学技术出版社

（2）利用古代医案医话文献查找（表 11-2-7）。

表 11-2-7　常用古代医案医话文献

书名	编者	出版情况
名医类案	明・江瓘父子编	1957 年人民卫生出版社
续名医类案	清・魏之绣编	1957 年人民卫生出版社
古今医案按	清・俞震纂辑	1959 年上海科学技术出版社
冷庐医话	清・陆以湉撰	1959 年上海科学技术出版社
医说	宋・张杲撰	2009 年中国中医药出版社
续医说	明・俞弁撰	2013 年中医古籍出版社

（五）方剂知识检索

（1）利用方剂词典检索（表 11-2-8）。

表 11-2-8　检索方剂的工具书

书名	编者	出版情况
中医方剂大辞典	彭怀仁主编	1993 年起人民卫生出版社
简明方剂辞典	江克明、包明蕙编	2002 年上海科学技术出版社
中华名医方剂大全	彭怀仁主编	1990 年金盾出版社
临床方剂丛书	张民庆等主编	1993 年江苏科学技术出版社
中医方剂现代研究	谢鸣主编	1997 年学苑出版社
中国古代中医良方大典	林才生等主编	2004 年辽海出版社
中国中医秘方大全	胡熙明主编	1989 年文汇出版社
中华民间秘方大全	进生主编	1992 年世界图书出版公司
中国名方全书	程如海、李家庚主编	2003 年科学技术文献出版社
中药方剂现代研究大典	黄泰康、施诚主编	1996 年科学出版社
现代中医奇效良方宝典	李彬之主编	1996 年上海科学普及出版社
古今名医中药汤剂临床应用	刘云芳、刘典功主编	2003 年人民军医出版社
中国历代名医名方全书	任健主编	1996 年学苑出版社
中国现代名医验方荟海	杨思澍、严季澜等主编	1996 年湖北科学技术出版社
伤寒论类方汇参	左季云编	1957 年人民卫生出版社
本草纲目附方分类选编	陕西省中医研究院编辑	1982 年人民卫生出版社

（2）利用古代方剂文献查找（表 11-2-9）。

表 11-2-9　常用古代方剂文献

书名	编者	出版情况
普济方	明・朱棣等编	1958 年人民卫生出版社
外台秘要	唐・王焘撰	1955 年人民卫生出版社
太平圣惠方	宋・王怀隐等编	1958 年人民卫生出版社
圣济总录	宋・赵佶撰	2013 年人民卫生出版社
医方类聚	朝鲜・金礼蒙等编集	1981 年人民卫生出版社

续表

书名	编者	出版情况
奇效良方	明·董宿撰	2006 年内蒙古人民出版社
太平惠民和剂局方	宋·太平惠民和剂局编	1959 年人民卫生出版社
伤寒论类方	清·徐大椿撰	1956 年人民卫生出版社

（六）针灸知识检索

可利用针灸辞典检索并参考古代针灸专著（表 11-2-10）。

表 11-2-10　检索针灸知识的工具书和古代专著

书名	编者	出版情况
中国针灸辞典	高希言主编	2002 年河南科学技术出版社
针灸推拿学辞典	梁繁荣主编	2006 年人民卫生出版社
新编针灸大辞典	程宝书主编	1995 年华夏出版社
针灸甲乙经	晋·皇甫谧编撰	1956 年人民卫生出版社
针灸大成	明·杨继洲、靳贤撰辑	1963 年人民卫生出版社
针灸大全	明·徐凤编	1958 年人民卫生出版社
勉学堂针灸集成	清·廖润鸿编撰	1998 年中国中医药出版社
针灸资生经	宋·王执中撰	1959 年上海科学技术出版社
针灸聚英	明·高武纂集	1961 年上海科学技术出版社
针灸逢源	清·李学川辑	1987 年上海科学技术出版社

（七）养生知识检索

可利用养生辞典检索并参考古代养生专著（表 11-2-11）。

表 11-2-11　检索养生知识的工具书和古代专著

书名	编者	出版情况
中华养生大全	颜德馨、夏翔等主编	2001 年上海科学技术出版社
中华养生大辞典	王者悦主编	1990 年大连出版社
中华养生实用宝典	高宏存主编	1999 年中国检察出版社
中国疗养康复大辞典	张愈、伍后胜主编	1993 年中国广播电视出版社
中国药膳大辞典	王者悦主编	1992 年大连出版社
遵生八笺	明·高濂撰著	1985 年巴蜀书社
养生类纂	南宋·周守忠编撰	2001 年远方出版社
中国养生说辑览	沈宗元编	1933 年上海万有书局
养生四要	明·万全撰	2000 年上海科学技术出版社

（八）医史人物传记资料检索（表 11-2-12）

表 11-2-12　检索医史人物传记资料的工具书

书名	编者	出版情况
中医人物词典	李经纬主编	1988 年上海科学技术出版社
中国医学人名志	陈邦贤、严菱舟合编	1956 年人民卫生出版社
中医人物荟萃	吴崇其等主编	1991 年、1993 年中国科学技术出版社
中医人名辞典	李云主编	1988 年北京国际文化出版公司
中国历代医家传录	何时希编	1991 年人民卫生出版社
中国中医人名辞典	史宇广主编	1991 年中医古籍出版社
中国历代名医百家传	张志远主编	1988 年人民卫生出版社
当代名老中医风采	王琴、朱建平编著	1999 年中国古籍出版社
中国当代中西名医大辞典	李庆飞、谷向阳主编	1995 年中国中医药出版社

（九）中外文对照中医药词语检索（表 11-2-13）

表 11-2-13　检索中外文对照中医药词语的工具书

书名	编者	出版情况
汉英双解中医大辞典	原一祥、任继学、黄龙主编	1997 年人民卫生出版社
新世纪汉英中医辞典	南京中医药大学主编	2004 年人民军医出版社
简明汉英中医词典	李照国主编	2002 年上海科学技术出版社
中医日汉双解辞典	吴盛东、郭亚东主编	1996 年长春出版社出版
汉拉英中草药名称辞典	李衍文、黄云晖、黄月中主编	1998 年广东科技出版社
简明汉英日中医药词典	史载祥主编	1998 年人民卫生出版社
实用汉英中医词典	孙衡山、张奇文主编	2002 年山东科学技术出版社

思考练习题

1. 检索《咽喉秘集》的作者及版本。
2. 检索“消渴”的西医病名、症状体征、辨证论证等方面的信息。
3. 检索“达原饮”的组成及治疗应用。
4. 检索中药“远志”的拉丁名、性味归经等信息。

第十二章　文献信息管理、分析与利用

文献管理的核心是文献的组织与利用，目的是提高个人利用信息资源创造知识的能力。面对海量文献信息的电子化，往往让缺少文献信息收集和管理经验的研究者却步，这在一定程度上也影响了学校或机构购买的电子资源使用效率和最终的研究成果产出，熟练地运用文献信息管理与分析方法，将可以大大促进对文献信息的利用。

第一节　文献信息管理与分析

科学研究与论文写作过程中需要查阅大量的科技文献，如何很好地对海量文献管理和利用，一直困扰着科研人员。传统的科研工作中，查阅文献一般都是亲自翻查并手工摘录有关文献的信息，按一定格式加工整理。而在当今信息数字时代，论文和期刊数量激增。各学科的文献总量飞速增长，数字参考源急速增长，传统的文献管理和利用方式的烦琐、枯燥且效率低下，又容易出错，已无法满足科研人员高效、准确、便捷地利用海量参考文献的要求，因此运用高效、方便、准确的管理和利用科技文献的工具是科研人员迫切需要的。

一、文献信息管理

工欲善其事，必先利其器。为了提高研究者对电子资源的使用效率，帮助研究者有效管理和利用这些电子文献，减轻文献管理方面的负担，文献管理类软件应运而生。对于文献管理软件，维基中文中给出了一个较为基本的定义："文献管理软件是学者或者作者用于记录、组织、调阅引用文献的计算机程序。一旦引用文献被记录，就可以重复多次地生成文献引用目录。"选择一款称手的文献管理软件，并积极地在文献管理中使用它，这是研究人员必做的一项功课。

（一）常用文献管理软件的基本情况

目前文献管理软件在国外影响大、普及广，软件发展也较为成熟，在国内虽然起步较晚，但已渐渐得到越来越多科研人员的认同。目前使用较广泛的文献管理软件也有数十种，本书选取有代表性的 EndNote、RefWorks、NoteExpress 和 CNKI E-Learning 四种管理软件进行简单介绍和功能比较，以供读者参考。

1. EndNote

EndNote（EN）（http: //endnote.com/）由美国汤姆森公司下属的汤姆森软件研究公司

开发，是一款历史最久、应用广泛的文献管理软件。该软件为收费软件，在主页上有30天的全功能试用版下载。它与Web of Knowledge（WOK）平台关联紧密，可将WOK平台检索结果直接导入EndNote个人文献库，有上千种过滤器可将世界知名数据库中的文献题录导入EndNote。可对文献进行分组管理、全文检索、注释等，还可以通过插件方便地在撰写文稿过程中即时插入参考文献，同时生成规范的、符合出版要求的文后参考文献列表。目前最新版本为2013年发布的EndNote X7。

EndNote Web是汤姆森路透公司开发的网络版文献管理软件，可与EndNote相关联，同步更新文献库，方便用户随时随地登录访问文献库，并可实现文献信息的共享和协同管理。目前最新版本为EndNote Web3.5。

2. RefWorks

RefWorks（http: //www.refworks.com/）是于2001年由英国剑桥科学文摘社（CSA）的子公司开发的在线文献管理软件，是一个在线版的个人文献管理软件，用于创建和管理个人文献书目资料库，可以引文插入及指定格式参考文献列表的生成，可与他人共享个人文献库，拥有众多的语言版本，如简繁体中文、英文、法文、德文、日文、韩文等，方便科研工作者之间的信息交流。目前最新版本为RefWorks 2.0。

3. NoteExpress

NoteExpress（NE，http: //www.inoteexpress.com/CompanyWeb/）是北京爱琴海软件公司开发的文献检索与管理软件。最早版本于2005年4月15日发布，为收费软件，网站上有试用版。其主要特色是专为国内科研工作者研制开发，轻松实现对中外文数据库进行检索、导入题录、下载全文、阅读、笔记以及在论文写作中插入笔记、引文及格式化参考文献等功能，提供近500种中文期刊参考文献编辑样式，方便中文期刊投稿。NoteExpress还提供对获取文献进行分析统计功能。目前版本为NoteExpress 2.0。

4. CNKI E-Learning

CNKI E-Learning（http: //elearning.cnki.net/）是同方技术有限公司推出的依托于中国知网（CNKI）的一种文献学习、管理软件，集文献下载、阅读、管理、引用于一体，提供多种格式文件的管理、阅读一站式服务。从2011年推出最初的CNKI E-Learning 1.0 Beta版后不断地进行改进、升级、完善，发展到目前最新版本E-Learning 2.4，界面友好，免费下载。

（二）常用文献管理软件的基本功能

文献管理软件具有文献检索与整理、引文标注、按格式要求生成参考文献列表等强大功能，可嵌入文字处理软件中使用，还可以直接通过在线数据库下载文献题录并对其进行统计分析。文献信息管理和应用软件目前有个人单机版，也有在线使用的网络版，常规的功能一般包括以下几个。

1. 建立个人文献数据库（个人虚拟图书馆）

建立个人文献数据库用于保存研究需要的各种参考文献（包括期刊、书籍、专利、会议论文、毕业论文、技术资料等各种资料信息）。首次运行该类软件会引导用户创建数据库，这些数据库存在于远程服务器端或用户的个人计算机中。个人文献数据可以通过以下三种方式录入。

（1）手工录入：手工添加通常适用于添加本地电脑中零散的、在网上不易获得的文献信息，用户可在题录信息模板各字段中输入信息并添加附件。软件不仅提供通用的题录信息著录模板，还能针对不同类型的信息资源提供专用模板。

（2）直接联网检索，下载后批量录入：参考文献管理工具提供内嵌的检索窗口连接常用的文献数据库，把满意的检索结果批量录入资料库中，避免了手工输入的烦琐。

（3）在线检索数据库，结果批量录入：目前很多数据库网站都提供直接输出题录信息的功能，用户在检索结果中选择需要的篇目后，以各种参考文献管理软件所支持的格式把结果存入 TXT 文档中，并可以选择适当的过滤器，实现批量导入。

2. 管理个人资料库

文献管理功能包括添加、删除、编辑、排序、去重等一般性管理，也包括自动分组、统计分析、形成统计图表等智能化管理。前者是普遍具备的功能，后者则将成为衡量参考文献管理软件水平的重要标志。资料库管理功能可以实现对知识结构的评估与建构性学习，帮助用户实现个人知识管理的第二层次。

（1）子文件夹管理：软件用户可以建立多个子文件夹，并在各子文件夹间拖曳移动题录信息，这些文件夹在某种程度上充当标签的作用，方便用户组织各种信息。

（2）排序、查重和库内检索：用户可以根据不同的排序策略对收集到的文献信息进行排序、排除文献重复现象，也可以支持多字段的检索功能，方便用户管理和使用已经检索到的文献。

（3）附件管理：附件功能增强了个人信息环境中信息的持久性、易整合性及易维护性，有利于全文信息的交流与共享。这些附件以链接或复制方式提供，种类可以是独立文件、文件夹、题录、笔记、网络链接，这些附件有助于在软件内形成个性化的基于文献信息的知识网络。

3. 利用个人资料库创造新知识

构建与管理个人资料库的最终目的都是新知识的创造，即个人知识管理的第三阶段。正因为此类软件将服务延伸到知识创造的程度，它才超越了普通文件管理系统，形成了完备的软件功能体系。

（1）添加笔记评注：笔记通常用于标注内容出处、描述相关出版物、总结出版物的优缺点，如日记、科研心得、重点摘抄、论文草稿等瞬间产生的隐性知识都可通过笔记批注功能进行管理。

（2）题录信息的导出与交换：参考文献管理软件可以支持使用较广的 BibTeX、ReferenceManager（RIS）格式输出文档，可导入其他软件或其他用户的书目资料库中，方便在不同软件之间实现数据交换与共享。

（3）数据统计和分析：有助于读者进行文献调研的定量分析，从而快速了解某一领域的研究概况，该类软件实现了对每个子文件夹按题录类型、作者、年份等进行统计，并直观地显示出来。

（4）辅助写作：参考文献管理软件的辅助写作功能主要由两方面组成。一方面是插入编排引文，自动生成参考文献列表。软件提供与 Word 兼容的工具栏插件，用户可自动插入引文，并设置输出样式以格式化参考文献，还能定位引文、插入脚注与笔记，实现即写即引（CiteWhile YouWrite）。另一方面是提供期刊论文写作模板。用户在手稿模板中可选择包括IEEE、Nature在内的Word模板以精准而快捷地完成排版工作，缩短了隐性知识转化为显性知识的周期。

（三）常用文献管理软件的特点

作为目前常用的几款参考文献管理工具，随着技术的不断发展，EndNote、RefWorks、NoteExpress和E-Learning等在基本功能方面相差无几，但也各有特点。

（1）EndNote与EndNote Web的关联功能非常强大，拥有众多的数据库连接文件、过滤器导入文件、参考文献输出样式文件，而且可以同步更新、资源共享，目前应用最为广泛。但其参考文献样式主要为外文期刊，对于国内期刊的投稿，还需用户自建参考文献样式。

（2）RefWorks将文献存储在服务器上，可实现异地访问、更新数据库、群内资源共享与交流，但还需增加在线下载全文与题录自动更新功能，增加中文期刊参考文献样式。RefWorks是一个联机的个人文献数据库管理软件，透过RefWorks检索众多的联机数据库，使用方便快捷，程序自动升级，用户始终使用最新版本程序，但是使用时必须是网络在线，而且必须是支持相关数据库范围内的IP地址或允许入库的条件，因此限制了它的推广使用。

（3）NoteExpress专为国内研究者开发设计，界面友好，高度支持中文数据库文献的导入与中文期刊格式输出，具备一定的文献分析功能，在国内应用广泛。NoteExpress在中文期刊写作模板及文献共享方面还有待改善。

（4）CNKI E-Learning依托中国知网海量的资源与服务，实现批量下载文献、检索定义、检索文献、词组翻译等，并提供了大量其收录期刊的写作模板在线投稿，使用方便，版本更新速度快。

二、文献信息分析

基于文献的信息分析，是根据用户的现实或潜在需求，对所搜集文献的外部特征或内容特征进行信息提取与组织，运用科学的理论和方法对信息进行分析处理和提炼，对信息单元之间的逻辑关系进行揭示与推理，使文献中隐含的知识联系转化成为能够解决具体问题的策略，从而发挥文献信息的效用，满足用户的信息需求。

（一）文献信息分析内容

不同的文献特征提供了不同的分析角度。一般情况下，文献信息的分析常分为外部特征分析和内容特征分析。在外部特征分析中，对文献作者的分析可了解某一主题或某一研究领域分布的核心作者，或发现潜在的合作者；对文献间引用关系的分析，可了解相关学科的地区分布、机构分布、著者分布等。而通过摘要、主题词、关键词等反映文献主要内容或观点的内容标识进行分析，不仅可以展示整个研究领域的现状、热点与趋势，还可以了解知识点之间的潜在联系。

（二）文献信息分析方法

1. 文献计量法

在文献情报研究方法中，文献计量法是一种以科技文献的各种外部特征作为研究对象，采用数学与统计学方法来描述、评价和预测科学技术现状与发展趋势，以输出量化的信息内容为主要特点。文献计量法的产生可以追溯至 20 世纪初，1917 年科尔教授和伊尔斯馆长对解剖学论文进行了定量统计研究，以此为起点，文献计量法从无到有、从小到大，获得了广泛的研究。洛特卡、布拉德福、齐普夫先后提出三大定律。1969 年，英国情报学家普里查德在其发表的论文中首次提出“文献计量学”这一术语，并给出了定义，标志着文献计量学学科的正式诞生，同时，文献计量法成为图书情报学特殊研究方法的地位也得以确立。目前，文献计量法的相关理论及其三大定律已经发展成为图书情报学研究的重要基础和组成部分，其方法体系中的词频分析法、引文分析法、共引分析法等在研究实践中得到了广泛应用，为科学管理和决策提供定量依据，发挥着重要作用。

2. 内容分析法

内容分析法是一种基于定性研究的量化分析方法，从定性的问题假设出发，应用定量的统计分析工具对研究对象进行处理，然后从统计数据可分析得出有价值的定性结论。从 20 世纪初提出思路开始，逐渐形成了比较系统的方法体系，包括确认并定义了内容分析法的研究对象、研究内容、研究性质，创建了内容分析法的基本研究模式、操作流程，并将此法广泛地应用于军事情报研究、新闻报道研究、教育研究等方面。例如，通过对不同国家、不同报纸针对同一事件的新闻报道的描述内容、方式等方面进行比较研究，以获得有价值的军事情报或不同国家、不同报纸对同一事件的看法、立场等方面的差异性信息。随着信息内容表述多样化的发展，内容分析方法正在扩展为包括各种文本、图像、声音、影像、多媒体等信息的内容分析。

内容分析法的实质在于对文献内容所含信息量及其变化的分析，即由表征信息的有意义的词句推断出准确意义的过程。内容分析的过程就是层层推理的过程，故推理方法是内容分析法的方法论基础。同时，内容分析不是对单一文献的分析，它往往是对一定时间内或各种文献中的有关信息的分析，故推理的过程又是比较的过程。对文献内容的分析就是对文献内容中的有关信息单元进行各种比较，所以比较也是内容分析法的方法论基础。

3. 文献计量法与内容分析法的主要差异

文献计量法与内容分析法都是常见的科学研究及情报研究方法，存在着一定的相似点，都涉及某些定量化过程，通过将文献特征表示成一些数据指标来进行统计和推测，找出其发展变化的趋势和规律，便于对信息科学规范地管理和利用。但同时又不完全相同，主要差异见表 12-1-1。

表 12-1-1　文献计量法与内容分析法比较

比较内容	文献计量法	内容分析法
性质	定量分析法	定量基础上的定性分析法
研究对象	文献用户、科学文献的外部特征	文本、图像、声音、影像、多媒体信息的内容特征
方法论基础	数学方法和统计学方法	推理方法和比较方法
分析步骤	理论分析（发现文献现象）→建立模型→估计参数→实际应用（修正参数）	确定分析主题→抽取文献样本→确定分析单元→制定分析体系→定量处理与计算→分析汇总

续表

比较内容	文献计量法	内容分析法
特点	围绕三大定律展开研究、有自己独特的分析方法、以定量的形式输出、理论形成周期较长	研究对象范围广、时间跨度大、易进行重复分析、分析过程较为客观、不受分析者影响
应用范围	科学评价、情报检索系统研究、图书情报系统管理领域、对信息用户的分析及在学科核心期刊测定中的应用	新闻学、传播学、情报学、教育学、经济学等多个学科领域

第二节 学术规范与学术论文写作

孟子曰："不以规矩，不能成方圆"，学术规范是学术研究永恒的话题，是学术研究的根本。近年来，学术不端行为已经被推到了舆论的风口浪尖上。2011 年 12 月 2 日，教育部印发《教育部关于切实加强和改进高等学校学风建设的实施意见》，该《意见》从充分认识高校学风建设的重要性和紧迫性、坚持标本兼治综合治理的原则、构建学风建设工作体系、强化高校的主体责任、建立学术规范教育制度、加强教师的科研诚信教育、切实改进评价考核导向、发挥专家咨询委员会和学术委员会的作用、加强科学研究的过程管理、强化全方位监督和约束、规范学术不端行为调查程序、严肃处理学术不端行为、建立定期检查制度 13 个方面规范学术研究。学术规范要求学术研究人员普遍遵守、严格执行，更要依靠自律和自觉。学术共同体成员必须熟悉和掌握学术研究的行为准则即学术规范，并在实际行动中遵守这些规范。

一、学术规范与学术不端

所谓学术规范，是指学术共同体内形成的进行学术活动的基本伦理道德规范，或者根据学术发展规律制定的有关学术活动的基本准则。学术规范并非指其某种"行政化"的操作，而是在学术共同体内部所构建的一种自觉的约束机制。只有遵守学术规范，才能在学术共同体中得到认可，如果违反了学术规范，就要受到否定。

（一）学术规范的内容

学术规范涉及学术研究的全过程、学术活动的各方面，可以分为道德规范、行为规范、格式规范、评价规范和制度规范五个层面。

（1）道德规范：指学术研究者从事科学研究活动所需要具备的科学研究精神和需要遵循的科研伦理准则，是学术研究者应当首先确立的学术伦理意识和观念，是人们在学术研究活动中正确处理自己与他人、集体、社会、国家之间关系的行为准则，也是衡量人们职业道德品质的重要标准。注重实践，一切从实际出发，不唯书，不唯上，只唯实，是学术道德的基本内容。学术道德既是一种个体道德，又属于社会道德的范畴。学术道德的失范既可以对本人产生不良影响，又会破坏社会伦理道德的发展，抑制社会文明的进步，是精神层面的规范要求。

（2）行为规范：指学术研究者从事科研活动所必须遵循的研究规律、行文准则和活动要求等，包括研究规范、行文规范和活动规范三个方面，是行为层面的规范要求。其中研究规范包括学理规范和学科规范两个方面，即研究者应当遵循学术研究的原理和特定学科的专业特点，符合学术研究的基本规律；行文规范指研究者在材料的组织、文献的征引、观点的论证和语言的表达等方面应当遵循的标准和要求；活动规范指研究者参与各种学术活动和社会活动时应当遵循的行为准则和要求。

（3）格式规范：指论文写作的形式标准和要求，是基于文章形式规律和现代信息社会的特点，为适应信息管理和交流的需要而制定的研究成果形式层面的规范要求，这是众所熟知的内容，兹不赘述。以上三种规范形态都属于自律层面的规范要求。

（4）评价规范：对整个论文写作过程的监督和成果的评判应当遵循的准则，包括学术监督、学术批评、学术评价等活动中应当遵循的准则，是他律层面的规范要求。

（5）制度规范：实际上是学术规范制度化的产物，是为了保证学术活动和学术论文写作的学术性而以制度的形式明文确定下来的上述几个方面的规范要求，具有制约性和可操作性，包括程序规范、管理规范、评审规范和处罚规范等具体内容。现代的科学研究活动应当严格遵循这几个方面的规范性要求，严格接受制度化规范的制约，才能保证写出合乎共通标准、具有一定学术价值的学术论文。

（二）学术不端行为

学术不端泛指学者在学术领域内的不诚信行为，具体指学术研究过程中出现的违背学术共同体行为规范、弄虚作假、抄袭剽窃或其他违背公共行为准则的行为。中国科协科技工作者道德与权益工作委员会提出了我国学术不端行为的七种表现形式：抄袭剽窃他人成果、伪造篡改实验数据、随意侵占他人科研成果、重复发表论文、学术论文质量降低和育人的不负责任、学术评审和项目申报中突出个人利益、过分追求名利和助长浮躁之风。近些年来，国内、外各个环节都出现了许多学术不端行为，学术腐败呈蔓延之势。从学术不端行为的实施主体来看，学术不端行为主要表现形式如下。

（1）研究者（或作者）的学术不端行为主要表现为：研究者在科研项目立项过程中采取不正当手段来获取科研项目的立项和经费资助；作者在撰写论文过程中，大量引用他人作品的内容而不注明来源，或者在自己的文章中大量复制其他文章的内容；论文或研究报告内容东拼西凑，按照作者的期望随意篡改编造实验数据；不按规范标注和引用文献，甚至杜撰参考文献企图蒙骗过关；一稿多投，其特点是内容大部分相同，只是在行文次序上稍作调整或文章名称略有不同；有的作者过度追求发表数量，一篇论文拆成多篇发表，同一成果被拆分成多篇文章发表；在论文的署名上作者为了某种意图随意署名，对作品有贡献的不署名，无功者在作品中搭便车，有的甚至为了提高作品的发表机会，擅自在作品上署上知名人士的姓名；在论文发表过程中，走后门、拉关系甚至不惜违法操作以达到低水平论文得以发表的目的。

（2）评审者的学术不端行为主要表现为：评审者本身不具备评审资格，其评审权是通过其行政领导职位或其他不正当关系而谋取的，以至于学界出现官大学问高的怪相。特别在科研项目立项和成果报奖等重要领域的学术评审中，行政部门领导占有相当大的比例，这就给科研资源的分配增添了新的不公正因素。评审者与研究者或作者熟识，或有某种利益联系，使评审者不能恪守职责。他们以评审权换取其他利益，甚至还有剽窃被审者的研究成果的现象。还有的评审者对待评审工作极不认真，敷衍应付，不能真实地表达自己的意见，致使评审工作出现偏差。

（3）传播者的学术不端行为主要表现为：出版社或学术期刊编辑部掌握着作品的出版权，以权谋利已成常态。正是由于现阶段我国出版资源相对稀缺，滋生了许多学术不端问题，例如，编辑人员为了某种利益操纵论文审稿过程、引导审稿结果，使许多关系稿、利益稿得到出版，危害了学术的严肃性，污染了社会风气。

二、学术论文写作

在我们取得学位、晋升职称或学术交流的过程中，论文写作活动是最基本的也是极其频繁、极其活跃的。学术论文不仅承载科学研究成果，传递学术信息，指导社会生产实践，同时，也已成为培养和考察科技人员、大学生和研究生的有效途径与重要标尺。

（一）学术论文的类型

由于学术论文本身的内容、性质、作用、研究领域、对象、方法等的不同，学术论文可以有不同的分类。如果从学术论文的性质上分，学术论文可分为各学科领域中专业人员写的学术论文和高等院校学生所写毕业论文和学位论文；如果从学术论文所研究的内容上分，学术论文可分为社会科学论文和自然科学论文；如果从研究方法的不同上分，学术论文又可分为理论性论文、实验性论文和设计性论文；如果从论文的写作方法上分，学术论文又可分为专题性论文、论辩性论文、综述性论文和综合性论文等。本教材根据中华人民共和国国家标准《科学技术报告、学位论文和学术论文的编写格式》（GB 7713—87）中的规定，拟从论文写作目的把学术论文分为一般学术论文和学位论文。

1. 学术论文

学术论文是某一学术课题在实验性、理论性或观测性上具有新的研究成果或创新见解和知识的科学记录；或是某种已知原理应用于实际取得新进展的科学总结，用以提供学术会议上宣读、交流或讨论；或学术刊物上发表；或作其他用途的书面文件。学术论文是最为常见的科研文体之一，它既是人们用来进行科学研究的重要凭借，是科研活动中的一个重要环节，又是真实、全面、系统地反映研究成果、传播学术信息的主要工具。

2. 学位论文

学位论文是申请者为了取得一定的学位而撰写的论文。在《中华人民共和国学位条例》及其《暂行实施办法》的规定中，对学士学位论文、硕士学位论文和博士学位论文作了相应的要求。

（二）学术论文的写作要求

由于学术论文具有科学性、创造性、理论性、实践性、可读性等特点，学术论文的写作过程应该是在研究工作的基础上进行“再创造”的过程。因此，学术论文写作要达到以下基本要求。

（1）主题明确，中心突出。学术论文写作中不可下笔千言，离题万里；不可走题、改题、文不对题。主题是全文的灵魂，不但要明确确切，而且要十分突出，成为一切资料、论证绕其运转、为其服务的轴心。对论文来说，主题也即论点，偏离了主题，便失去了意义。

（2)结构严谨，层次分明。结构是论文的骨骼、架构，没有结构，论文便肌肤难附，那便不可能让人再去推敲和相信论点。严谨而分明的层次和结构，能将主题阐述得淋漓尽致、细致深入。

（3）逻辑严密，自成系统。学术论文不同于文学创作，它讲的是道理，要紧的是逻辑。逻辑是知识的“格局”，它保证的就是思路的清晰，论文的贯通从前提到结论的必然性，这正是论文的力量所在。论文的每个组成部分，又应当是系统的各个组成部分，它们必须相互协调、相互制约、相得益彰，组成一个严密的整体，牵一发而动全身。如果论文的构成部分相互间毫不相关、甚为松散，只是一些资料的堆积、事实的罗列，那么论文就要大大丧失其说服力。

（4）论证充分，说理透彻。论文的特性就是论证，论文的功能就是证明。论文的论点是带有创新性、开拓性甚至独树一帜的观点，或者是为了补充被前人忽略了的东西，或者是纠正被他人曲解了的东西，所以必须言之合理，言之有据，能够确凿而有力地证明自己的论点。因此，论证既是论文的根本特征和主要使命，也是论文的最重要的内容。论证必须要充分，说理必须要透彻，论点才能得到全面而确凿的证明。

（5）提出问题，解决问题。论文要能够提出值得思考、探讨、研究的新问题，提出自己的观点和看法。为了使自己的观点和看法能说服他人，就要对问题进行透彻的分析、有力的证明，从而得到确切的结论，以回答和解决自己提出的问题。论文所需要的就是提出问题、分析问题、解决问题，它所培养和造就的也正是这种研究能力和开拓能力。

（6）语言简洁，概念准确。对论文来说，其任务既然是为了阐述与证明，它也就不能像文艺性的作品那样以大量修饰形容语句装点论文，以提高其艺术性与感染性。论文要做的是说理，说理所要求的就是简单明白、直截了当，因而在语言上也就要求简洁。学术论文要正确使用语言，其基本要求是准确性、鲜明性、主动性、简洁性。同时，学术论文的每一个概念都要求十分准确、精确，不允许有任何歧义发生。否则，证明就不能对准焦点、对准论点，就不能得到单值、唯一的必然结论。

（三）学术论文的基本格式

按国家标准规定，论文的编写格式由三大部分组成：前置部分、主体部分和后置部分。为便于掌握，本教材对规定中的常用部分予以辑录并作简要阐述。

1. 前置部分

1）题名

题名是以最恰当、最简明的词语反映报告、论文中最重要的特定内容的逻辑组合。题名一般不宜超过 20 字，所用每一词语必须考虑到有助于选定关键词和编制题录、索引等二次文献，可以提供检索的特定实用信息；应该避免使用不常见的缩略词、首字母缩写字、字符、代号和公式等。如果论文用于国际交流，应有外文（多用英文）题名，外文题名一般不宜超过 10 个实词。

规定中用 3 个“最”字突出了对拟定题名的要求。“最恰当”指题名与论文的内容应相符；“最简明”提出了对词法、修辞的要求；而“最重要的特定内容的逻辑组合”则提出了对题名的内涵与外延以及逻辑性的要求。规定中之所以如此深刻地提出了对题名的要求，是因为题名首先给读者提供了论文内容的主要信息，在一定程度上为读者判断此论文有无阅读价值提供了可能性。对题名字数的限制，其主要是为了简明。当然简明是与“特定的内容”相一致的。如果简而不明，则不符合题名的要求。事实上，只阅读题名的读者要比阅读全文的读者不知多出多少倍。

2）署名

在封面和题名页上，或学术论文的正文前署名的个人作者，只限于那些对于选定研究课题和制定研究方案、直接参加全部或主要部分研究工作并作出主要贡献以及参加撰写论文并能对内容负责的人，按其贡献大小排列名次。

至于参加部分工作的合作者、按研究计划分工负责具体小项的工作者、某一项测试的承担者以及接受委托进行分析检验和观察的辅助人员，均不列入。这些人可以作为参加工作的人员一一列入致谢部分或排于脚注。

这项规定充分肯定了学术成果与成果创造者的关系，论文或著作与作者的直接关系反映了劳动成品与劳动者的关系。遵守这些规定将可以解决署名之争，不正之风亦可得到有效遏制。

3）摘要

论文一般均应有摘要，为了国际交流，还应有外文（多用英文）摘要。摘要是论文的内容不加注释和评论的简短陈述，应具有独立性和自含性，即不阅读报告、论文的全文，就能获得必要的信息。摘要中有数据、有结论，是一篇完整的短文，可以独立使用，可以引用，可以用于工艺推广。摘要的内容应包含与报告、论文同等量的主要信息，供读者确定有无必要阅读全文，也供文摘等二次文献采用。摘要一般应说明研究工作目的、实验方法、结果和最终结论等，而重点是结果和结论。

论文的摘要可以用另页置于题名页之后，学术论文的摘要一般置于题名和作者之后、正文之前。中文摘要一般不宜超过200～300字；外文摘要不宜超过250个实词。学位论文为了评审，学术论文为了参加学术会议，可按要求写成变异本式的摘要，不受字数规定的限制。如遇特殊需要，字数可以略多。除了实在无变通办法可用，摘要中不用图、表、化学结构式、非公知公用的符号和术语。

4）关键词

关键词是为了文献标引工作从报告、论文中选取出来用以表示全文主题内容信息款目的单词或术语。每篇报告、论文选取3～8个词作为关键词，以显著的字符另起一行，排在摘要的左下方。如果有可能，尽量用《汉语主题词表》等词表提供的规范词。为了国际交流，应标注与中文对应的英文关键词。

2. 主体部分

主体部分的编写格式可由作者自定，但一般由引言（或绪论）开始，以结论或讨论结束。

1）引言（或绪论）

引言（或绪论）简要说明研究工作的目的、范围、相关领域的前人工作和知识空白、理论基础和分析、研究设想、研究方法和实验设计、预期结果和意义等。应言简意赅，不要与摘要雷同，不要成为摘要的注释。一般教科书中有的知识，在引言中不必赘述。比较短的论文可以只用小段文字起着引言的效用。

学位论文为了需要反映出作者确已掌握了坚实的基础理论和系统的专门知识，具有开阔的科学视野，对研究方案作了充分论证，因此，有关历史回顾和前人工作的综合评述，以及理论分析等，可以单独成章，用足够的文字叙述。

2）正文

论文的正文是核心部分，占主要篇幅，可以包括调查对象、实验和观测方法、仪器设备、材料原料、实验和观测结果、计算方法和编程原理、数据资料、经过加工整理的图表、形成的论点和导出的结论等。

由于研究工作涉及的学科、选题、研究方法、工作进程、结果表达方式等有很大的差异，对正文内容不能作统一的规定。但是，必须实事求是，客观真切，准确完备，合乎逻辑，层次分明，简练可读。

图包括曲线图、构造图、示意图、图解、框图、流程图、记录图、布置图、地图、照片、图版等。图应具有“自明性”，即只看图、图题和图例，不阅读正文，就可理解图意。图应编排序号。每一图应有简短确切的题名，连同图号置于图下。必要时，应将图上的符号、标记、代码，以及实验条件等，用最简练的文字横排于图题下方，作为图例说明。曲线图的纵横坐标必须标注“量、标准规定符号、单位”。此三者只有在不必要标明（如无量纲等）的情况下方可省略。坐标上标注的量的符号和缩略词必须与正文中一致。照片图要求主题和主要显示部分的轮廓鲜明，便于制版。如果用放大缩小的复制品，必须清晰，反差适中。照片上应该有表示目的物尺寸的标度。

表的编排，一般是内容和测试项目由左至右横读，数据依序竖排。表应有自明性；表应编排序号，每一表应有简短确切的题名，连同表号置于表上。必要时应将表中的符号、标记、代码，以及需要说明事项，以最简练的文字横排于表题下，作为表注，也可以附注于表下。

3）结论

论文的结论是最终的、总体的结论，不是正文中各段的小结的简单重复。结论应该准确、完整、明确、精炼。如果不可能导出应有的结论，也可以没有结论而进行必要的讨论。可以在结论或讨论中提出建议、研究设想、仪器设备改进意见、尚待解决的问题等。

3. 后置部分

1）参考文献

伟大的科学家牛顿曾说过：“如果我过去看得远一些，那是由于我站在巨人们肩膀上的缘故。”牛顿的谦逊说明一个极其重要的科学真理——科学的新发现都离不开前人的创造和前人所创造的丰富的知识。所以，从事科学研究，做科学技术研究的记录——撰写学术论文总是要在前人研究的基础上，在前人总结的理论、观点基础上进行创新，研究—继承—发展，如此循环不已，科学的发展才永无止境。正由于这样一个科学发展的规律，在学术论文写作过程中就必须查阅资料、翻阅文献以验证我们的理论、观点论证并发展前人的理论和观点。在罗列自己阅读过且确实有参考价值的参考文献时，应避免多杂和遗漏。不得为了掩盖事实，冒充首创，故意删除重要参考文献。

参考文献的书写格式按不同期刊的要求和国家标准《文后参考文献著录规则》(GB/T 7714—2005）编排，各种文献的著录格式与著录项目会有所差别，但常见项主要包括序号、主要责任者、题名、其他题名信息[文献类型标志]、出版时间、出版地、出版者等。例如：

专著著录格式：余敏.出版集团研究[M].北京：中国书籍出版社，2001：179-193.

期刊论文著录格式：李晓东，张庆红，叶瑾琳.气候学研究的若干理论问题[J]. 北京大学学报：自然科学版，1999，35（1）：101-106.

文献类型标志常用单字母方式标识，见表 12-2-1。

表 12-2-1 文献类型标志

文献类型标识	M	C	N	J	D	R	S	P
参考文献类型	专著	论文集	报纸文章	期刊文章	学位论文	报告	标准	专利

2）附录

附录是论文的附件，不是论文的必要组成部分。它在不增加正文部分的篇幅和不影响论文主体内容叙述连贯性的前提下，向读者提供论文中部分内容的详尽推导、演算、证明或解释和说明，以及不宜列入正文的有关数据、图、照片或其他辅助性材料。除确有特殊需要，一般以不设附录为好。

第三节 综述撰写

综述写作是通过搜集文献资料，进一步熟悉科学文献的查找方法和资料的积累方法的过程，使我们在查找的过程中扩大了知识面，是科研选题及进行科研的第一步，能提高归纳、分析、综合能力，有利于独立工作能力和科研能力的提高，为今后科研活动打下基础。

一、综述的定义

综述是综合评述的文章。英文“review”有“回顾、评述”之意，其中“综”是综合，是要求对文献资料进行综合分析、归纳整理，使材料更精炼明确、更有逻辑层次。“述”更多的不是叙述，而是评述和述评，是要求对综合整理后的文献进行比较专门的、全面的、深入的、系统的论述。只评述还不够，还要就观点、材料和方法进行综述。所以，综述是指就某一时间内，作者针对某一专题对大量原始研究论文中的数据、资料和主要观点进行归纳整理、分析提炼，经综合分析而写成的一种学术论文，反映当前某一领域中某分支学科或重要专题的最新进展、学术见解和建议。综述属三次文献，专题性强，具有一定的认识深度和时间性，能反映出某一专题的历史背景、研究现状和发展趋势，有回顾也有瞻望，可以是提出问题，也可以是提炼新思路、新方法，具有较高的信息学价值。阅读综述，可在较短时间内了解该专题的最新研究动态，可以了解若干篇有关该专题的原始研究论文。

在决定研究课题之前，通常必须关注的几个问题是：调研相关课题研究取得的进展；已完成的研究有哪些；以往的建议与对策是否成功；有没有建议新的研究方向和议题。文献综述旨在整合该研究主题的特定领域中已经被思考过与研究过的信息，并将此议题上的学者所作的努力进行系统的展现、归纳和评述。

二、综述的类型

综述按撰写目的、用途、所选用的文献数量和撰写的周期等的不同，可以分成不同的种类，但按加工深度基本上可划分为两大类，即文摘性综述和分析性综述。

（1）文摘性综述：又叫综合文摘，是从具有相同主题内容的科学文献中选取有参考价值的情报资料，按撰写者的思路而编撰起来的一种文献综述；也是对原始文献中所探讨的问题进行综合性描述，它一般不掺杂编写者或他人的意见，不进行分析和评价，是“只述不评”的综述。文摘性综述大多以综合介绍的方式出现，如对某种知识的综合介绍、对时事形势的综合介绍、对科研动态的综合介绍等，都可以以这类综述的形式发表。由于上述综述形式是一般性的介绍，所以就必须保持所介绍内容的本来面目，这就是文摘性综述不宜掺杂个人评论的主要原因。

（2）分析性综述：又叫评论性综述或文献述评。它具有较高的综合性，是一种具有一定理论水平，能反映出撰写者对科学文献和研究课题的现状与未来的全面分析研究和论证性的评价，并能揭示新的研究趋向的一种具有导引功能的综述。这类综述的特点是有叙述也有评论，亦称“述评”。“述评”具有典型论文特征。它有论点、有论据，其论证过程是进行综合分析、比较和推理的评价过程，是一种经过理性升华的高层次的综述。“述评”无论是从其内容还是从其分析的深度来说，都具有明显的理论性和学术性。它的作用不只是为了提供某个问题的梗概，更重要的是对所述问题提出科学的分析和提供评论的最终结果，所以，“述评”实质上是一种现成的研究成果，是一种高水平的情报源。

三、综述的作用及特点

一篇好的综述，对于探讨学科进展，开发或改进产品、设计、工艺、材料，确定科学技术研究或学位论文的选题，甚至选择科研或学习方向等都有重要的指导作用。综述文章容量大、信息多、价值高，文后的参考文献还提供了相关的文献索引，可以加快信息的传播速度，帮助读者大大节省挑选和阅读文献的时间。

（一）作用

（1）有利于不断更新知识，提高创新能力。通过写作和阅读综述，可了解有关领域的新动态、新技术、新成果。科学技术的发展日新月异，新技术、新方法不断涌现，如果我们不了解这些新信息、新知识，我们的知识就会老化，就会落后，从而影响我们的业务技术工作。所以综述可以帮助我们不断更新知识，紧跟时代的发展，提高业务水平。可以帮助专家和学者全面、系统、扼要地掌握一次学术研讨活动或对某一学术课题探讨的一致的或争鸣的思想观点。有利于学术理论知识的更新和增强理论研究的创新。

（2）有利于科研选题，避免重复研究。创新性是科研选题的重要原则之一，要有很好的创新性，就不能重复别人的研究。综述通过对新成果、新方法、新技术、新观点的综合分析和评价，有利于科研人员选取新的科研课题，为他们提供研究领域的目前发展水平，存在的问题和解决的办法，确定研究课题的主功方向、使用价值和发展方向，找出合适的环节进行科技攻关。因此，很多科研管理部门在受理科研课题申报时，需同时附上有关课题的文献综述。

（3）有利于节省科技人员阅读专业文献资料的时间和精力。由于科学技术的迅速发展，每天都产生大量的医学文献，科技人员要全部阅读这些文献，时间和精力都是不够的。而综述将大量原始的科学文献进行综合加工，并大加压缩，从中提炼出新的有实用价值的情报。科技人员通过阅读综述，能够在较短的时间内了解有关领域的发展情况、发现趋势。所以阅读文献综述是科技人员获取有关领域进展信息的“快捷方式”。

（二）特点

（1）综合性：文献综述反映的是某一研究（主题）领域的最新进展、学术见解和建议，讲求“综合”，力求“纵横交错”。从纵向来说，既要能够反映某一专题的研究历史，又要反映出当前课题的进展，全面系统地介绍研究对象的历史、现状及发展趋势；从横向来说，能够展现某个领域多方面的研究现状，从单位到省内、从国内到国外各研究者在某一时期的主要观点、主要突破等进行横的比较。要善于归纳总结，既要体现文献观点的“原味”，又要体现“综合性”。只有如此，文章才会占有大量素材，经过综合分析、归纳整理、消化鉴别，使材料更精炼、更明确、更有层次和更有逻辑，进而把握本专题发展规律和预测发展趋势。

（2）评述性：综述不是材料的简单罗列，也不是某一专题的研究报道，是比较专门地、全面地、深入地和系统地论述某一方面的问题，对所综述的内容进行综合、分析、评价，反映作者的观点和见解，并与综述的内容构成整体。文献综评的重点在于“综”，要点在于“评”。要客观而又简明扼要地表述由提供的文献资料引出重要结论，并做出相应评价。一般来说，综述不是翻译文章段落的堆砌，而是作者把握文献信息综合评述并表达观点的载体。因此，综述应有作者的观点，否则就不成为综述，而是手册或讲座。

（3）新颖性：综述不仅是写学科发展的历史，更重要的是要搜集最新资料，获取最新内容，将最新的科学信息和科研动向及时传递给读者。“新”即要求综述的题材新颖。①内容新，选题应围绕新学科、新领域、新技术、新工艺、新方法、新成果、新进展、新动向等；②文献新，参考文献的新旧标准因学科而异，一般情况下，综述所引用的参考文献中近5～10年的文献占绝大部分；③角度新，同一个科学技术问题，可以从不同的角度来描述，特别是对那些热门的课题，可能有不少综述，如果能从一个与众不同的新角度来撰写综述，提出新概念、新问题，就会使读者有耳目一新的感觉，增强对读者的吸引力。

四、综述的格式及其写作

综述一般包括题名、著者、摘要、关键词、正文、参考文献几部分。综述的题名、著者、摘要、关键词、参考文献部分与学术论文的写作要求基本一致。这里重点介绍综述正文部分的写作方法。正文部分通常由前言、主体和总结组成。

（一）前言部分

前言用200～300字的篇幅简明扼要地提出问题，包括写作目的、意义和作用，综述问题的历史、范围、资料来源、现状和发展动态，有关概念和定义，选择这一专题的目的和动机、应用价值和实践意义，如果属于争论性课题，要指明争论的焦点所在。

（二）主体部分

主体部分主要包括论据和论证。通过提出问题、分析问题和解决问题，比较各种观点的异同点及其理论根据，从而反映作者的见解。为把问题说得明白透彻，可分为若干个小标题分述。这部分应包括历史发展、现状分析和趋向预测几个方面的内容。

（1）历史发展：这部分有时也可以写在前言中，有的也作为一个小标题单独列出。无论放在哪个部分，都要按时间顺序，简要说明这一课题的提出及各历史阶段的发展状况，体现出各阶段的研究水平。这可以通过阅读一些相关的中外文述评类文献，或向导师、专家咨询，选择一些在该专题发展中有代表性的突破点、代表性的研究及结论。

（2）现状分析：介绍国内外对本课题的研究现状及各派观点，包括作者本人的观点。将归纳、整理的科学事实和资料进行排列和必要的分析。对有创造性和发展前途的理论或假说要详细介绍，并引出论据；对有争论的问题要介绍各家观点或学说，进行比较，指出问题的焦点和可能的发展趋势，并提出自己的看法；对陈旧的、过时的或已被否定的观点可从简；对一般读者熟知的问题只要提及即可。

（3）趋向预测：在纵横对比中肯定所综述课题的研究水平、存在问题和不同观点，提出展望性意见。有时在结语部分总述，有时在每个小标题下分述。这部分内容要写得客观、准确，不但要指明方向，而且要提示捷径，为有志于攀登新高峰者指明方向，搭梯铺路。主体部分没有固定的格式，有的按问题发展历史依年代顺序介绍，也有按问题的现状加以阐述的。不论采用哪种方式，都应比较各家学说及论据，阐明有关问题的历史背景、现状和发展方向。

主体部分的写法有下列几种。

纵式写法：纵是历史发展纵观，它主要围绕某一专题，按时间先后顺序或专题本身发展层次，对其历史演变、目前状况、趋向预测进行纵向描述，从而勾划出某一专题的来龙去脉和发展轨迹。纵式写法要把握脉络分明，即对某一专题在各个阶段的发展动态进行扼要描述，已经解决了哪些问题，取得了什么成果，还存在哪些问题，今后发展趋向如何，对这些内容要把发展层次交代清楚，文字描述要紧密衔接。撰写综述不要孤立地按时间顺序罗列事实，把它写成了大事记或编年体。纵式写法还要突出一个创字。有些专题时间跨度大，科研成果多，在描述时就要抓住具有创造性、突破性的成果进行详细介绍，而对一般性、重复性的资料就从简从略。这样既突出了重点，又做到了详略得当。纵式写法适合动态性综述，这种综述描述专题的发展动向明显，层次清楚。

横式写法：横是国际国内横览，就是对某一专题在国际和国内的各个方面，如各派观点、各家之言、各种方法、各自成就等加以描述和比较。通过横向对比，既可以分辨出各种观点、见解、方法、成果的优劣利弊，又可以看出国际水平、国内水平和本单位水平，从而找到差距。横式写法适用于成就性综述，这种综述专门介绍某个方面或某个项目的新成就，如新理论、新观点、新发明、新方法、新技术、新进展等。因为是新，所以时间跨度短，但却引起国际、国内同行关注，纷纷从事这方面研究，发表了许多论文，如果能及时加以整理，写成综述向同行报道，就能起到借鉴、启示和指导的作用。

纵横结合式写法：纵横结合式写法在同一篇综述中，同时采用纵式与横式写法。例如，写历史背景采用纵式写法，写目前状况采用横式写法。通过纵、横描述，才能广泛地综合文献资料，全面系统地认识某一专题及其发展方向，做出比较可靠的趋向预测，为新的研究工作选择突破口或提供参考依据。无论是纵式、横式或是纵横结合式写法，都要求做到：全面系统地搜集资料，客观公正地如实反映；分析透彻，综合恰当；层次分明，条理清楚；语言简练，详略得当。

（三）总结部分

总结是对综述正文部分进行扼要的总结，作者应对各种观点进行综合评价，提出自己的看法，指出存在的问题及今后发展的方向和展望。内容单纯的综述也可不写总结。

五、注意事项

由于文献综述的特点，致使它的写作既不同于“读书笔记”“读书报告”，也不同于一般的科研论文。因此，在撰写文献综述时应注意以下几个问题。

（1）搜集文献应尽量全。掌握全面、大量的文献资料是写好综述的前提，否则，随便搜集一点资料就动手撰写是不可能写出好的综述的，甚至写出的文章根本不成为综述。

（2）注意引用文献的代表性、可靠性和科学性。在搜集到的文献中可能出现观点雷同，有的文献在可靠性及科学性方面存在着差异，因此在引用文献时应注意选用代表性、可靠性和科学性较好的文献。

（3）引用文献要忠实文献内容。由于文献综述有作者自己的评论分析，在撰写时应分清作者的观点和文献的内容，不能篡改文献的内容。

（4）参考文献不能省略。有的科研论文可以将参考文献省略，但文献综述绝对不能省略，而且应是文中引用过的，能反映主题全貌的并且是作者直接阅读过的文献资料。

思考练习题

1. 文献管理软件的常规功能有哪些？

2. 试比较 EndNote、RefWorks、NoteExpress 和 CNKI E-Learning 四种文献管理软件各自特点。

3. 在科研生涯中，如何做到学术规范，避免学术不端行为？

4. 学术论文写作的基本格式有哪些？

5. 综述文献写作的意义是什么？

6. 参考文献的作用及格式要求是什么？

参考文献

邓发云. 2013. 信息检索与利用[M]. 2 版. 北京：科学出版社.

林丹红. 2012. 中西医学文献检索[M]. 北京：中国中医药出版社.

高巧林. 2012. 医学文献检索[M]. 北京：人民卫生出版社.

陈燕. 2012. 医学信息检索与利用[M]. 北京：科学出版社.

于双成. 2012. 科技信息检索与利用[M]. 北京：清华大学出版社.

司马朝军. 2011. 文献学概论[M]. 武汉：武汉大学出版社.

邓翀，辛宁. 2011. 中医药文献检索[M]. 上海：上海科学技术出版社.

罗爱静. 2010. 医学文献信息检索[M]. 北京：人民卫生出版社.

聂绍平. 2008. 医学信息搜集的途径与方法[M]. 北京：人民卫生出版社.

胡滨. 2007. 中医药文献检索[M]. 上海：上海科学技术出版社.

王俊杰. 2006. 文献学概论[M]. 宁波：宁波出版社.

严季澜. 1998. 中医文献检索[M]. 北京：学苑出版社.

吉文辉，梁延光. 1997. 中医药文献检索[M]. 上海：上海科学技术出版社.

赵国忠. 2005. 文献资源建设的理论与实践研究[M]. 兰州：甘肃民族出版社.

魏联华，孙艳美. 2011. 信息检索与利用[M]. 北京：知识产权出版社.

陈光祚. 1987. 科技文献检索[M]. 武汉：武汉大学出版社.

张琪玉. 1997. 情报语言学基础[M]. 武汉：武汉大学出版社.

蒋永光. 2009. 中医药文献信息获取与利用[M]. 北京：人民卫生出版社.

郇峻，刘文科. 2010. 网络信息检索实用教程[M]. 北京：电子工业出版社.

郭继军. 2012. 医学文献检索[M].3 版. 北京：人民卫生出版社.

来茂德，马景娣. 2007. 医学研究必备手册[M]. 杭州：浙江大学出版社.

方习国. 2012. 医学信息检索[M]. 合肥：安徽大学出版社.

周晓政. 2012. 医药信息检索与利用[M].2 版. 南京：南京大学出版社.

周薇，王振亚，李保刚. 2010. 医学信息检索与利用[M]. 昆明：云南大学出版社.

洪全. 2011. 信息检索与利用[M]. 北京：人民邮电出版社.

李德华. 2010. 学术规范与科技论文写作[M]. 成都：电子科技大学出版社.

葛其联，黄菊初. 2008. 学术论文写作规范导论. 南京：江苏教育出版社.

王德宠. 1999. 知识经济与高等教育观念的更新[J]. 北京邮电大学学报：社科版，(4)：41-46.

杨宗英，郑巧英. 2000. 数字图书馆研究[J]. 大学图书馆学报，(1)：7-10.

宋乐平. 2001. 浅谈 CNKI 检索系统中“知网节”的功能[J]. 情报探索，7（总 165）：64-66.
王永敏，施玲琳. 2012. 万方、清华同方、维普三个数据库检索平台的比较[J]. 晋图学刊，6（总 133）：22-34.
赵飞. 2012. 常用文献管理软件功能比较[J]. 应用实践，（3）：67-72.
郑文晖. 2006. 文献计量法与内容分析法的比较研究[J]. 情报杂志，（5）：31-33.
郑召民，刘辉. 2011. 如何撰写文献综述[J]. 中国脊柱脊髓杂志，21（5）：438-440.
段玉斌，毕辉，韩雪峰. 2008. 文献综述的写作方法[J]. 西北医学教育，16（1）：163-165.
Hayden K A. Information Literacy[EB/OL]. http: //people.ucalgary.ca/～ahayden/literacy.html [2014-4-3].
Information Literacy Competency Standards for Higher Education[EB/OL]. http: //www.ala.org/acrl/standards/informationliteracycompetency [2014-4-3].
2012 年全国新闻出版业基本情况发布[EB/OL]. http: //www.chinaxwcb.com/2013-07/25/content_273457. html [2014-6-9].
各国每年书籍出版数列表[EB/OL]. http: //zh.wikipedia.org/wiki/[2014-6-9].
超媒体[EB/OL]. http: //baike.so.com/doc/4982665.html[2014-7-19].
《中文核心期刊要目总览》(2011 年版）相关问题说明[EB/OL]. http: //www.lib.pku.edu.cn/portal/bggk/dtjj/qikanyaomu [2014-8-8].
《中文核心期刊要目总览》2011 年版征订启事[EB/OL]. http: //localsev.lib.pku.edu.cn/cjc/[2014-8-8].
中国社会科学研究评价中心[EB/OL]. http: //cssci.nju.edu.cn/news.asp?ChannelID=9[2014-8-8].
CSSCI[EB/OL]. http: //baike.so.com/doc/5375685.html[2014-8-8].
中国科学引文数据库来源期刊[EB/OL]. http: //sciencechina.cn/cscd_source.jsp [2014-8-8].
中国科技核心期刊遴选程序 2014 版（pdf）[EB/OL]. http: //www.istic.ac.cn/Portals/0/documents/kxpj/[2014-8-8].
百度[EB/OL]. [2014-08-10]. http: //www.baidu.com.
中国生物医学文献服务系统[EB/OL]. http: //www.sinomed.ac.cn 或 http: //sinomed.imicams.ac.cn.[2014-6-12].
超星发现[EB/OL]. http: //www.tsg.ynutcm.edu.cn/szzy/sysjk/11629.shtml[2013-7-3].
移动图书馆开通使用[EB/OL]. http: //202.203.172.36/?p=2471[2012-12-22].
维普期刊资源整合服务平台（V6. 5）用户使用手册[EB/OL]. http: //bbs.cqvip.com/showtopic-652754.Aspx [2012-11-21].
PubMed 检索系统[EB/OL]. http: //www.ncbi.nlm.nih.gov/pubmed[2014-6-14].
外文医学信息资源检索平台[EB/OL]. http: //tsg.hnsrmyy.net/fmjslan/[2014-9-4].
Google[EB/OL]. http: //zh.wikipedia.org/wiki/Google[2014-8-10].
360 综合搜索[EB/OL]. http: //www.so.com/[2014-8-10].
Google scholar [EB/OL]. http: //scholar.google.hk/intl/zh-CN/scholar/about.html[2014-5-13].
Infomine [EB/OL]. http: //infomine.ucr. edu/about/index. shtml[2014-5-13].
OJOSE[EB/OL]. http: //www.ojose.com/[2014-5-13].
Medmatrix [EB/OL]. http: //www.medmatrix.org/reg/examples.asp[2014-5-13].
Medscape [EB/OL]. http: //reference.medscape.com/[2014-5-13].
HighWire Press [EB/OL]. http: //highwire.stanford.edu/about/[2014-5-13].
Medcial World Search[EB/OL]. http: //www.mwsearch.com/[2014-5-13].

DOAJ[EB/OL]. http: //doaj.org/[2014-5-13].
BioMed Central[EB/OL]. http: //www.biomedcentral.com/[2014-5-13].
Free Medical Journals[EB/OL]. http: //www.freemedicaljournals.com/[2014-5-13].
中国科技论文在线[EB/OL]. http: //www.paper.edu.cn/about/aboutme.html [2014-5-13].
中国预印本服务系统[EB/OL]. http: //prep.istic.ac.cn/main.html?action=intro[2014-5-13].
中国学术会议在线[EB/OL]. http: //www.meeting.edu.cn/meeting/introduction.jsp[2014-5-13].
汉斯出版社电子期刊[EB/OL]. http: //www.hanspub.org/AboutUs/Index.aspx. [2014-5-13].
J-STAGE [EB/OL]. https: //www.jstage.jst.go.jp/browse#AboutMYJ-STAGE.[2014-5-13].
丁香园[EB/OL]. http: //www.dxy.cn/pages/about.html[2014-5-13].
医脉通[EB/OL]. http: //www.medlive.cn/service/aboutus[2014-8-19].
科学网[EB/OL]. http: //www.sciencenet.cn/aboutus/[2014-5-13].
SciElo Citation Index 帮助[EB/OL]. http: //images.webofknowledge.com[2014-3-24].
中华人民共和国国家知识产权局网[EB/OL]. http: //www.sipo.gov.cn/[2014-5-16].
中国知识产权网[EB/OL]. http: //www.cnipr.com[2014-5-16].
美国专利与商标局专利数据库[EB/OL]. http: //patft.uspto.gov[2014-5-16].
欧洲专利局专利数据库[EB/OL]. http: //ep.espacenet.com[2014-5-16].
SooPAT 专利搜索引擎[EB/OL]. http: //www.soopat.com[2014-5-16].
百度专利搜索引擎[EB/OL]. http: //zhuanli.baidu.com[2014-5-16].
中国标准服务网[EB/OL]. http: //www.cssn.net.cn[2014-5-16].
国家标准化管理委员会[EB/OL]. http: //www.sac.gov.cn[2014-5-16].
CALIS 高校学位论文数据库[EB/OL]. http: //etd.calis.edu.cn[2014-5-16].
ProQuest 学位论文全文检索系统[EB/OL]. http: //proquest.umi.com/login[2014-5-16].
中国学术会议在线[EB/OL]. http: //www.meeting.edu.cn/[2014-5-16].
中国学术会议网[EB/OL]. http: //conf.cnki.net/index.aspx[2014-5-16].
中华医典[EB/OL]. http: //www.tcmbook.cn/yd_web/a1.htm[2014-8-20].
爱如生[EB/OL]. http: //www.er07.com/[2014-8-20].
汉籍数字图书馆[EB/OL]. http: //www.hanjilibrary.cn/[2014-8-20].
中医药数据库检索系统[EB/OL]. http: //cowork.cintcm.com/engine/wdbintro.jsp[2014-8-21].